# SOL E SOMBRA

CB053860

FUNDAÇÃO EDITORA DA UNESP

*Presidente do Conselho Curador*
Mário Sérgio Vasconcelos

*Diretor-Presidente / Publisher*
Jézio Hernani Bomfim Gutierre

*Superintendente Administrativo e Financeiro*
William de Souza Agostinho

*Conselho Editorial Acadêmico*
Luís Antônio Francisco de Souza
Marcelo dos Santos Pereira
Patricia Porchat Pereira da Silva Knudsen
Paulo Celso Moura
Ricardo D'Elia Matheus
Sandra Aparecida Ferreira
Tatiana Noronha de Souza
Trajano Sardenberg
Valéria dos Santos Guimarães

*Editores-Adjuntos*
Anderson Nobara
Leandro Rodrigues

VICTOR ANDRADE DE MELO
PAULO DONADIO

# SOL E SOMBRA

## AS TOURADAS
## NO RIO DE JANEIRO

editora
**unesp**

© 2024 Editora Unesp

Direitos de publicação reservados à:
Fundação Editora da Unesp (FEU)
Praça da Sé, 108
01001-900 – São Paulo – SP
Tel.: (0xx11) 3242-7171
Fax: (0xx11) 3242-7172
www.editoraunesp.com.br
www.livrariaunesp.com.br
atendimento.editora@unesp.br

Dados Internacionais de Catalogação na Publicação (CIP) de acordo com ISBD
Elaborado por Odilio Hilario Moreira Junior - CRB-8/9949

M528s
    Melo, Victor Andrade de
       Sol e sombra: as touradas no Rio de Janeiro / Victor Andrade de
Melo, Paulo Donadio. – São Paulo: Editora Unesp, 2024.
       Inclui bibliografia.
       ISBN: 978-65-5711-246-5

       1. História.  2. Século 19.  3. Século 20.  4. Rio de Janeiro.  5. Es-
porte.  6. Espetáculo.  7. Tauromaquia.  8. Touradas.  I. Donadio, Paulo.
II. Título.

2024-1920
                                   CDD 981.53
                                   CDU 94(815.3)

Editora afiliada:

Asociación de Editoriales Universitarias
de América Latina y el Caribe

Associação Brasileira de
Editoras Universitárias

# SUMÁRIO

*A excelência do Rio de Janeiro é a do povo carioca [...]. E sua matéria-prima, o povo carioca, também, é sui-generis, em sua atualidade e em sua permanência; e em sua contraditoriedade: coração sentimental e insensível à dor alheia; inflamável e abúlico; de viva inteligência e de credulidade excessiva; sibaritas natos que por necessidade se contentam com o conforto de um asceta; sempre o mesmo, esse povo, "porque sempre foi assim", e no entanto, um dia, esse povo será capaz de grandes coisas, talvez [...].*

Marques Rebelo, *Marafa*, 1935

# AGRADECIMENTOS

A ideia de escrevermos um livro sobre as touradas promovidas no Rio de Janeiro surgiu no ano de 2012. Naquela época, já circulavam algumas informações sobre o tema, mas havia pouca produção estruturada. Em geral, era recebido com surpresa o anúncio de que, outrora, houve no Brasil corridas de touros.

No ano de 2013, o livro foi concluído e apresentado à Editora Unesp. A ideia de início avançou, mas, por motivos diversos, acabou por estacionar. Uma parte da obra circulou em periódicos (*Horizontes Antropológicos*/Porto Alegre; *Análise Social*/Lisboa; *História*/Franca) e numa coletânea que reuniu reflexões sobre as touradas promovidas em diversas cidades (*Pois temos touros*, editora 7Letras, com artigos sobre Rio de Janeiro, Porto Alegre, São Paulo, Lisboa e Maputo).

Nesse ínterim, alguns investigadores publicaram artigos sobre a organização de corridas de touros em outras cidades do país, mas nenhuma obra foi lançada sobre o tema numa perspectiva transversal no que se refere a um recorte temporal maior. Assim sendo, foi com grande felicidade que fomos informados pela Editora Unesp da possibilidade de recuperar o espírito original deste livro, retomando sua integralidade e dando divulgação a uma parte do material que nunca chegou ao grande público.

Para isso, promovemos uma releitura do material original, fizemos alguns ajustes, aperfeiçoamos a comunicação no que tange tanto aos conteúdos quanto à forma. Inserimos algumas (poucas) novas informações e estruturamos melhor o livro. Achamos interessante introduzir um capítulo final sobre um episódio pouco conhecido (publicado originalmente no livro *1922: comemorações esportivas do centenário*, editora 7Letras). Esperamos que tais intervenções tenham tornado a obra ainda mais atraente.

Nossos agradecimentos à Editora Unesp pela possibilidade de publicação deste livro; a Eduardo Cavalcante, pela colaboração no levantamento das fontes primárias; a Nireu Cavalcanti, pelo incentivo a este projeto; aos funcionários da Biblioteca Nacional, do Arquivo Geral da Cidade do Rio de Janeiro, do Arquivo Nacional e do Real Gabinete Português de Leitura, pelo trabalho cotidiano, sem o qual esta pesquisa seria impossível.

# APRESENTAÇÃO

A notícia de que no passado se promoveram touradas em terras brasileiras ainda provoca espanto. Mesmo que não tenhamos recorrido aos institutos de pesquisa de opinião, não receamos afirmar, com base na reação de pessoas próximas, que boa parte de nossos contemporâneos ignora a ocorrência de corridas de touros[1] em várias cidades do país. Muitos de nossos colegas historiadores, inclusive, demonstraram surpresa ao tomar conhecimento deste projeto.

De fato, são breves as referências à prática tauromáquica nos livros de história do Brasil. Delso Renault (1969; 1978), um dos pesquisadores do Rio de Janeiro imperial a dar alguma atenção ao tema, sugeriu até mesmo que as tentativas de introdução desse divertimento na Corte jamais tiveram êxito.

Permite-nos afirmar o oposto a vasta quantidade de indícios que encontramos a respeito das touradas promovidas no Rio de Janeiro, a cidade que se tornou a capital do Vice-Reinado (a partir de 1763),

---

1 Touradas e corridas de touros se referem à mesma prática. O espetáculo é composto por vários personagens: bandarilheiros, cavaleiros, novilheiros, capinhas, forcados, neto. Ao longo do livro, por vezes iremos nos referir a eles pelo termo genérico "toureiros". O espaço para a atividade tauromáquica pode ser chamado de arena, praça, redondel, touril, curro.

do Império português (1808), do Reino do Brasil (1815), do Brasil independente (1822) e da República (de 1889 até 1960).

Tão farto foi o material encontrado, principalmente em jornais, revistas e outros impressos,[2] que nos vimos obrigados a limitar nosso recorte espacial, abandonando a ambição inicial de fazer um panorama nacional.[3] Neste livro, portanto, vamos nos deter à cidade do Rio de Janeiro, num período que vai dos tempos coloniais ao ano de 1908, momento em que as corridas foram proibidas naquele que era o Distrito Federal à época.

No Rio de Janeiro colonial, há evidências de touradas promovidas desde a restauração do Reino de Portugal até a Independência, com incremento no período em que dom João permaneceu na cidade. Nos tempos da Corte, elas reapareceram em diversas temporadas: 1840-41, 1847-52, 1876-79, 1883-84 e 1888. Já no período do Distrito Federal, atingiram seu ápice de popularidade, o que não impediu sua proibição logo no fim da primeira década do século XX.

Realizaram-se mais de 450 espetáculos tauromáquicos só na capital do Brasil independente, em menos de três quartos de século. É mesmo necessário desconfiar da narrativa segundo a qual as touradas não conseguiram "apaixonar a índole mansa do fluminense" (Renault, 1969, p.25).

Não resta dúvida de que se produziu, em relação às touradas cariocas,[4] uma espécie de esquecimento social, responsável pelo

---

2  Além de coleções de imprensa, disponíveis na Biblioteca Nacional, e livros de história, encontramos referências às touradas em relatos de viajantes, obras de memorialistas, romances, crônicas e documentos administrativos, como pedidos de licença para realização de divertimentos, disponíveis no Arquivo Geral da Cidade do Rio de Janeiro e no Arquivo Nacional.

3  Como dito nos Agradecimentos, felizmente já há boa produção sobre as touradas promovidas em outras cidades brasileiras.

4  Na verdade, o mais correto seria falar em touradas fluminenses. Foi a partir da década de 1920 que melhor se caracterizou a diferença entre cariocas, aqueles que nasceram na cidade do Rio de Janeiro, e fluminenses, os originários da antiga província/estado do Rio de Janeiro.

estranhamento que hoje o tema suscita no Brasil. Parece ter se apagado da memória nacional um passado que não era considerado condizente com certo discurso forjado sobre o jeito de ser brasileiro.

Uma história das touradas no Rio de Janeiro, além do esperado preenchimento de uma lacuna historiográfica, pode trazer contribuições para um conhecimento mais amplo da formação da sociedade carioca. Ao mesmo tempo que alarga o debate sobre entretenimentos do passado,[5] fornece elementos originais para a compreensão da dinâmica que levou a inflexões das inclinações culturais, gostos e sensibilidades na então capital brasileira.

As corridas de touros, como outros divertimentos, longe de representarem um aspecto marginal na história das sociedades, se transformaram em objeto de disputa, de tensão social e de afirmação de diferenças em torno das noções de civilização, progresso e identidade nacional, entre governantes e governados, entre brasileiros e portugueses, entre tauromáquicos e defensores dos animais, entre sol e sombra, um termo usual no espetáculo das touradas, dividindo as arquibancadas entre quem pode pagar para ficar mais ou menos confortável na assistência, neste livro também utilizado como alusão dos debates que a prática suscitou.

Para darmos conta da tarefa de investigar a tauromaquia em terras cariocas, estabelecemos uma divisão do trabalho. Nos três primeiros capítulos, Victor Andrade de Melo se debruça sobre um longo período monárquico, que inclui a Colônia e o Império, tratando de duas grandes transformações sofridas pela prática: a passagem de uma ordem estatal, em que as touradas compunham os festivais reais, para um regime empresarial, em que elas se tornaram um entretenimento comercial; e sua "reclassificação", pela qual deixaram de ser identificadas com o mundo do espetáculo

---

5 Referimo-nos às pesquisas historiográficas publicadas, principalmente nas últimas décadas, em torno de temas como carnaval, festas, futebol, esportes em geral e outros entretenimentos praticados no Brasil. Ver, por exemplo, a coletânea organizada por Marzano e Melo (2010) e o livro de Melo (2022a).

teatral para se afirmar como mais uma modalidade entre as práticas esportivas emergentes.

Paulo Donadio, por sua vez, aborda, no Capítulo 4, o breve período tauromáquico coincidente com a República, avaliando as condições em que se atingiu o apogeu das praças de touros cariocas e as limitações estruturais que inibiram sua continuidade. No Capítulo 5, apresenta o debate que se produziu em torno do projeto de extinção das touradas no Distrito Federal.

No Capítulo 6, o último, Victor Melo recupera um fato um tanto inusitado, o inesperado retorno das touradas no Rio de Janeiro da década de 1920, indício de que a prática ainda permanecia na lembrança dos cariocas e seguia se articulando com os temas mais candentes do momento.

Ainda que escritos por investigadores distintos, autoria assumida em cada capítulo, o plano da obra e todo o conteúdo foram amplamente discutidos por ambos, preservando-se nos textos as abordagens próprias, as preferências historiográficas e as opções de escrita. Temos claro que isso manteve um eixo para o livro, na mesma medida em que também respeitou o estilo de cada pesquisador.

Esperamos que este livro satisfaça as expectativas tanto de um público especializado de historiadores e cientistas sociais quanto de um público geral interessado na história do Rio de Janeiro e do Brasil. A este, pela oportunidade de descobrir um passado tão pouco visitado; àquele, pela possibilidade de observar reflexões relacionadas a diversos ramos de estudo: história social, cultural, política, história da cidade, dos entretenimentos, da imigração portuguesa etc.

Enfim, como conclamavam os anúncios de jornais oferecendo mais uma sessão de corridas no domingo próximo: "Aos touros! Aos touros!".

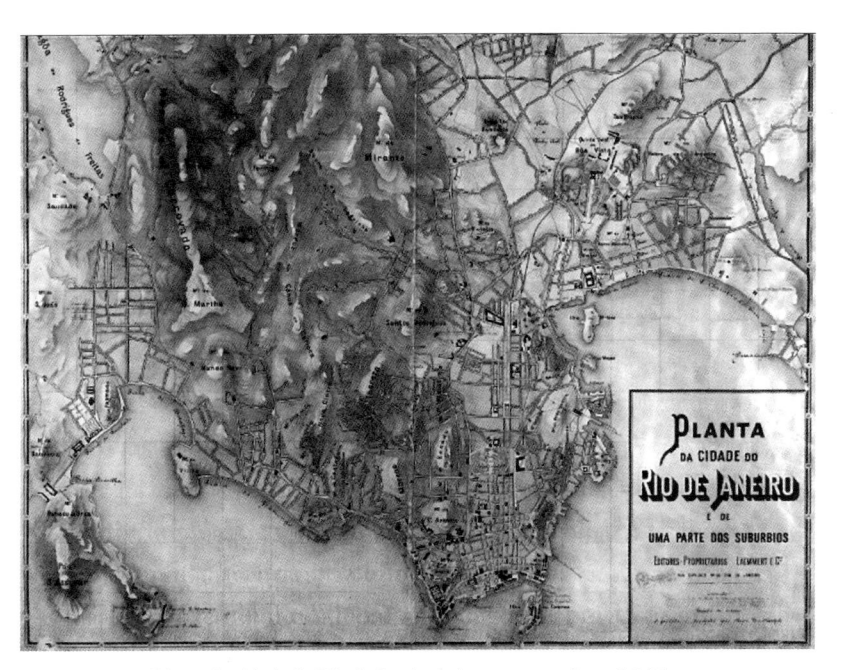

Planta da cidade do Rio de Janeiro e de uma parte dos subúrbios
Maschek, E.; entre 1885 e 1905
Acervo Fundação Biblioteca Nacional

# 1
# As touradas nos tempos coloniais: um empreendimento estatal

*Victor Andrade de Melo*

## Introdução

Na literatura nacional, muitos são os estudos que se debruçaram sobre as festividades reais promovidas no Brasil colonial.[1] Organizados para celebrarem datas importantes da Coroa portuguesa, esses eventos procuravam evidenciar a centralidade do monarca, tendo por intuito acirrar os vínculos de fidelidade com a metrópole. Tratava-se claramente de uma estratégia de exercício da soberania a partir de uma exposição simbólica do poder monárquico, que incorporava e unificava o religioso e o político:

> As festas públicas mobilizavam todas as esferas da vida política, material, religiosa e simbólica, apresentando-se como vetores importantes de reprodução e reinvenção do modelo societário ibérico em terras do além mar. Momentos de trégua indecisa, de teatralização da ordem social e de dramatização das experiências vividas em comunidades que se viam como parte do Império português, mas, especialmente, como integrantes de um mundo católico. (Kantor, 2008, p.166)

---

1 Ver, por exemplo, entre outros, os trabalhos de Hansen (2001), Pereira (2004), Lara (2007), Moura Filha (2007) e Paes (2008).

Essas ocasiões também eram importantes para a hierarquia da colônia, no tocante tanto à relação do governo geral com suas partes constituintes quanto internamente em cada localidade. Dramatizando a distribuição de poder, eram situações adequadas para o desfile das distinções no palco social: "Nestes momentos festivos a sociedade se apresentava a si mesma, de forma ordenada e ordeira, rememorando os lugares e a soma dos poderes e da autoridade, associados a cada um dos indivíduos que integravam este todo social" (Gouvêa, 2002, p.152).

Assim, se a organização de uma boa parte das festividades foi uma determinação exarada diretamente de Lisboa, não poucas vezes partiu também de decisões de câmaras, governadores ou vice-reis, que procuravam, com isso, tanto exaltar seus laços de lealdade com a Coroa quanto publicamente demonstrar seu poder. Não surpreende saber que, após a realização dos festejos, era comum enviar à metrópole uma prestação de contas do que ocorrera na colônia.

É compreensível que, no Brasil, esses eventos tenham se tornado mais frequentes no decorrer do século XVIII, momento em que as cidades e vilas cresceram, em que aumentou a importância da colônia para a economia de Portugal. De fato, as riquezas minerais, descobertas no fim da centúria anterior, foram fundamentais na construção de condições para que a monarquia portuguesa se tornasse mais ostentatória. Esse enriquecimento, inclusive, favoreceu a organização de festividades mais onerosas; o luxo e o fausto reforçavam o poder da metrópole.

Sem negar essa explícita intencionalidade política, parece prudente, todavia, complexificar e ampliar o escopo de análise desses eventos. Se eram quase uma obrigação (e, por vezes, eram efetivamente uma obrigação), ocasiões instrumentalizadas pelas diversas instâncias de poder, também não devemos negar que se tratava de uma diversão que agradava à maior parte dos envolvidos, ainda mais porque, na ordem colonial, as possibilidades de entretenimento eram reduzidas, ainda não estavam bem estruturadas e tinham de lidar com uma série de restrições de diferentes naturezas.

Os festejos públicos envolviam ativamente a população, que participava das mais distintas formas, inclusive com a oferta de donativos que ajudavam a custear a organização. Possuíam algumas características em comum, entre as quais uma programação que reunia o profano e o sagrado, oferecendo um conjunto de experiências múltiplas e sensoriais: cerimônias religiosas, luminárias, fogos de artifícios e representações teatrais que, na maior parte das vezes, ocorriam em uma arena especificamente montada para a ocasião – a praça do curro. A cidade se agitava quando eram anunciadas, sempre com alarde, as festividades:

> Se o movimento se fazia sentir ativo e vivo nas casas, nas lojas e oficinas, transformando o aspecto patriarcal e tranquilo da cidade, não menos vivo e ativo era o que ia pelos campos indicados para o levantamento de um anfiteatro, onde pudessem ser corridos touros e cavalos, exibidos danças e carros alegóricos. Trabalhavam carapinas vindos de toda parte; pedreiros e pintores de brocha até de madrugada, à luz de cabeças de alcatrão, que a escravaria carregava. E de um amontoado de lonas, de madeiras que carretas cuspiam sem descanso ao redor da praça, surgia, enfim, a grande peça de arquitetura, que se dispunha a impressionar os basbaques do tempo. (Edmundo, 2000, p.104)

A construção dessas instalações, o centro dos eventos, mobilizava a população, ainda que alguns autores sugiram que seu aspecto pouco lembrava seus congêneres europeus. Mesmo que longa, vale a pena recorrer a uma descrição genérica da praça do curro:

> Estamos diante da massa arquitetônica acaçapada e feia de uma dessas praças de curro [...]. Avança-se um pouco e há logo, ao lado, uma escadaria coberta de folhas de mangueira [...]. A escada é de poucos degraus e serve de acesso geral aos camarotes e bancadas. [...]. O camarote do Vice-Rei é o mais vasto e confortável. Fica em frente, sobre o vão elevado da escadaria, isolado e distinto. Não tem os desperdícios simbólicos do que posteriormente, quase no mesmo

lugar, foi construído em honra ao príncipe D. João. Não há, aí, [...] musas e troféus nem a estátua da Justiça ou da Fama, [...] apenas uma lona forte, de boa qualidade, esticada a capricho [...]. A parte mais alta da praça é a representada pelos camarotes. Descendo, estão as bancadas. Vem depois a tranqueira, no estilo feio e forte, da época, mas capaz de servir à mais furiosa das investidas córneas nos momentos da função de touros. Depois, o campo de ação, a arena que [...] tem forma elíptica e é suficientemente vasta [...]. Quem lança, do centro da praça, a vista em torno, vê que as construções de madeira estão todas festivamente decoradas [...]. Alguns há que são separados para que neles se instalem as filarmônicas cedidas pelas bandeiras de ofício e que entram na praça sob os aplausos de seus associados ou simpáticos, de estandarte ao alto, vistosamente uniformizadas. (Edmundo, 2000, p.106)

Não temos claro se tal afirmação é pertinente ou se se trata de desconhecimento do que se passava nos tempos coloniais. De toda forma, nada diminuía o entusiasmo do público (que, aliás, em geral, também não conhecia as arenas de Portugal ou da Espanha). Entre as performances que compunham a programação dos eventos, além de peças teatrais, apresentações de danças (que com o decorrer do tempo foram adquirindo a característica de um desfile de carros alegóricos), atividades musicais e cavalhadas, em muitas ocasiões foram promovidas touradas.

Que espaço ocupavam as corridas de touro nesses festejos? Que símbolos cercavam sua realização? Como eram organizadas?

## Antes da chegada da família real

As corridas de touros havia muito faziam parte das celebrações reais em Portugal. Moura Filha (2007) lembra que, em 1451, em Lisboa, por ocasião dos festejos do casamento da princesa dona Leonor com Frederico III da Alemanha, foi montado um teatro provisório para a realização de touradas. Na verdade, quando se conformou um modelo de festas públicas, transferido para o Brasil, elas passaram a ser concebidas como uma importante parte do espetáculo, aguardada com ansiedade pelo público.

No Rio de Janeiro, ainda que se tenham tornado mais comuns ao longo do século XVIII, já no XVII eram promovidas touradas por ocasião de algumas festividades. Por exemplo, integraram as celebrações comemorativas à restauração e aclamação de dom João IV, promovidas entre os dias 31 de março e 8 de abril de 1641, juntamente com encamisadas, comédias, jogo de canas, desfile de companhias de máscara.[2] A praça do curro foi provavelmente construída na região do Campo da Ajuda:

> À terça-feira mandou o Governador correr touros, dando prêmios às melhores sortes, ou maior destreza, tudo à sua custa; e ilustraram a praça muitos cavalheiros que na destreza dos cavalos, brio e força dos rojões livraram o perigo a que se expunham, sem que sucedesse nem desastre, nem desgosto. (Relação..., 1885, p.351)

Tratava-se de uma região localizada entre o morro do Castelo e a lagoa do Boqueirão, na ocasião ainda não urbanizada nem denominada como Campo da Ajuda – o que só ocorreria com a construção do Convento da Ajuda, em 1750. Também chamada de largo da Mãe do Bispo, passou por muitas mudanças, sendo hoje a área onde se encontra a Cinelândia.

Vejamos que o discurso do autor do relatório da festividade ecoa algumas representações que acompanham as touradas por toda sua trajetória: o homem que desafia o perigo enfrenta a natureza e demonstra publicamente seu valor (Almeida, 1951), nesse caso a partir de uma situação gerada por determinação governamental com intuitos eminentemente políticos.

---

2 Para uma discussão sobre as cerimônias de 1641, ver Pereira (2004).

Convento da Ajuda
Augusto Malta, 1905
Coleção Gilberto Ferrez/Acervo Instituto Moreira Salles

Esse evento teve relação com as tensões desencadeadas pela administração do governador e capitão-mor da capitania do Rio de Janeiro, Salvador Correia de Sá e Benevides.[3] Considerado autoritário, inepto e corrupto, foram intensos os conflitos que ocasionou na cidade. Além disso, no cenário da colônia, as festividades de 1641 tiveram grande importância por sua vinculação com a restauração do reino de Portugal, momento em que se sentia a urgência pelo restabelecimento de vínculos de lealdade com a Coroa portuguesa.

Desde essa ocasião, aliás, essas cerimônias também passaram a ser promovidas nas capitanias do Sul, como na Colônia do

---

3 Ocupou vários postos no Império português. Era descendente de Mem de Sá e de Estácio de Sá, fundadores da cidade. Foi governador do Rio de Janeiro em três períodos: de 1637 a 1642, em 1648 e de 1659 a 1660. Para mais informações, ver Fragoso (2003) e Silva (2005).

Sacramento, que, por sua proximidade com o território espanhol e pelo histórico de conflitos, se tornou estratégica para o Império português. Em muitas dessas festividades, corridas de touros foram organizadas, inclusive com a contratação de toureiros argentinos (Possamai, 2007).[4]

De fato, no decorrer do século XVIII, esses festejos se tornaram frequentes em muitas localidades do Brasil. Por exemplo, Paes (2008) informa que, em Vila Rica, já em 1729, antes mesmo das cerimônias oficiais, começaram a ser comemorados os casamentos de dom José e dona Bárbara de Bragança, filhos do monarca português dom João V, com dona Mariana Vitória (filha de Filipe V) e dom Fernando (príncipe das Astúrias). Na programação, houve as tradicionais corridas de touros.

Nessa mesma Vila Rica, em 1786, aproveitando o momento de grande bonança em função da extração e do comércio de metais preciosos, foram realizadas suntuosas festas para comemorar o matrimônio de dom João (futuro príncipe regente e monarca) com dona Carlota Joaquina (Moura Filha, 2007).

Entre tantas atividades, houve três dias dedicados às touradas. Como de costume, foi construída uma instalação própria para os eventos, no caso uma praça de curro bastante luxuosa e ornamentada. Estima-se que cerca de 60% da arrecadação da província tenha sido gasta nessas celebrações organizadas pelo governador Luís da Cunha Meneses (Ricciardi, 2000). O intuito era mesmo demonstrar lealdade à Coroa em um momento bastante turbulento, às vésperas da Conjuração Mineira.

O governo de Meneses (1783-1788) foi marcado pelo abuso de poder e pela corrupção. Esse perfil foi notabilizado pelas *Cartas chilenas* (1863), do poeta e jurista Tomás Antônio Gonzaga, um dos

---

4 Possamai (2007) lembra que essas festividades eram também um hábito comum em Buenos Aires, dedicadas a celebrar as datas festivas da Coroa espanhola.

líderes da insurreição.[5] Citemos as partes referentes às touradas, a começar pela descrição irônica (talvez mesmo tragicômica) das provas (p.124):

> Principiam os touros, e se aumentam
> Do Chefe as parvoíces. Manda à Praça
> Sem regra, sem discurso, e sem concerto.
> Agora sai um touro levantado,
> Que ao mau capinha sem fugir espera;
> Acena-lhe o capinha, ele recua,
> E atira com as mãos ao ar, à terra.
> Acena-lhe o capinha novamente;
> De novo raspa o chão, e logo investe;
> Lá vai o mau capinha pelos ares,
> Lá se estende na areia, e o bravo touro
> Lhe dá com o focinho um par de tombos,
> Nem deixa de pisa-lo, enquanto o néscio
> Não segue o meio de fingir-se morto.
> Meu esperto boizinho, em paz te fica;
> Que o nosso Chefe ordena, te recolham,
> Sem fazeres mais sorte, e te reserva,
> Para ao Curro saíres, quando forem
> Do Senhor do Bom Fim as grandes festas.
> Agora sai um touro, que é prudente;
> Se o capinha o procura, logo foge;
> Os caretas lhe dão mil apupadas.
> Um lhe pega no rabo, e o segura;
> Outro intenta monta-lo; e o grande Chefe
> O deixa passear por largo espaço;

---

5 As *Cartas chilenas* são uma série de poemas satíricos destinados a criticar a situação de Vila Rica. Estima-se que a versão original tenha sido lançada no século XVIII. A primeira edição que veio a público é de 1863. Para mais informações e acesso à obra completa, ver https://digital.bbm.usp.br/handle/bbm/4606.

> Manda soltar-lhe os cães, manda meter-lhe
> As garrochas de fogo, que primeiro
> Que a pele rompam do ligeiro bruto,
> Nos destros dedos do capinha estalam.
> Com estes maus festejos que aborrecem,
> Se gastam muitos dias. Já o povo
> Se cansa de assistir na triste Praça;
> E ao ver-se solitário o bruto Chefe,
> Nos trata por incultos, mais ingratos.

Mais do que o tom de crítica ao evento, são perceptíveis os paralelos com a situação política em geral, explícitos na referência à postura autoritária do Chefe. Isso será observável ao longo da obra. A contestação se observa até mesmo nos comentários sobre o anúncio da festividade (p.94):

> Chegou à nossa Chile a doce nova,
> De que Real Infante recebera
> Bem digna do seu leito casta Esposa.
> Reveste-se o Paxá de um gênio alegre,
> E para bem fartar os seus desejos,
> Quer que às expensas do Senado e povo
> Arda em grandes festins a terra toda.
> Escreve-se ao Senado extensa Carta
> Em ar de Majestade, em frase Moura;
> E nela se lhe ordena, que prepare,
> Ao gosto das Espanhas, bravos touros;
> Ordena-se também, que nos teatros
> Os três mais belos dramas se estropeiem,
> Repetidos por bocas de mulatos.
> Não esquecem em fim as cavalhadas:
> Só fica, Dorotheo, ao livre-arbítrio
> Dos pobres Camaristas repartirem
> Bilhetes de convite pelas damas

Para o poeta, tratava-se de mais um claro sinal do costumeiro desrespeito ao povo, que não tinha escolhas frente às injustiças do Chefe (p.121):

> Já chega, Dorotheo, o novo dia,
> O dia em que se correm bois e vacas.
> Amigo Dorotheo, é tempo, é tempo
> De fazer-te excitar no peito brando
> Afetos de ternura, de ódio, e raiva.
> No dia, Dorotheo, em que se devem
> Correr os mansos touros, acontece
> Morrer a casta esposa de um mulato,
> Que a vida ganha por tocar rabeca;
> Dá-se parte do caso ao nosso Chefe:
> Este, prezado Amigo, não ordena,
> Que outro músico vá no lugar dele
> A rabeca tocar no pronto carro;
> Ordena que ele escolha ou a cadeia,
> Ou ir tocar a doce rabequinha
> Naquela mesma tarde pela praia.

A maior manifestação desse desrespeito seria mesmo o excessivo gasto com a organização da festa (p.96):

> Então, prezado Amigo, em qualquer festa
> Tirava liberal o bom Senado
> Dos cofres chapeados grossas barras.
> Chegarão tais despesas à noticia
> Do Rei prudente, que a virtude preza;
> E vendo, que estas rendas se gastavam
> Em touros, cavalhadas e comédias,
> Aplicar-se podendo a coisas santas;
> Ordena providente, que os Senados
> Nos dias, em que devem mostrar gosto
> Pelas Reais fortunas, se moderem,

E só façam cantar no Templo os hinos,
Com que se dão aos Céus as justas graças.

Para Gonzaga, enfim, o evento era um exemplo dos desmandos
que acometiam a colônia (p.125):

Soberbo e louco Chefe, que proveito
Tiraste de gastar em frias festas
Imenso cabedal, que o bom Senado
Devia consumir em coisas santas?
Suspiram pobres amas, e padecem
Crianças inocentes, e tu podes
Com rosto enxuto ver tamanhos males?
Embora sacrifica ao próprio gosto
As fortunas dos povos, que governas;
Virá dia em que mão robusta e santa,
Depois de castigar-nos, se condoa,
E lance na fogueira as varas torpes.
Então virão aqueles que chorarão;
Então talvez que chores, mas debalde;
Que suspiros e prantos nada lucram
A quem os guarda para muito tarde.

Também em São Paulo, uma das características dos programas
das festas públicas, realizadas a partir de meados do século XVIII,
quando a cidade ganhava "ares de civilidade e urbanidade", era a
"exibição de torneios equestres, cavalhadas, tauromaquias" (Kantor, 2008, p.172).

Borrego (2006), por exemplo, relata as corridas de touros que
foram organizadas em 1762, por ocasião dos festejos em celebração
do nascimento de dom José, primogênito de dona Maria I. Essa cerimônia e uma anterior foram também motivo de observação de Lema:

Escreveu Pedro Taques que no ano em que foi João da Cunha
de Abreu juiz ordinário, executou este reais festas durante três

tardes na praça de S. Gonçalo,[6] consistindo em touradas, escaramuças, carros triunfais, rematando-se com três noites de comédias para o público, tudo com pompa, grandeza, alvoroço e liberalidade, em aplauso dos reais desposórios do sereníssimo infante dom Pedro com a sereníssima senhora princesa do Brasil, herdeira do reino. As mesmas reais festas foram ainda executadas por João da Cunha Franco por ocasião do nascimento do sereníssimo príncipe da Beira, dom José, em 1762. (Lema, 1905, p.239)

O mesmo se passava em Salvador, até 1763 a capital da colônia. Por exemplo, as touradas integraram a programação das festividades organizadas em 1760 para celebrar o casamento da princesa do Brasil, dona Maria (futura rainha de Portugal), com seu tio dom Pedro de Bragança (Conde; Massimi, 2008).

Essa ocasião foi celebrada no Rio de Janeiro, assim como em São Paulo e na Bahia, integrando as touradas à programação. O evento seguiu o modelo habitual: tríduo solene na Catedral, luminárias, fogos de artifícios, representações teatrais (farsas, danças, óperas), seis dias de corridas de touros e cavalhadas. Liderou a organização o governador Gomes Freire[7] (Pereira, 2004; Lara, 2007), cuja gestão foi marcada pelo investimento no desenvolvimento urbano.

Esse mesmo governador, juntamente com o bispo dom Antônio do Desterro Malheiros,[8] foi o organizador dos festejos realizados no Rio de Janeiro em 1762, em celebração ao nascimento do príncipe da Beira, dom José. As touradas foram promovidas em uma praça montada no Campo de São Domingos (Pereira, 2004), parte do rossio da cidade, localizado na fronteira norte, nas proximidades do Saco de São Diogo.

---

6  Provavelmente se refere ao largo de São Gonçalo, atual praça João Mendes, centro de São Paulo.

7  Antônio Gomes Freire de Andrade, o conde de Bobadela, foi governador-geral do Rio de Janeiro entre 1733 e 1763. Sua administração foi marcada por notável desenvolvimento da cidade em vários âmbitos, inclusive do ponto de vista urbano e cultural.

8  Muito ativo na cidade, teve grande influência e atuação política.

A igreja de São Domingos permaneceu de pé até a construção
da avenida Presidente Vargas. O Campo, que era extenso, ao fim
tinha dimensões bem reduzidas.
Igreja de São Domingos
Augusto Malta, 1926
Coleção Gilberto Ferrez/Acervo Instituto Moreira Salles

Sobre essas corridas, podemos saber um pouco mais por meio de
um opúsculo que narrou as festividades (Anônimo, 1763), aqui utilizado conforme citado no estudo de Pereira (2004). A praça do curro
era uma grande instalação, de aproximadamente 73 por 55 metros
(40 por 30 braçadas), com palanques e dois camarotes muito bem
ornamentados. Os símbolos reais estavam espalhados pela arena,
bem como exibidos nas pomposas roupas dos mais poderosos.

Estima-se que, por dia, cerca de 10 mil pessoas comparece-
ram ao evento, entre as quais as mais importantes personalidades
da cidade. Para se ter uma ideia da afluência de público, segundo
Honorato (2008), em 1799, mais de 35 anos depois, o Rio de Janeiro
possuía 43.736 habitantes.

As touradas seguiram na íntegra o ritual português, destacando-se a atuação do diretor da companhia de toureiros, o sargento--mor Gregório de Morais Castro Pimentel. Percebe-se que já havia alguma estrutura comercial ao redor das corridas, mesmo que ainda se estivesse longe do formato que vai marcar a prática a partir da quarta década do século XIX. Por exemplo, não se tratava de um grupo tauromáquico profissional e estável, mas, sim, formado para a ocasião. De todo modo, não atuavam gratuitamente, eram remunerados por sua performance.

Aliás, entre os profissionais de artes cênicas que trabalhavam no Rio de Janeiro das décadas finais do século XVIII, Luiz Antônio Gonzaga era um empresário que organizava touradas (Cavalcanti, 2004). Não conseguimos mais informações sobre tal personagem, mas esse dado é mais um indício de que havia mesmo alguma estrutura comercial cercando as corridas de touros.

Vale a pena dedicar algumas linhas para discutir a participação do sargento-mor como diretor da companhia das touradas de 1762. Tratava-se de uma patente de oficial superior, aproximadamente equivalente ao atual posto de major. Gregório Pimentel alcançara tal condição por sugestão do próprio Gomes Freire, que já o conhecia de situações particulares. Futuramente chegaria a coronel, tendo se aposentado como brigadeiro (posto logo abaixo de general). Esteve, entre outras ações relevantes, envolvido com o estabelecimento de fronteiras em decorrência do Tratado de Madri (1750).[9] Foi, enfim, um personagem de destaque na sociedade colonial que assumiu uma função protagonista naquelas corridas de touros.

Como já observamos, os festejos também ocorriam quando havia alguma ocasião relevante na colônia, como a posse de governantes. Luiz Edmundo (2000) sugere que uma dessas situações pôde ser observada em 1769, nas celebrações oferecidas pelo conde de Azambuja (Antônio Rolim de Moura Tavares)[10] ao marquês de Lavradio (Luís de Almeida Portugal Soares de Alarcão de Eça

---

9 Substituindo o Tratado de Tordesilhas, definiu os limites entre as colônias sul-americanas de Portugal e da Espanha.

10 Foi vice-rei entre 1767 e 1769.

Melo e Silva Mascarenhas), no momento em que o último se tornou
o novo vice-rei.[11] Lavradio não parece ter ficado muito satisfeito com essa recepção, a despeito de reconhecer a boa organização do evento:

> houve seis dias de luminárias e algumas ruas estavam magníficas
> porque além das luzes que havia nas janelas havia lustres pelo meio
> da rua e em uma noite em que fui com o conde vice-rei ver este obsé-
> quio o acrescentaram com bastante fogo de artifício e muito fogo
> do ar. Tem havido três dias de outeiro e outros três de ópera, alter-
> nando estes dois divertimentos entre si, e prevenida uma grande
> festa de touros e cavalhadas para o que se está acabando uma praça
> que ficará magnífica; porém, todos esses divertimentos e todas essas
> podres e abomináveis bajulações não têm tido o poder de me fazer
> satisfação nem por um instante.[12]

Sugere Edmundo (2000) que Lavradio não era afeito a touradas e não teria especialmente apreciado as atividades realizadas
na praça do curro construída no Campo de São Domingos. De um
lado, isso pode parecer estranho, já que o novo vice-rei demonstrava grande disposição para a vida social, sendo frequentador habitual de bailes e reuniões sociais, bem como fervoroso colaborador
para o desenvolvimento do teatro (Cavalcanti, 2004). De outro
lado, vale lembrar que o governante era muito preocupado com o
progresso e com os avanços dos costumes, tendo desempenhado
efetivamente um importante papel na melhor estruturação da colônia, notadamente da capital.[13]

A proximidade de Lavradio com ideais iluministas e com as
ideias do marquês de Pombal[14] pode ajudar a entender sua não

---

11 Foi vice-rei entre 1769 e 1779.
12 Correspondência particular do vice-rei marquês do Lavradio. Arquivo do
   senhor Hipólito Santos. Carta de amizade escrita ao chanceler conselheiro na
   Bahia, em 8 de dezembro de 1769.
13 Para um panorama de suas ações, ver Arquivo Nacional (1999).
14 Pombal foi secretário de Estado do Reino durante o reinado de dom José I
   (1750-1777). Foi um dos propugnadores da adoção de ideias ilustradas em
   Portugal.

adesão às corridas de touros. Elas estariam muito ligadas a certas representações que algumas lideranças políticas pretendiam superar. Lembremos que, em 1777, as touradas em Portugal chegaram a ser proibidas, uma decisão que não foi à frente, ainda que tenha posto em xeque o hábito de matar o touro na arena (Almeida, 1951). Essas intervenções podem até ter afetado a dinâmica da prática, mas não destruíram seu prestígio. A arte de tourear vai mesmo marcar a construção do "marialvismo", termo que se origina do livro lançado pelo marquês de Marialva, um dos que lançaram as bases do toureio a cavalo. Trata-se de uma noção que vai se conformar como uma tradição conservadora: o provinciano em oposição ao citadino, uma contraposição ao libertino, a proposição de se afastar de parâmetros europeus ilustrados. Marca, de fato, uma especificidade na construção identitária portuguesa (Almeida, 1997).

No Rio de Janeiro, uma vez mais as corridas foram inseridas na programação das festividades realizadas para celebrar o casamento de dom João com dona Carlota Joaquina, em 1786, organizadas por Luís de Vasconcelos e Sousa (conde de Figueiró, vice-rei entre 1779 e 1790).[15] Alguns autores sugerem que a maior parte das instalações das comemorações tenha sido construída no Passeio Público, um novo espaço que simbolizava as iniciativas – tímidas, é verdade – de modernização da cidade. De acordo com Vieira Fazenda (1921), a arena foi construída bem ao lado do novo parque, no Campo da Lapa do Desterro.[16]

Para Segawa (1996), chega a ser surpreendente a criação do Passeio Público em plena ordem colonial. Tratou-se de uma explícita demonstração de um processo de intervenção urbana a partir de ideias ilustradas. Nesse sentido, de fato é possível que por lá não se

---

15 Como seu antecessor, o marquês de Lavradio, Sousa se destacou por sua ligação a ideias ilustradas.

16 Atual largo da Lapa, na época assim denominado em função da igreja de Nossa Senhora da Lapa do Desterro, construída em 1750, ainda hoje de pé.

tenham realizado touradas. É mais provável que Lara (2007) tenha razão ao sugerir que a arena na qual se realizaram os festejos de 1786 foi instalada no Campo de Santana.

Na obra, pode-se ver a região da Lapa. No lado direito, fora do quadro, se encontrava o Passeio Público. À esquerda, no centro, a igreja de Nossa Senhora do Carmo da Lapa do Desterro.
Vista da lagoa do Boqueirão com os atuais Arcos da Lapa e o convento de Santa Teresa
Leandro Joaquim, c. 1790
Acervo do Museu Histórico Nacional

Tratava-se, na época, de uma região mais afastada do centro do Rio de Janeiro. Parte do antigo rossio, como o Campo de São Domingos, a partir de meados do século XVIII, com a construção de um novo templo, também passou a ser conhecido como Campo de Santana.[17] Durante muito tempo marcou o limite entre o urbano e o rural.

---

17 Mudou de nome várias vezes até ser denominado de praça da República (embora continue sendo conhecido como Campo de Santana).

No decorrer do século XIX, o espaço foi sendo reestruturado e ao seu redor foram instaladas importantes edificações. Simultaneamente, foi se tornando um jardim, dividindo as atenções com o Passeio Público. Passou cada vez mais a sediar festividades e eventos.

A criação de um jardim de amenidades e festejos [...] – alternativo ao Passeio Público setecentista – indiciava o papel relevante e oficial que o Campo de Santana gradativamente iria assumindo ao longo do século XIX. Efetivamente, a Corte elegeu – e a família imperial brasileira endossou – aquele espaço como cenário de suas exibições de pompa e circunstância em diversas oportunidades. (Segawa, 1996, p.159)

No Campo de Santana foi também instalada a praça do curro que acolheu as comemorações do nascimento de dom Francisco Antônio (1795), primeiro filho homem de dom João e dona Carlota Joaquina[18] (Pereira, 2004). Na obra de Cavalcanti (2004), encontramos uma preciosa relação das despesas do Senado da Câmara com a preparação dessas festividades.

Eram altos os custos e grandes as exigências técnicas. Foram gastos quase seis contos de réis com a compra de material para a construção da arena, a contratação de pessoal para executar as obras e desempenhar todas as funções necessárias, a aquisição de materiais diversos (entre os quais para as vestimentas de dois toureiros, Luiz Antônio e Joaquim Ferreira).[19]

A imagem a seguir (35,2 x 50,2 cm, desenho a nanquim e aquarela) é apresentada por Ermakoff (2011) como a de uma praça do curro instalada no Campo de Santana.

---

18 Francisco Antônio faleceu em 1801, abrindo caminho para dom Pedro se tornar herdeiro do trono.

19 Os materiais comprados nos permitem ter uma noção das vestimentas: veludo cor-de-rosa, verde, preto, seda pérola ramo de ouro, chapéu fino liso sabido, chapéu fino de dois galões, galão de prata, galão de prata para chapéu, ourante escarlate, bertanha saluzia, calças, maqueduns, tafetá cor de pérola, holanda, holanda crua, holandilha, lenço para pescoço, fita de lágrimas, jaleco bordado de matiz, retrós, linha, botões, marcas, forçal (Cavalcanti, 2004).

Não é informada a data nem a autoria da obra. Não é possível afirmar que seja a arena utilizada nos festejos de 1795, mas, ao compararmos ela com a gravura de 1818 (que apresentaremos mais adiante), parece mesmo retratar um momento anterior, como podemos ver pela extensão do logradouro e pelo estágio do casario. De toda forma, o Campo de Santana abrigou a maior parte das corridas até 1822, as mais exuberantes que a cidade promoveu até então.

## Após a chegada da família real

Em 1808, em função dos conflitos napoleônicos, a família real portuguesa desembarcou no Brasil. A inusitada situação de o Rio de Janeiro ter se transformado na capital do Império português, bem como a ascensão do Brasil à condição de Reino Unido ao de Portugal e Algarves (1815) e a própria coroação de dom João VI (1818) que se deu em terras brasileiras, contribuiu tanto para desenvolver um protagonismo político local quanto para potencializar os mercados interno e externo já existentes desde o século XVIII (Caldeira, 2011).

Até 1820, quando ocorreu a Revolução Liberal do Porto, o que se percebe é um acirrar das relações com a ordem monárquica, uma vez mais celebrada pelas diversas festas públicas organizadas, diretamente ligadas a datas importantes da família real. As touradas se mantiveram como uma atividade relevante nessas ocasiões. Como celebra Luiz Gonçalves Santos (1981),[20] o padre Perereca, cuja obra é marcada por um tom bajulador:

> Foi um tempo de solenidades faustosas, de frequentes cerimônias religiosas, de procissões votivas, touradas, cavalgatas e encamisadas, com o pitoresco dos costumes – em dias de gala, de aniversários e batizados de pessoas reais ou de fidalgos, concor-

---

20 A edição original dessa obra é de 1825.

rendo o povo a esses divertimentos, que se revestiam de pompa até então desconhecida. (p.17)

Como no período anterior, é importante observar que esses eventos, ainda que marcados por fortes intencionalidades políticas, eram ocasiões que adquiriam sentidos multifacetados:

> não se pode encarar a noção de festejo público apenas como uma forma de mistificação política ou social. O povo aprende a respeitar o soberano, mas ao mesmo tempo diverte-se; o povo fica entretido e, portanto, tranquilo, mas ao mesmo tempo que é espectador, ele participa do festejo. (Silva, 1978, p.57)

Já na chegada da família real, foram magníficas as cerimônias de recepção. Na programação, como de praxe, houve touradas.[21] Nessa ocasião, destacou-se o envolvimento de certos personagens que, desempenhando funções subalternas, notadamente ligadas à lida com cavalos e ao artesanato de cobre e ferro, passariam a ter protagonismo nos festejos públicos: os ciganos.

Desde o início do século XVIII, os ciganos começaram a chegar ao Brasil, a princípio por ter sido degradados de Portugal. No Rio de Janeiro, uma das localidades em que se instalaram foi o Campo dos Ciganos, o antigo largo do Rossio Grande, depois renomeado para Campo do Polé, praça da Constituição e, por fim, praça Tiraden-tes.[22] Nessa área, por ocasião da elevação do Brasil a Reino Unido em 1815, foi realizada parte significativa dos festejos, nos quais os ciganos desempenharam importante papel, inclusive nas touradas.

Como ocorrera no século XVIII, não só na capital foram realiza-das essas celebrações. Em São Paulo, por exemplo, as festividades

---

21 Para um breve panorama dessas comemorações, ver Schwarcz, Costa e Aze-vedo (2002).

22 Posteriormente também se instalaram na Cidade Nova, nas redondezas do Campo de Santana, e tomaram parte nas atividades tauromáquicas que nesse local se organizaram. Para mais informações sobre os ciganos, ver Moraes Filho (1981).

pela chegada da família real, que começaram depois da Quaresma (um sinal de respeito que acompanhará os entretenimentos públicos durante algum tempo no decorrer do século XIX), tiveram em sua programação: "iluminação geral da cidade, tríduo e atos religiosos determinados pelo bispo", "três dias de cavalhadas sérias e um dia de cavalhada burlesca", "três noites de encamisadas (manifestação popular em que grupos de mascarados saíam às ruas, empunhando archotes e trajando amplos e compridos camisolões)", além de desfiles de carros alegóricos, danças e bailados, óperas, fogos de artifício e corridas de touros, estas oferecidas pelos capitães-mores das ordenanças, contando com a participação de coronéis e tenentes-coronéis dos corpos milicianos. A praça do curro foi montada, à custa da Câmara Municipal, no Jardim Botânico[23] (Campos, 2008).

As ordenanças secundavam as tropas auxiliares/milícias e as tropas pagas do Exército, organizando-se nas vilas, nas cidades e nos concelhos. Os capitães-mores, nessa altura já eleitos pelas câmaras, as comandavam; eram personagens de destaque e influência.[24] Da mesma forma, coronéis e tenentes-coronéis eram os postos máximos das tropas milicianas. Como podemos ver, seguiram sendo figuras de destaque as que se envolviam com a organização das touradas.

Voltemos ao Rio de Janeiro. Uma das mais notáveis ocasiões em que as corridas de touros integraram a programação de festividades organizadas na capital se deu em 1810, nas cerimônias de celebração do casamento de dom Pedro Carlos de Bourbon e Bragança, infante da Espanha, e dona Maria Teresa, filha mais velha de dom João e dona Carlota Joaquina. Foram sete dias de touradas, cavalhadas, danças, desfiles de carros e espetáculos de fogos de artifício.

A *Gazeta do Rio de Janeiro* estimou que cerca de 7 mil pessoas tenham comparecido por dia ao evento. A celebração foi intensa, com o intuito de dar provas "do muito amor e respeito que o honra-

---

23 Nessa época, o Jardim Botânico de São Paulo estava instalado onde hoje se encontra o parque da Luz, localizado na região central da cidade.
24 Para mais informações, ver Mello (2009).

do povo do Rio de Janeiro consagra à Augusta Família de Bragança, que tantos bens lhe veio trazer com sua presença".[25]

Para Santos (1981), tratou-se de uma das mais empolgantes festividades até então promovidas.[26] Ainda que as funções tenham se repetido por dias, sugere o nosso informante que não foi possível atender a todos os interessados. O próprio príncipe regente teria determinado que parte das atividades fosse reproduzida fora da praça de curro, para que o maior número de pessoas pudesse assistir. A *Gazeta do Rio de Janeiro*, veículo oficial da Coroa, celebrou essa decisão:

> Tal é o paternal desvelo de S. A. R. pelo seu amado povo, que não só se ocupou em grande parte dos seus mais caros interesses, prosperando o comércio, fábricas, e lavoura, e procurando a paz e cômodo de todos; mas sem lhe escapar coisa alguma chega a ponto de se dignar concorrer para que não falte aos pequeninos ocasião de se entreterem com um espetáculo deleitável.[27]

A arena construída para essa cerimônia, "pela sua extensão, grandeza e elegância, levou a palma a todas quantas jamais se fizeram nesta cidade" (Santos, 1981, p.263). Tratava-se de uma instalação poligonal de doze lados, quase oval, com comprimento de 474 palmos, largura de 351 palmos e altura de quarenta palmos; isto é, aproximadamente 105 x 77 x 9 metros. O interior era ricamente adornado, com muito conforto nos camarotes. Mesmo que tenhamos de levar em conta certo exagero do nosso informante, não se podem negar o fausto e o investimento.

De acordo com a *Gazeta do Rio de Janeiro*, o redondel era "admirável pelo seu tamanho, elegância, e cômodo, e que pelo assíduo

---

25 *Gazeta do Rio de Janeiro*, p.3, 6 out. 1810.

26 Deve-se registrar que o inglês John Luccock (1987), comerciante inglês que se manteve no Rio de Janeiro entre os anos de 1808 e 1818, não se mostrou tão empolgado quanto Santos (1981). Na verdade, considerou as festividades modestas e longe de suas congêneres europeias.

27 *Gazeta do Rio de Janeiro*, p.4, 7 nov. 1810.

zelo do respeitável, e digno magistrado, que preside a polícia, foi feito de propósito as festas sem despesa de pessoa alguma, e em tempo incrível pela brevidade".[28] De fato, ficara responsável pela organização Paulo Fernandes Vianna, intendente-geral de polícia, um cargo que, na época, tinha funções similares as de um prefeito, além do exercício das funções de segurança pública.

Na maior parte das ocasiões, todavia, o Senado da Câmara era responsável pela promoção das festividades, tanto pelas ordinárias (isto é, aquelas que ocorriam com certa frequência, como as religiosas) quanto pelas reais (que ocorriam de acordo com a determinação da monarquia).[29] Deveria conseguir os recursos e estruturar tudo o que fosse necessário para a boa realização dos eventos, inclusive contratando os serviços adequados.[30]

Nem sempre era simples cumprir essa função. Havia constantemente conflitos de interesses, já que os mais poderosos da cidade buscavam assumir um papel protagonista, reforçando sua notabilidade social: com a Coroa, com a elite local, com a própria população. Como vimos no caso da atuação de Paulo Vianna nos festejos de 1810, por vezes o Senado da Câmara era mesmo alijado da organização. Havia também dificuldades de ordem financeira. Vejamos o envolvimento da instituição na promoção das festividades de outubro de 1818.

Esse foi mesmo um ano animado. Já no mês de janeiro, festas foram organizadas para comemorar o aniversário da nova princesa real, a austríaca dona Carolina Josefa Leopoldina, que chegara ao Brasil no final de 1817, por ocasião de seu casamento com dom Pedro (futuro primeiro monarca do país independente). Em frente ao Palácio de São Cristóvão, na Quinta da Boavista, foi montada a praça de curros.

---

28  *Gazeta do Rio de Janeiro*, p.2, 7 nov. 1810.
29  Eram três as principais funções do Senado da Câmara: a indicação dos habilitados para os cargos de confiança, o abastecimento da cidade e "a organização de boa parte das cerimônias e dos divertimentos que entretinham a população" (Gouvêa, 2002, p.127).
30  Para mais informações sobre o Senado da Câmara, ver Porto (2011).

Palácio de São Cristóvão/Quinta da Boa Vista em 1816
Gravura de Thierry Frères, a partir de obra de Debret, 1839
Acervo da Biblioteca Nacional

Em meio a apresentações musicais, teatrais e de danças, sempre com muitos fogos artifícios, ocorreram quatro tardes de corridas de touros (Santos, 1981; Norton, 2008). Maria Graham[31] fez referência a essa ocasião:

> Este ano abriu-se no Rio com uma festa incomum. A 22 de janeiro houve uma grande tourada em São Cristóvão – a casa de campo real – em honra do aniversário da jovem Princesa Real. Seguiu-se uma dança militar na qual se exibiram os vestuários de cada região dos domínios portugueses a leste e oeste. Apareceram Portugal, Algarve, África e Índia, China e Brasil para homenagear a ilustre estrangeira. A música, em que o gosto do rei era incomparável, formava uma grande parte do espetáculo e o Brasil talvez nunca tenha tido um festival tão magnífico. (Graham, 1956, p.65)[32]

A *Gazeta do Rio de Janeiro* também não poupou tinta para elogiar os festejos, inclusive as corridas de touros. Um cronista observou: "Assistiu a estes belos espetáculos um imenso concurso do povo, a quem foi concedida a sublime honra de acompanhar a Sua Majestade".[33] O evento, como de praxe, serviu para que a família real se exibisse para o público, em seus camarotes próprios, acompanhada de diplomatas, oficiais, membros das elites. Além de tudo, aproveitou-se a ocasião para apresentar dona Leopoldina à sociedade da Corte.

O melhor estava por vir. Entre os meses de fevereiro e outubro ocorreram várias comemorações relacionadas a duas importantes cerimônias monárquicas realizadas em solo brasileiro: a aclamação de

---

31 Graham esteve no Rio de Janeiro por três vezes entre os anos de 1821 e 1824. Seu diário não traz somente suas experiências pessoais, mas também suas impressões sobre fatos históricos do país, bem como sua análise sobre a nação que dava seus primeiros passos.
32 Essa obra foi publicada pela primeira vez em 1824.
33 *Gazeta do Rio de Janeiro*, p.3, 28 jan. 1818.

dom João como rei de Portugal, Brasil e Algarves[34] e o casamento de dom Pedro e dona Leopoldina.

Foram intensos os preparativos para as festividades, que culminariam numa celebração a ser realizada em outubro. Essa movimentação recebeu uma breve observação do mal-humorado Luís Joaquim dos Santos Marrocos, que chegara à cidade em 1811, trazendo de Lisboa a Biblioteca Real, tornando-se responsável por esse acervo e por organizar os documentos da Coroa.[35] Segundo ele, em função do evento, muita gente aportava das capitanias, diversos ensaios eram realizados e os mais diversos produtos eram recebidos na capital, entre os quais "grossas manadas de touros escolhidos em força e braveza, com que se pretende dar as boas tardes a uns e boas noites a outros" (Marrocos, 2008, p.398).

Na verdade, desde 1817 a celebração vinha sendo preparada. Em reunião realizada em 11 de novembro, o Senado da Câmara começou a se organizar, inclusive convocando as corporações de ofícios[36] a participarem das cerimônias, tendo acordado que "se construísse um curro no Campo de Santana", com todo "embelezamento e fausto de um objeto de tanta consideração e respeito".[37]

Já discutimos o quanto a construção da praça do curro era custosa, complexa e preocupava os responsáveis pela organização das festividades. Era o sinal mais evidente do poderio da monarquia, que não deveria se exibir em uma instalação improvisada e mal-acabada. Dada essa importância, não surpreende saber que por ela ficaram responsáveis importantes personagens da engenharia colonial.

---

34  Na verdade, monarca do Reino Unido de Portugal, Brasil e dos Algarves, d'Aquém e d'Além-Mar em África, Senhor da Guiné e da Conquista, Navegação e Comércio da Etiópia, Arábia, Pérsia e Índia.

35  Mesmo reclamando muito do Brasil, Marrocos aqui se estabeleceu, casou com uma brasileira e ocupou um importante posto no país independente: oficial maior da Secretaria de Estado dos Negócios do Império Brasileiro. Faleceu em 1838.

36  Na ocasião, parecia ainda vigorar a organização portuguesa das corporações de ofícios (Nova Regulação da Casa dos Vinte e Quatro): doze grêmios ligados às diversas categorias profissionais. Para mais informações, ver Martins (2008).

37  Arquivo Geral da Cidade do Rio de Janeiro, Vereanças 1817, códice 16-3-25.

Vejamos o caso das corridas de touros organizadas por ocasião dos festejos de 1817, para comemorar o juramento de dom João VI. Em São Paulo, a arena foi instalada na praça da Alegria, a partir de então renomeada de largo dos Curros, atual praça da República. Foi projetada por Pedro Daniel Muller (Campos, 2008), engenheiro formado na Real Escola dos Nobres de Lisboa, intelectual ilustrado que participou ativamente da construção da capital paulista, tendo sido o primeiro diretor do Gabinete Topográfico criado na província (Neves, 2005; Salgado, 2010).

A arena que recebeu os festejos de 1818 foi planejada por Grandjean de Montigny, sendo as obras orientadas por Manuel Costa. O primeiro chegara ao Brasil junto com a Missão Artística Francesa e foi um dos responsáveis por difundir na colônia (e depois no país independente) um corpo de conhecimentos profissionais sobre arquitetura. O segundo foi um dos que acompanharam dom João em sua vinda para a América. Foi o arquiteto de importantes edificações, como o Teatro Real de São João e o Palácio de São Cristóvão.

No Rio de Janeiro, para a construção da praça do curro, o Senado da Câmara lançou um edital. Porém, como podemos ver na descrição da reunião de 13 de dezembro de 1817, as propostas apresentadas não foram consideradas adequadas. Dessa forma, a decisão foi "por se fazer o Curro por administração e conta do mesmo Senado que para os meios e circunstância necessários para a sua fatura se ajam".[38]

No entanto, os vereadores tinham de lidar com os problemas econômicos que sempre marcaram a instituição, acentuados com as exigências que sobre o Senado da Câmara se abateram com a chegada da Família Real (Gouvêa, 2002).[39] Assim, ficou decidido que todas as rendas em caixa ficariam destinadas à construção do curro. Mais ainda, para garantir a excelência das festividades, optou-se por fazer um fundo de 32 contos de réis, com cotas divididas por

---

38 Arquivo Geral da Cidade do Rio de Janeiro, Vereanças 1817, códice 16-3-25.

39 Não é fácil obter, com precisão, informações sobre as rendas e despesas da instituição. Sabe-se que, todavia, parte significativa de seus recursos era destinada às festividades (Gouvêa, 2002).

quatro vereadores (oito contos para cada). Mesmo assim, os recursos parecem não ter sido suficientes.

A solução para as despesas veio de um antigo procedimento. Dando provas de "sua lealdade e vassalagem para com a Coroa, através da disponibilização de seus recursos pessoais" (Gouvêa, 2002, p.117), os vereadores Francisco de Souza e Oliveira, Luiz José Viana Gurgel do Amaral e Rocha e o coronel Manoel Caetano Pinto emprestaram, cada um, mais 2:000$000.[40]

Nas atas de 1818, podem-se perceber algumas das despesas previstas. Em 2 de maio,[41] identifica-se que da capitania de São Paulo pretendia-se comprar trinta touros, prevendo-se também convidar para dirigir as corridas o capitão-mor da Vila de Castro, Domingos José Vieira.[42] Em 17 de junho, informa-se que também se tentou adquirir esses animais em São João Del Rei. Mais ainda, que o brigadeiro Francisco Xavier dos Santos[43] estimara em 250$000 o custo com a equipe de toureiros.

Eram mesmo custosas essas festividades. A Câmara de São Paulo, por exemplo, só conseguiu celebrar a aclamação de dom João com a ajuda do governo da capitania. O nascimento da primeira filha de dom Pedro e dona Leopoldina, dona Maria da Glória, em 1819, foi comemorado com muita parcimônia, por não haver recursos disponíveis. Em Minas Gerais, também não faltaram dificuldades econômicas.[44]

No Rio de Janeiro, o pagamento das dívidas das festas de 1818 se arrastou por quase um ano. Por exemplo, somente em 28 de abril de 1819, a vereação autorizou a pagar 18$530 a Francisco Estanislau

---

40  Arquivo Geral da Cidade do Rio de Janeiro, Vereanças 1818, códice 16-3-25. Sessões de 8 de agosto de 1818, 19 de agosto de 1818 e 22 de agosto de 1818.

41  Arquivo Geral da Cidade do Rio de Janeiro, Vereanças 1818, códice 16-3-25.

42  Provavelmente se refere ao filho homônimo do também capitão-mor Domingos José Vieira, um dos fundadores de Itapetinga, falecido em 1799. Percebe-se que continua sendo um personagem de importância o diretor da companhia de toureiros.

43  Dono da Chácara do Chá, em São Paulo, era um dos homens mais ricos daquela província.

44  Para uma descrição das touradas realizadas nesses festejos na província de Minas Gerais, ver Chamon (1998).

de Oliveira, por ele ter cobrado 926$602 das diversas corporações que se propuseram a ajudar.[45] Em 9 de junho foi a vez de os paulistas requisitarem o pagamento dos touros.

Depois de uma longa e exaustiva preparação, parece ter sido um sucesso as festividades de outubro de 1818, nas quais as touradas, como de costume, estiveram inseridas em uma programação diversa. O afluxo de público foi notável. Como sugere Silva:

> Quer as corridas de touros, quer as cavalhadas, eram consideradas a parte nobre do espetáculo na praça de curro, e às vezes realizavam-se umas, às vezes outras, pois os festejos duravam vários dias [...]. A repetição era aliás necessária para permitir que maior número de pessoas pudesse presenciar nas bancadas as corridas [...]. (1978, p.64)

As corridas de touros seguiram todos os rituais. Segundo Oliveira Lima (1996),[46] os cavaleiros se vestiam "à antiga portuguesa, de casaco de veludo bordado com bofes de renda e chapéu tricorne, montados nos estribos de caixa sobre cavalos de boa raça e vistosamente ajaezados".

De fato, a *Gazeta do Rio de Janeiro* informou que as cavalhadas e corridas de touros ocuparam um grande espaço na programação:

> Desejando o Senado da Câmara desta Cidade manifestar o júbilo de todos os seus habitantes pelos felicíssimos desposórios de SS. AA. RR. o Príncipe Real do Reino Unido de Portugal, do Brasil e Algarves com a Sereníssima Senhora CAROLINA JOSEFA LEOPOLDINA, Arquiduquesa da Áustria, mandou erigir, no vastíssimo Campo de Santana, uma praça magnífica, construída com o mais apurado gosto, a fim de dar ao povo em públicos divertimentos por seis dias sucessivos de touros, e cavalhadas interpoladamente, um dilatado teatro para ostentar seus leais sentimentos.[47]

---

45  Arquivo Geral da Cidade do Rio de Janeiro, Vereanças 1819, códice 16-3-25.
46  A primeira edição desse livro é de 1908.
47  *Gazeta do Rio de Janeiro*, p.1, 14 out. 1818.

Podemos ver a praça do curro na gravura aquarelada de autoria de Franz Frühbeck (1818), artista vienense que veio ao Brasil com a comitiva de dona Leopoldina. O Campo de Santana, no centro do Rio de Janeiro, 1818
Franz Frühbeck, 1818

De acordo com a minuciosa descrição de Santos (1981), a arena possuía 610 x 353 x 77,5 palmos (isto é, 134 x 78 x 17 metros) e era muito similar às anteriores, na verdade ainda mais refinada. Segundo Oliveira Lima (1996): "Escrevia Maler – e o elogio não é fraco – que o Campo de Sant'Ana exibia brilho e gosto suficientes para fazer pensar nas Tulherias e nos Campos Eliseus, quando iluminados". Segundo a descrição de Vieira Fazenda (1921, p.539):

No centro apresentava um largo espaço de forma elítica, destinado propriamente aos festejos.

Uma tela, rezam os jornais do tempo e repete o padre Luiz Gonçalves, de seis e meio palmos de altura, defendia a grande bancada, a qual, dividida por quatro coretos, torneava toda a praça, começando e terminando em um majestoso pórtico representando um arco triunfal.

Este estava firmado sobre quatro colunas, por cima das quais pousava a cimalha geral, que dali circundava toda a praça.[48]

Enfim, esse é um belo exemplo de como, ainda mais do que no período colonial, as touradas, integrando as festividades reais, lograram sucesso e serviram de forma multifacetada aos diferentes interesses existentes na capital do Império português. Isso tudo sem deixar de ser uma diversão largamente apreciada pela população.

## Às vésperas da independência

A Revolução do Porto, ocorrida em 1820, teve, entre outros, dois desdobramentos que foram muito sentidos no Brasil: o retorno da família real a Portugal (1821) e a tentativa de restauração da exclusividade de comércio entre a colônia e a metrópole.

As Cortes foram convocadas em 1821 e sua postura, no sentido de fazer o Brasil retroagir a seu antigo estatuto colonial, acabaram por fortalecer teses independentistas. Em setembro de 1822, foi proclamada a emancipação da antiga colônia, dando início a uma nova fase em sua trajetória.

Os anos em que a família real esteve instalada na cidade foram fartos de mudanças. Devemos ter em conta que, a despeito das modificações perceptíveis desde as últimas décadas do século XVIII, a estrutura urbana do Rio de Janeiro ainda era muito acanhada por ocasião da chegada da Corte portuguesa, inclusive no que se refere aos divertimentos.[49]

A partir dos anos 1810, essa dimensão, entre outras, na capital começou a melhor se organizar, inclusive em função do aumento do número de habitantes estrangeiros, que tentavam minimizar o que consideravam uma "vida monótona". Inicialmente se ampliaram as

---

48 Provavelmente extraída de uma notícia publicada na *Gazeta de Lisboa* (n.14, p.2, 16 jan. 1819).

49 No século XVIII, já existiam teatros, jogos de bola, tabernas e espaços populares de dança. Para mais informações, ver Melo (2016a).

alternativas privadas de entretenimento, como os bailes e as recepções nas casas.[50]

Vale uma referência à fundação da Assembleia Portuguesa em 1815, a primeira sociedade de recreio da cidade, autorizada a funcionar por Licença Real. Esse clube pioneiro tinha como sócios alguns importantes membros das elites, entre os quais os envolvidos com o funcionamento do Teatro São João (Silva, 1978), inaugurado em 1813. As preocupações com a arte dramatúrgica se tornaram mais relevantes, inseridas nas iniciativas de adequar o Rio de Janeiro ao que se esperava de uma capital de Império.

Também relacionada às atividades do Teatro São João, a prática da dança de salão na cidade se expandiu, ensinada em salas próprias, nas primeiras escolas e nas pioneiras agremiações sociais. Alguns anos mais tarde, na década de 1830, surgiriam as sociedades dançantes (Melo, 2016b; 2016c).

Vejamos o que se passou com as touradas nos últimos momentos do período colonial. Em 1819, a praça do curro continuava construída no Campo de Santana, como observam Leithold e Rango[51]: "De um lado, e não exatamente no meio, está um grande circo de madeira, onde se realizam as touradas; do outro lado, um grande jardim não sombreado e raramente visitado, em que há umas estátuas de madeira, pintadas" (1966, p.12).

Para os dois visitantes, na ocasião o teatro era a principal opção de diversão no Rio de Janeiro. As touradas, mesmo que apreciadas, quase não eram organizadas. Em 1819, ainda teriam sido promovidas nas celebrações do nascimento da princesa Maria da Glória,[52] mas de forma bem precária. Para Leithold e Rango (1966), elas foram um verdadeiro fiasco, tanto que o público (segundo eles formado por "portugueses, brasileiros, mulatos e negros") vaiou todo o tempo:

---

50  Para mais informações, ver Schultz (2008) e Schwarcz (2011).

51  Leithold e Rango (tio e sobrinho) foram dois dos muitos viajantes que estiveram pelo Rio de Janeiro nas primeiras décadas do século XIX. Tendo eles permanecido pouco tempo na cidade, por falta de adaptação, suas posições em geral são muito apressadas e pouco favoráveis ao que viram. O livro foi publicado originalmente em 1820.

52  Os autores se equivocaram ao dizer que se tratou de comemoração do aniversário da princesa.

Um tourinho magro, cuja ira alguns figurantes paramentados procuravam em vão provocar com suas capas vermelhas, permanecia fleumático e, quando parecia disposto a investir, logo pulavam eles assustados a barreira que os separa do público e eram recebidos com assobios e cascas de laranja. (p.17)

O mesmo teria ocorrido com outros animais, causando indignação na assistência, que não se conformava que o organizador não tivesse conseguido bons touros, até porque: "Os camarotes haviam sido todos vendidos a preços altos e as arquibancadas acomodavam incrível multidão de todas as classes" (Leithold; Rango, 1966, p.17).

Essa ocorrência vai cercar as touradas em sua trajetória no decorrer do século XIX: a baixa qualidade dos touros. Em 1819, isso poderia ter relação tanto com a falta de recursos para promover boas festividades quanto com a tensa situação política em Portugal, cujos impactos eram sentidos no Brasil.

Há de se destacar também uma mudança na dinâmica de promoção do evento. Ainda que ligada a uma cerimônia da família real, tratou-se de um modelo mais "empresarial" de organização, com menor (ou sem) participação dos cofres públicos.

Na verdade, a partir de 1818, a praça de curro passou a não servir exclusivamente às festividades governamentais. Vejamos que o Senado da Câmara, em 23 de novembro daquele ano, mandou avisar a Fernando José de Almeida que estava aberto o arrendamento da praça até a data do entrudo. Esperava-se receber 5:000$000, metade à vista e o restante em sessenta dias.[53]

Fernando José de Almeida foi um personagem controvertido. Chegou ao Rio de Janeiro na condição de cabeleireiro do vice-rei dom Fernando José de Portugal e Castro.[54] Alguns anos depois, com as benesses do príncipe regente, já estava envolvido com o projeto da construção do Teatro São João, erguido no largo do Rossio, atual praça Tiradentes.[55]

---

53  Arquivo Geral da Cidade do Rio de Janeiro, Vereanças 1818, códice 16-3-25.
54  O conde e depois marquês de Aguiar foi vice-rei entre os anos de 1801 e 1806.
55  Durante décadas, foi o maior e mais importante teatro do Brasil. Atualmente, no mesmo local, existe o Teatro João Caetano.

Na imagem, pode-se ver o Real Teatro São João no centro, à esquerda, com um aglomerado de pessoas à frente.
Acceptation provisoire de la constitution de Lisbonne, à Rio de Janeiro, en 1821
Gravura de Thierry Frères, a partir de obra de Debret, 1839
Acervo da Biblioteca Nacional

Por sua proximidade com o poder, pelo envolvimento com a atividade teatral e pela relação que já se estabelecia entre o teatro e as touradas, entretenimentos apreciados pela população, lembrou-se de Fernando José de Almeida para dirigir as atividades na praça do curro.

Ao fim, todavia, a arena foi arrendada por José Inácio da Costa Florim, vereador da cidade.[56] Em 1819, tal cessão foi renovada por seis anos, pela quantia de 13:000$000. Teria ele promovido touradas? Não conseguimos comprovações, mas é possível que estivesse por trás das já citadas corridas de 1819.

Além disso, encontramos outro indício: o comerciante anunciou que pretendia promover "um combate de touros da melhor escolha".[57] Participava da iniciativa uma insigne personalidade da colônia àquele momento, o sargento-mor Joaquim Moreira da Costa, dono de rebanhos na região de Sorocaba, comerciante de gado para abastecimento da capital (Garrido, 2012).

Florim não ficaria muito tempo mais à frente do empreendimento. Em 1821, uma determinação régia ordenou o desmanche da praça do curro, obrigando-o a assinar um distrato. De acordo com Segawa (1996), fora uma decisão de Pedro I, supostamente por rivalidades políticas com o intendente Paulo Fernandes Vianna, que muito se empenhara nas reformas do Campo de Santana. Para Henderson (1821), tinha relação com a dificuldade de conseguir touros suficientemente bravos, uma explicação, a nosso ver, também plausível.

Em julho de 1821, o Senado da Câmara, pela terceira vez, anunciou que pretendia arrematar o desmanche do curro. No *Diário do*

---

56  Negociante de sucesso, foi personagem de destaque no Rio de Janeiro das primeiras décadas do século XIX. Na ocasião, estava abandonando o ramo do tráfico de escravos. No *Jornal de Anúncios*, de 19 de maio de 1821, anunciou: "Vende-se o bergantim denominado Conde dos Arcos, chegado proximamente de Luanda, forrado de cobre, com sua aguada e todos os mais pertences para o tráfico de escravos; quem o pretender comprar dirija-se à rua Direita defronte da Alfandega, a falar com José Inácio da Costa Florim, onde poderá ver o inventario".

57  *Gazeta do Rio de Janeiro*, p.4, 8 jan. 1820.

*Rio de Janeiro* de 1º de setembro de 1821, Jacinto José da Cunha[58] deu ciência ao público de ter concretizado o negócio, pondo à venda as madeiras, para construção ou para ser usada como lenha. Esse chamado, contudo, parece não ter surtido grande efeito, pelo menos na sua íntegra, já que José Martins Rocha, em nome do Senado da Câmara,[59] ultimou o arrematante a terminar a desmontagem, "sob pena de mandar fazer o mesmo a sua custa".[60]

Segundo Oliveira Lima (1996), nos seus últimos anos, a praça recebeu um circo onde atuava uma companhia de acrobatas e funâmbulos ingleses, "acudindo a população a rir estrepitosamente com os trejeitos dos palhaços, aplaudir os maravilhosos exercícios equestres de Mr. Southby e extasiar-se diante da corda bamba e dos equilíbrios de Mrs. Southby" (p.570).

Mais um indício de que houve mesmo poucas corridas de touros promovidas por Florim, desde dezembro de 1818 a Companhia Inglesa de Cavalinhos já se apresentava na praça:

> Guilherme Southby, diretor da Companhia Inglesa de Cavalinhos, participa ao respeitável público que no dia 27 do corrente mês na praça do Campo de Santa Ana, sua mulher Madame Southby faz seu benefício, para cujo divertimento se andam fazendo grandes preparativos.[61]

James Henderson (1821), um diplomata inglês que viveu no Brasil entre 1819 e 1821, também observou que, nos últimos dois anos de funcionamento da praça, houve poucas touradas, destacando-se mesmo as atuações da companhia de ingleses. Eles teriam

---

58  A única informação que obtivemos sobre José Jacinto indica que era um comerciante que tinha relações com o Norte do país e com Portugal.

59  José Martins da Rocha ocupou importantes funções no Senado da Câmara, tendo sido, inclusive, escrivão e procurador.

60  *Diário do Rio de Janeiro*, p.1, 30 jan. 1822.

61  *Gazeta do Rio de Janeiro*, p.4, 23 dez. 1818.

dialogado com as peculiaridades locais e construído um espetáculo que encantava e surpreendia a população.[62]

Mais um visitante, Gilbert Farquhar Mathison, que no Rio de Janeiro esteve em 1821, reforçou essa informação: "Teatro é agora o único lugar público destinado ao entretenimento e, recentemente, cessaram as touradas" (1825, p.11). A arena e as corridas de touros se extinguiram no momento em que estavam prestes a ser definitivamente rompidos os laços coloniais entre Brasil e Portugal.

Há uma curiosidade que precisa ser desvendada. William John Burchell era um botânico inglês que esteve no Rio de Janeiro em 1825, integrando a comitiva do embaixador Charles Stuart, o responsável por negociar o reconhecimento da independência brasileira por parte de Portugal. Burchell produziu um belo panorama da cidade.[63] Na primeira prancha, podemos ver que há uma construção que lembra muito a praça do curro, bem no centro do Campo de Santana. Seria a arena ainda não desmontada? Não é provável. Trata-se de algo a ser investigado.

De toda forma, independentemente da data exata, a arena se extinguira e as touradas entrariam em um período de latência. Quando retornassem, estariam no rumo de se confundir com a atividade teatral. É o que veremos no próximo capítulo.

## De teatro da antiga Corte a teatro na nova Corte

No Rio de Janeiro colonial, pelo menos até os últimos anos que antecederam à independência, as touradas eram atividades diretamente relacionadas ao calendário da Corte portuguesa, parte das festividades públicas promovidas por entes governamentais. Tra-

---

62 Há ainda indícios de que os ingleses se apresentaram em outras cidades do país, especificamente da província de Minas Gerais.

63 Foi publicado no livro *O mais belo panorama do Rio de Janeiro*, com textos de Gilberto Ferrez, editado pelo Instituto Histórico-Geográfico Brasileiro, em 1966.

tava-se eminentemente de um empreendimento estatal, sendo contratados profissionais para as mais distintas necessidades e funções que cercavam a sua realização, desde a construção do redondel até a atuação com os touros. As corridas seguiam um protocolo estabelecido pela tradição, a moda portuguesa, mobilizadas para fortalecer os vínculos da população com os símbolos monárquicos.

A hierarquia social era demarcada não apenas pelo lugar que o público ocupava nas tribunas da praça de curro. A própria dinâmica do espetáculo reproduzia as distinções. A aristocracia estava representada na figura dos cavaleiros, enquanto o campesinato era representado na figura dos moços do forcado, que enfrentavam os touros sem armas. Ao mesmo tempo que se via nos camarotes e arquibancadas, a sociedade se reconhecia na própria arena.

Devemos ter em conta que, no Antigo Regime, política e divertimento não eram esferas tão nitidamente separadas – o mesmo vale para o binômio religião-diversão. As festas ordinárias e reais eram um exemplo dessas conjugações. Certamente, havia formas de entretenimento menos marcadas por essas injunções, mas esse não era, a princípio, o caso das touradas.

Eram espetáculos dispendiosos, que requeriam complexa organização. O público tinha oportunidade de ir aos touros porque a monarquia oferecia esse gênero de passatempo. Nas corridas, a diversão não se dava "apesar" da exibição dos reis, mas "com" sua exibição (divertir-se não como sinônimo de fazer troça, mas de apreciar).

Há também de se ter em conta o caráter eminentemente rural do mundo colonial. O Rio de Janeiro desse período era uma pequena concentração urbana cercada de chácaras e fazendas. O público tinha grande familiaridade com cavalos e touros. O gosto pelas touradas não se produzia por contraste, mas por afinidade com a vida cotidiana.

É somente a partir dos anos 1840 que as touradas vão se organizar como práticas autônomas; isto é, um campo da tauromaquia será constituído no Rio de Janeiro, na direção do que aponta Luís Capucha (1988) ao dialogar com os conceitos de Pierre Bourdieu. As corridas passariam a ser eminentemente compreendidas como parte do segmento dos entretenimentos públicos, que melhor se estruturará no país independente, notadamente na sua capital.

Ou seja, a partir desse momento, as touradas adquiriram uma série de características até então não observáveis: a conformação de um corpo de especialistas relativamente estável, exclusivo e multifacetado (desde empresários e profissionais do toureio até, futuramente, jornalistas especializados no tema); o estabelecimento de um calendário que não se submete a necessidades estatais (as touradas serão realizadas de acordo com os interesses e desejos de promotores e público); a gestação de um mercado ao seu redor (movimentado com a cobrança de entradas, patrocínios e outras formas de geração de renda); o surgimento de entidades representativas (tanto de empresas a elas dedicadas quanto de clubes específicos). Nos anos derradeiros do período colonial, as primeiras iniciativas mais "empresariais", por motivos diversos, não lograram êxito.

Na verdade, mesmo em Portugal, como lembra Capucha, "a tauromaquia enquanto produto cultural a cargo de um conjunto de especialistas, de funções variadas na 'festa', é um fenômeno relativamente recente" (1988, p.150). Segundo o autor, somente em 1776 apareceu o primeiro regulamento, isto é, passou "a ser um espetáculo que obedece a regras, que os especialistas devem cumprir" (Capucha, 1988, p.151).

Devemos observar que as touradas integraram a programação dos festejos dedicados a celebrar a independência, realizadas após a aclamação de Pedro I, em 12 de outubro de 1822. Grande parte dos eventos, aliás, teve lugar no mesmo Campo de Santana, que a partir de então passa a se chamar Campo da Aclamação. Como sugerem Schwarcz, Costa e Azevedo:

> Longe de serem apenas divertimentos passageiros, as festas de Independência se convertiam em rituais políticos endereçados ao povo, que assim reconhecia a separação entre Portugal e Brasil. É claro que lá todos se divertiam, e muito; mas era também por meio desses rituais que se dava visibilidade ao soberano e estabeleciam-se vínculos com a nova realidade política. (2002, p.382)

As touradas, uma prática tão ligada à Coroa portuguesa, integrando a comemoração do fim dos laços coloniais: curioso, mas não inusitado. O forjar de uma identidade brasileira foi um longo processo, que passou pelo estabelecimento de novas relações com Portugal, o que significava repensar o papel das práticas culturais relacionadas a esse país.

É importante perceber que o sentido central das corridas de touros nesse primeiro momento, a declaração e a explicitação de vínculos de lealdade com Portugal se manterão sempre ativos ao redor da prática. No futuro, inclusive, será um dos elementos que porá em xeque sua própria manutenção.

De toda forma, no final do período colonial as touradas já se apresentavam conforme se desenvolveriam no momento a seguir: um tipo de divertimento numa cidade que clamava por mais alternativas dessa natureza. Como observa Schwarcz: "Faltavam opções de diversão, ao menos se guardarmos os moldes europeus. […] Touradas existiam, mas eram poucas […]" (2011, p.224).

Em breve esse quadro mudaria. A prática se desenvolverá confundindo-se com outra que já ocupava o papel de divertimento preferido das elites: o teatro.

# 2
## AS TOURADAS:
## UM ENTRETENIMENTO TEATRAL
## (1840-1852)

*Victor Andrade de Melo*

## Estruturam-se as corridas de touros

É sem dúvida para sentir que a tarde de domingo estivesse tão chuvosa e impedisse a representação do espetáculo da Praça de Touros, onde tencionávamos concorrer, pagando (bem entendido) os nossos cobrinhos, a fim de podermos apreciar com o nosso espírito meditabundo essas cenas em que a natureza excitada pela arte nos depara quadros variados do instinto animal em reação com as suas faculdades sensitivas, nos faz ora estalar de riso, e ora estremecer de horror, imprimindo em nosso ânimo ideias mais ou menos aquilatadas das faculdades dos brutos. Aguardamos as próximas representações, permitindo o tempo, para dilatar o nosso entendimento na contemplação de semelhantes espetáculos, contando que o seu empresário não se descuidará de esforçar-se para bem merecer do público.[1]

Depois da desmontagem da praça de curros do Campo de Santana, a cidade ficou muitos anos sem corridas de touros. Essa ausência chegou a ser, por diversas vezes, observada pelos jornais.

---

1 *Diário do Rio de Janeiro*, p.3, 18 nov. 1847.

Vemos uma dessas ocasiões quando, em 1825, se ironizou a passagem de um cometa pelos céus do Rio de Janeiro:[2] "Muito temos rido ouvindo as extravagâncias que correm agora pela aparição do chamado Cometa. Veio em boa ocasião; nós não temos touros, cavalhadas, máscaras que divirtam o público".[3]

O campo do entretenimento em geral sentiu o processo de transição da ordem colonial para a independente. Na primeira metade da década de 1820, além das festas religiosas, eram basicamente as atividades teatrais que animavam a cidade. Ainda assim, durante alguns anos o antigo Teatro São João permaneceu fechado em função de um incêndio ocorrido em 1823. Foi reaberto em 1826, já com o nome de Imperial Teatro de São Pedro de Alcântara, a partir de 1831 renomeado como Teatro Constitucional Fluminense.

No final dos anos 1820, notadamente a partir da década de 1830, paulatinamente o quadro começou a mudar, inclusive em virtude da inauguração do Teatro São Francisco de Paula (1832) e do Teatro da Praia de Dom Manuel (1834, transformado em Teatro São Januário em 1838). Nas três casas teatrais da cidade passaram a se apresentar artistas estrangeiros de espetáculos de variedades, tais como mágicos, acrobatas/ginastas, mímicos.

O Teatro de São Pedro de Alcântara, por exemplo, acolheu, em 1827, dois espetáculos à moda circense: as apresentações de força e equilíbrio de Mr. Rhigas[4] e de Guilherme Brown.[5] Na década seguinte, entre muitos outros que se exibiram nos palcos do Rio de Janeiro, destacamos a curta temporada dos Chiarini, que se apresentaram em 1832 com a "Companhia Ginástica".[6] Em 1835, retornaram à cidade:

> Mr. Chiarini, com sua mulher, e filho, chegados proximamente a esta Corte, onde tem recebido de seus habitantes grandes obsé-

2   Provavelmente se tratava do cometa Encke.

3   *O Espectador Brasileiro*, p.3, 16 nov. 1825.

4   *Diário do Rio de Janeiro*, p.92, 28 ago. 1827.

5   *Diário do Rio de Janeiro*, p.4, 3 dez. 1827.

6   *Correio Mercantil*, p.4, 13 jul. 1832.

quios e aplausos, tem a honra de aparecer em cena pela primeira vez, com a execução de alguns dançados, marchas e saltos mortais, sob a corda tirante.[7]

Nos anos de 1835 e 1836, os Chiarini deixaram os palcos dos teatros e montaram suas arenas nas cidades do Rio de Janeiro e de Niterói. Em 1837, associaram-se a outro importante personagem que desembarcou na Corte, o norte-americano Eduard G. Mead, para inaugurar uma nova e importante praça.

No primeiro pedido de licença de Mead, submetido em agosto de 1837, há uma informação relevante, a de que trouxera de Montevidéu distintos animais. No decorrer do século, essa será uma marca de diversos espetáculos no Rio de Janeiro promovidos, inclusive as touradas: a participação de companhias de estrangeiros que estavam em turnê, por vezes originárias de países do cone sul da América do Sul, em outras ocasiões vindas diretamente do continente europeu. Era também usual que transitassem por cidades brasileiras.

Naquele mesmo ano, Mead apresentou uma performance com um elefante, "um dos maiores da sua espécie, muito manso, e é raro que se importe vivo, para a Europa ou América, este objeto da história natural, que oferece tanto interesse aos amantes da natureza".[8] Na ocasião, anunciou ao "respeitável público que não principia com o espetáculo do curro, por ainda não ter arranjado um lugar conveniente, mas, imediatamente que se ofereça, o fará constar".

Isso não ocorreu, e a arena conjunta com os Chiarini foi aberta em setembro, no largo da Ajuda (atual Cinelândia). O novo espaço era chamado de Círculo Olympico (ou "Amphiteatro") e oferecia espetáculos de variedades que lembravam os "bons tempos" da companhia do inglês Southby, a última ocupante da antiga praça do curro do Campo de Santana: números de equilibrismo, ginástica, força, malabarismo, dança, teatro, canto, palhaços, apresentações equestres e de lutas, entre outras performances.

---

7 *Diário do Rio de Janeiro*, p.4, 8 ago. 1835.
8 *Jornal do Commercio*, p.3, 28 jul. 1837.

Em 1840, Chiarini leiloou o material de seus teatros e deixou a cidade, por motivos que não sabemos precisar. Outros proprietários vão manter o Círculo Olympico (algumas vezes renomeado para Circo Olympico) por décadas. Na ocasião, Mead instalou a arena na rua das Flores (atual rua de Santana).

Essas iniciativas não restabeleceram as corridas de touros, mas ajudaram a gestar (ao mesmo tempo que foram gestadas por) uma nova ambiência pública, uma nova sensibilidade social que abriria condições para que a prática voltasse a ser oferecida e apreciada pelos fluminenses.

Ainda em 1840, foi anunciada a inauguração de um novo anfiteatro no Campo de São Cristóvão. No *Diário do Rio de Janeiro* de 10 de março, o proprietário, Manoel Luiz Alves de Carvalho, comunicou que recebera a autorização para funcionamento, bem como que o espaço fora vistoriado e aprovado pelas autoridades competentes, pretendendo, portanto, oferecer espetáculos equestres, ginásticos e corridas de touros. Informou ainda que aguardaria o fim da quaresma para dar início às touradas.

Manoel Carvalho vinha tentando conseguir a licença desde outubro de 1839.[9] Já na ocasião, houve na Câmara um debate sobre a adequação das touradas a uma cidade que se pretendia civilizada (Castro, 2005). O fiscal responsável pela primeira avaliação inferiu:

> Quanto à qualidade do espetáculo em questão, não sei decidir se é, ou não de utilidade pública tais divertimentos, máxime, o combate, ou luta de touros, que me persuado ter caído em desuso na mor parte dos países civilizados da Europa; e se há alguma utilidade, ou interesse na concessão do sobredito espetáculo, é só da parte do empresário.

Não foi fácil conseguir a licença. A própria escolha do local pode ter se dado em função dessa polêmica. O Campo de São Cristóvão

---

9  A licença era pedida à Câmara e avaliada por fiscais ligados às freguesias.

fora um rossio, utilizado para negócios agropecuários, notadamente compra e venda de gado. Nas redondezas, em meados dos anos 1850, seria instalado o matadouro, substituindo o que existia na praia de Santa Luzia.[10] Também existiam na região algumas antigas instalações, como um abandonado quartel que o empresário tentou usar sem sucesso por não ter sido aprovada pela Câmara.

Na imagem, podemos ver como o Campo de São Cristóvão (ao centro, bem menor do que no passado) se encontrava perto do mar, facilitando o alcance pelo público (na primeira metade do século XIX não era fácil chegar por terra ao logradouro).
Cristóvão, ao centro
Jorge Kfuri, c. 1921
Acervo da Diretoria do Patrimônio Histórico e Documentação da Marinha

Se na década de 1840, e durante um bom tempo, ainda eram comuns as chácaras e a presença de gado no centro da cidade,[11] no decorrer do século, conforme foram mudando as sensibilidades

---

10  Na década de 1880, ele seria de novo transferido para o bairro de Santa Cruz.

11  Era comum, aliás, encontrar nos jornais anúncios de venda de gado, informes de busca de animais desaparecidos ou notícias de fugas de touros bravios que assustavam a população.

públicas e aumentando as preocupações com a ordenação e o saneamento, os animais foram sendo afastados. Houve uma conformação melhor da fronteira entre a crescente zona urbana e a zona rural. Isso terá um impacto na realização das touradas. Progressivamente se tornariam estranhas à urbe, que assumia novas características.

Em março de 1840, João Bernabó, que trabalhara com Chiarini e tinha parcerias constantes com Mead, anunciou que ocuparia o curro de Manoel Carvalho com seus espetáculos ginásticos e equestres. Sua temporada durou até o início das corridas de touros, quando agradeceu "cordialmente ao respeitável público o acolhimento que lhe prestou", informando que prepararia novos números "a fim de em tudo agradar a um público tão benéfico".[12] Realmente a companhia ocupou muitas vezes o picadeiro desses e de outros anfiteatros.[13]

Finalmente, em abril de 1840, foi anunciada a realização de touradas, os promotores garantindo que não estavam poupando esforços para oferecer um grande espetáculo, inclusive em relação aos animais a serem enfrentados. Como era comum na época, rogaram pela "proteção e o acolhimento"[14] do público. Vejamos este convite para uma corrida de touros realizada em 1841, no qual os empresários enfatizaram que:

> se esforçaram por merecer o aplauso do público generoso desta capital, a quem imploram a proteção e benevolência que distingue a nação brasileira das mais nações, a favor daqueles estrangeiros que procuram hospitalidade; e uma eterna gratidão será o testemunho mais evidente que esta companhia dará ao povo, a quem recorre para protegê-la.[15]

---

12  *Diário do Rio de Janeiro*, p.4, 10 abr. 1840.
13  Por exemplo, Bernabó se apresentou em 1841, por ocasião das festas do Espírito Santo, em um anfiteatro montado no Campo de Santana (*O Despertador*, p.4, 29 maio 1841).
14  *O Despertador*, p.4, 14 abr. 1840.
15  *O Despertador*, p.4, 2 jul. 1841.

AMPHI-THEATRO.

CAMPO DE S. CHRISTOVÃO.

Domingo 17 do corrente, Bernabó e a sua companhia apresentaráõ novos divertimentos gymnasticos e oquestres.

Haverá mais a nova scena do velho, a ama, o sapateiro, e victoria executada pelo director.

O palhaço e um seu collega executaráõ a graciosa scena mimica viva e morta. Terminará o divertimento com a galante dança desempenhada pelo diretor a ferre e fogo, intitulado: — o Grego defendendo o seu estandarte contra os seus inimigos.

Anúncio da arena do Campo de São Cristóvão
*Diário do Rio de Janeiro*, 16 maio 1840, p.3

O público: esse passou a ser o personagem emblemático da inflexão que levou as touradas do modelo estatal para o modelo empresarial. A remuneração dos envolvidos com a realização do espetáculo passou a depender da satisfação dos pagantes, que precisavam sentir-se acolhidos e atendidos em suas expectativas. No lugar da louvação à família real e aos feitos do Império português, antiga motivação central da festa, se impunha o primado da emoção, a alegria pela alegria, o divertimento pelo divertimento, ainda que as questões políticas continuassem a se registrar ao redor dos eventos.

Conquistar a "proteção do público" era uma necessidade para a manutenção do negócio. Para tal, os empresários tinham de cuidar de todos os detalhes: a escolha do gado, a performance dos toureiros, o conforto da praça e a ordem do espetáculo, com seus ornamentos, vestuários, banda de música, local para a venda de bilhetes, divulgação das sessões, estrutura de alimentação e alternativas de transporte até a arena, entre outras coisas. Certamente tais preocupações existiam em algum grau no modelo anterior, mas no modelo empresarial a própria continuidade da festa dependia dessas ações.

Por isso, o anúncio nos jornais – novo procedimento indispensável ao êxito comercial do empreendimento – às vezes beirava a bajulação. Nessas propagandas, o empresário precisava explicitar seus esforços, fadigas, despesas e sacrifícios para contentar a assistência. Era uma forma de prestar contas e de conquistar a confiança do público.

Para atraírem os potenciais pagantes, os empresários também adotaram outros expedientes, como as girândolas de foguetes, disparadas a intervalos previamente anunciados até o início do espetáculo. O recurso alertava o público para que não perdesse a hora do divertimento, num mundo em que o tempo, a despeito da existência dos relógios, ainda era pontuado pelos sinos das igrejas, e os grandes eventos anunciados por salvas de canhões e fogos de artifício. Na ausência de uma multiplicidade de mídias, o barulho funcionava como estratégia para chamar a atenção para a diversão que invadia o cotidiano da cidade.

O público pagante, de sua parte, cada vez mais queria ver seus desejos atendidos. Aplaudia os toureiros quando os julgava dignos de mérito. Por outro lado, poderia reagir com violência quando se sentia enganado. Neste caso, os mais exaltados podiam chegar a extremos, como a depredação da arena.

Há um novo perfil de assistência em delineamento, mais ativa e disposta a participar. A instituição do "touro dos curiosos" – um animal era destinado para que voluntários da plateia o enfrentassem – é um sinal dessa tendência. Outra forma de participação era mais generalizada: a ordem para que os forcados pegassem "à unha" o touro. Neste caso, artistas e plateia dialogavam. Esse convite à manifestação é reiterado a cada anúncio publicado nos jornais.

Por vezes, a plateia era conclamada a escolher: o toureiro deveria atuar à portuguesa ou à espanhola.[16] Numa eventual tourada à espanhola, podia ser consultada para decidir a destinação do touro morto. Frequentemente se repetia um animal já "corrido" em atendimento aos desejos dos pagantes.

Se atrair o público era uma clara preocupação, também o era seu transporte até a praça do curro. Vejamos o caso da arena do Campo de São Cristóvão, uma região relativamente afastada do centro naquela transição dos anos 1830 para os 1840. Num anúncio, comunicou-se que "largará da ponte da Corte [...] às 11 horas da manhã e 2h30 da tarde, uma barca de vapor para aquele ponto, donde voltará meia hora depois de acabado o divertimento".[17]

Os preços dos bilhetes traziam uma curiosidade: $320 por viagem, sendo $160 para descalços, um sinal de que havia uma expectativa de receber, inclusive, pessoas das camadas populares.[18] Seria uma referência à possível presença de escravizados? Não se pode afirmar isso categoricamente, mas vale o registro.

De acordo com a nova dinâmica, inovações eram fundamentais não só para atrair frequentadores, como também para estimular o retorno de quem já havia assistido ao espetáculo. Depois da primeira função, o empresário da arena de São Cristóvão tentou incrementar as atividades. Em junho de 1840, contratou uma companhia que vinha de Montevidéu, dirigida por Francisco Morales.[19] Os animais foram trazidos da Fazenda Santa Cruz, um claro indicativo de que se tentava conseguir bons animais para o toureio. Para facilitar o acesso, os ingressos foram vendidos não só no anfiteatro, como também na loja de Francisco de Paula Brito.[20]

---

16  Em linhas gerais, na tourada portuguesa valoriza-se o toureio a cavalo, o espetáculo não se encerrando com a morte do animal, mas, sim, com a performance dos forcados; na tourada espanhola destaca-se o toureio a pé, culminando a prova com a morte do animal.

17  *O Despertador*, p.3, 16 abr. 1840. Havia, inclusive, uma barca que fazia o trajeto regular entre o cais Pharoux (atual praça XV) e a praia de São Cristóvão.

18  Lembremos que a região era cheia de trapiches.

19  *Diário do Rio de Janeiro*, p.2, 11 jun. 1840.

20  *O Despertador*, p.4, 11 ago. 1840. A loja de variedades de Paula Brito, situada em plena praça da Constituição (atual praça Tiradentes), também vendia

A temporada de 1841 foi mais intensa. Em abril, chegou de Montevidéu uma nova companhia de touradas, dirigida por Manuel Domingues, prometendo "nada poupar para divertir o público", com "excelentes touros que serão capeados, farpeados e garrochados a cavalo e a pé".[21] Os animais continuavam vindo de Santa Cruz. Até julho, identificamos sete apresentações, sendo suspensos os espetáculos somente em função de mau tempo ou dificuldade de obter bons touros, dois problemas costumeiros.

Nesse mesmo ano, houve uma tentativa de criação de uma nova arena no mesmo bairro. João Lopes, que toureava no antigo anfiteatro, dizendo que não lhe era vantajoso financeiramente permanecer por lá, informou a abertura de uma praça de touros na cancela de São Cristóvão.[22] Essa iniciativa, porém, não parece ter sido bem-sucedida, sendo mais interessante por indicar que já existiam divergências nos primórdios da conformação do campo da tauromaquia no Rio de Janeiro.

Na verdade, se havia elementos que indicavam a conformação desse campo (calendário autônomo, corpo de especialistas, entidades próprias, mercado no entorno), ainda tardaria alguns anos o maior amadurecimento dos setores envolvidos, de forma a permitir a manutenção estável da promoção das corridas.

De fato, depois das corridas de 1841, uma vez mais se percebe um interregno. A arena de São Cristóvão continuou sendo usada para apresentações de companhias ginásticas/equestres, como a de José Levero (ou Levrero) e Macerate, que também se exibiam em uma nova praça construída no Campo de Santana, anunciada como "Novo Amphi-Teatro". Em São Cristóvão, reapareceu um velho conhecido, E. Mead, que parece ter adquirido ou alugado o curro para seus espetáculos.

---

livros e foi um ponto de encontro dos literatos da época. Brito foi um dos personagens mais notórios do Rio de Janeiro de meados do século XIX, responsável por várias iniciativas de dinamização cultural. Foi um dos primeiros editores de relevância da cidade. Por muitos anos, seu estabelecimento comercializou bilhetes para as touradas.

21 *O Despertador*, p.4, 28 maio 1841.
22 *Diário do Rio de Janeiro*, p.3, 6 abr. 1841.

Em 1844, encontramos nos jornais anúncios de leilões das madeiras e pertences dos dois anfiteatros. Não conseguimos saber os motivos para a interrupção das atividades, mas é possível especular algumas razões: a cidade ainda não estruturara adequadamente o mercado de entretenimentos, situação que também era endossada pelos teatros, embora se mantivessem ativos; o momento político nacional ainda se mantinha conflituoso, embora a caminho de estabilizar-se com a aclamação de dom Pedro II (1841); uma estrutura comercial e de negócios mais adequada ainda estava em construção, não sendo suficiente para dar conta dos interesses dos empresários envolvidos com o ramo do entretenimento.

Outro anfiteatro foi criado em outubro de 1845, tendo à frente mais um estrangeiro, Alexandre Lowande e sua Companhia America-Hespanhola, contando com a participação de Otto Motti[23] (algumas vezes citado como Motty), que já estava envolvido com outras empreitadas de entretenimento na cidade.

Desta vez, as instalações foram construídas na rua do Lavradio (na esquina com a rua do Senado), nas redondezas do Campo de Santana, bem como da praça da Constituição (atual praça Tiradentes), uma região que progressivamente acolheria várias iniciativas de entretenimento (teatros, circos, restaurantes, clubes). A princípio, essa arena não promoveu touradas.

Foi só mesmo em 1847 que voltaram a ser promovidas corridas de touros na cidade. Em 5 de março, a Câmara concedeu uma licença para Antônio Francisco de Souza, português diretor de uma companhia tauromáquica.[24] Em 25 de abril, publicou-se nos jornais o comunicado da retomada da prática, pelo "sistema das Praças de Espanha: o empresário mandou vir novos touros a fim de corresponder quanto for possível aos desejos do respeitável público".[25]

Os animais eram escolhidos na fazenda do Trapiche do Morgado de Marapicu, localizada na província do Rio de Janeiro, "mui

---

23  Tanto o norte-americano Lowande quanto o inglês Otto (Henry Leech) eram profissionais de circo em seus países de origem.

24  A licença foi renovada em 18 de maio em nome de Luiz Marinho dos Santos Gradil, o dono do estabelecimento, e outras vezes mais no decorrer do ano.

25  *Diário do Rio de Janeiro*, p.3, 25 abr. 1847.

conhecidos pela sua bravura".[26] Prometeu-se a contratação de pessoal qualificado e informou-se que o curro era coberto, uma tentativa de melhor lidar com as possíveis interferências do clima no cancelamento das sessões.

A praça foi instalada na esquina de rua Nova do Conde (atual Frei Caneca) com Matacavalos (atual Riachuelo), também nas redondezas do Campo de Santana. Foram envidados esforços para oferecer conforto ao público. Pelos anúncios, percebe-se o investimento no espetáculo: banda de música completa, toureiros ricamente vestidos (no qual se destacam os nomes de João Martins França e Thomaz Cós), capinhas, forcados, espinhas, belos cavalos, touros bravios apresentados em destaque: "O inconquistável Touro Vermelho, filho das matas da imperial fazenda de Santa Cruz".[27]

Campo de Santana e arredores; a partir do morro da Previdência
Georges Leuzinger, 1866
Acervo do Instituto Moreira Salles

---

26 *Diário do Rio de Janeiro*, p.3, 7 set. 1847.
27 *Diário do Rio de Janeiro*, p.3, 7 maio 1847.

Um detalhe dos anúncios merece destaque: "Todos os divertimentos e vestimentas são feitos segundo os costumes de Portugal".
Ou seja, ou eram híbridos os espetáculos (provas divididas à moda de
cada país da Península Ibérica), ou se abandonou o modelo espanhol
por não afinidade com os hábitos da cidade. Seja como for, merece
mesmo referência uma ligação tão direta com o antigo colonizador.

Os preços dos ingressos eram variáveis, tentando abarcar público dos mais diversos perfis socioeconômicos. Havia, inclusive, um
espaço exclusivo para mulheres. Além disso, em função de reclamações de algumas frequentadoras, que precisavam atravessar as arquibancadas para chegar aos camarotes, foi aberta para elas uma entrada
exclusiva. O promotor percebia que havia um aumento da presença
pública feminina, oferecendo então mais conforto para atraí-las.
Claramente se identifica que se tratava de uma iniciativa empresarial
mais estruturada.

Nessa praça de touros, além da referência explícita à presença de
mulheres na assistência (talvez até mesmo sozinhas, já que somente
assim se justificaria um espaço reservado), uma inovação foi apresentada: uma toureira. É preciso levar em conta que, àquela altura,
era rara a presença feminina até mesmo em muitos fóruns sociais:
"O empresário sente não poder apresentar uma jovem de 23 anos,
toureando com braço varonil, e impavidez de cavalheiro, mas pretende apresentar em compensação a srta. JOANNA PAULINA".[28]
Não sabemos se é a mesma, mas outra mulher foi anunciada para as
corridas de 11 de junho.

O primeiro proprietário desse espaço não ficou muito tempo à
frente do negócio, logo leiloando o curro.[29] Cerca de um mês depois,
o novo dono comunicou a reinauguração da arena, afirmando a disposição de apresentar uma tourada pelo verdadeiro sistema europeu, "e não como até o presente a antiga empresa os fazia tourear".[30]
Veremos que não foram raros os embates entre donos de redondéis
ou diretores de companhia para conquistar o público. Os promoto-

---

28 *Diário do Rio de Janeiro*, p.3, 22 maio 1847.

29 *Diário do Rio de Janeiro*, 29 set. 1847.

30 *Diário do Rio de Janeiro*, p.3, 30 out. 1847.

res usavam os mais distintos recursos, inclusive o de desmerecer os concorrentes.

Na reformulação da praça, foram oferecidos dois tipos de ingresso (varanda e arquibancada), além terem sido reduzidos os preços dos camarotes. Essa iniciativa, contudo, não sabemos o porquê, não logrou o sucesso esperado, não se estendendo sequer por um mês. De toda forma, no total identificamos a realização de treze espetáculos entre abril e setembro de 1847.

Enquanto isso, ainda no mês de setembro, foi concedida a Francisco York e Antonio José Godinho a licença para oferecer corridas no antigo anfiteatro da rua do Lavradio, reformado pelos novos proprietários.[31] York já vinha havia alguns anos atuando no mercado de entretenimento. Fora proprietário do Tivoli, um parque de diversões, do Conservatório de Dança e Música, uma iniciativa que conjugava aulas e apresentações de espetáculos das duas artes, e do Salão da Floresta, espaço onde se promoviam reuniões literárias e bailes. Godinho era um militar de origem portuguesa que havia desempenhado algumas funções importantes na Corte e se tornara também um conhecido empresário no setor de entretenimento.

Em outubro começaram os espetáculos tauromáquicos na arena da rua do Lavradio. O leitor que assinou como "apreciador justo" (pelo teor suspeitamos de que pode ter sido alguém do próprio curro fazendo propaganda de maneira anônima) exultou:

> Sr. Redator – Tendo assistido às duas últimas corridas de touros no curro à rua do Lavradio, confesso-lhe que muito gostei por ver que o atual proprietário se não poupa a despesas, tendo comprado muitos bons touros, e reformando já o pessoal dos capinhas. Tais esforços não devem ser esquecidos pelo público por quem são eles feitos, e por isso é de esperar a continuação de concorrência, e tanto mais quanto, segundo consta, preparam-se já novas e belas cenas.[32]

---

31  Pelos jornais, percebemos que essa licença foi sucessivamente renovada em 1848.
32  *Diário do Rio de Janeiro*, p.4, 4 nov. 1847.

Essa praça promoveu corridas de touros durante meses, com regularidade e boa organização.[33] Procurando seguir o ritual completo, também se instituiu a prova dos curiosos. Em parte, deve-se ao italiano Emilio Anselmi o êxito dessa arena. Ele compreendeu bem as mudanças em curso no Rio de Janeiro, esmerando-se para atrair a atenção do público com performances notáveis e introdução constante de inovações.

Anselmi se tornou um personagem conhecido na cidade não só por motivos tauromáquicos: "Carregado de crimes, pretendia muitas vezes fazer até jogo – com a honra de sua mulher!".[34] Entre outras coisas, foi preso por envolvimento com falsificação de moeda. Em 1851, foi assassinado pelo americano Reese, com quem se envolvera em uma briga; um crime e um posterior julgamento que geraram grande polêmica.

Além de contar com a atuação do polêmico cavalheiro, Antônio José Godinho investia muito na divulgação. As touradas eram anunciadas, dentre outras maneiras, por um "bando com aparato burlesco", como, aliás, era costume no período colonial. Essa iniciativa acabou parcialmente proibida pela polícia, pelos tumultos que ocasionava. Somente na hora de "afixar os cartazes" se podia "anunciá-los por música".[35]

Outra ação importante era tentar garantir o conforto do touril. Godinho anunciava tais investimentos em seus anúncios: a melhoria da pintura, o aumento do conforto das tribunas, o embelezamento dos camarotes, o capricho nas roupas dos toureiros.

Essa praça reinou sozinha até novembro de 1848, quando Domingos José de Moura – comerciante, inspetor de quarteirão e vereador – pediu licença para pôr em funcionamento um novo curro na cidade, a ser instalado na rua das Flores (próximo, portanto, do local das outras praças). José Maria Gonçalves era a principal

---

33 Entre outubro de 1847 e maio de 1848 (com exceção dos meses de dezembro e abril), foram promovidos dezoito espetáculos. Entre outubro de 1848 e janeiro de 1849, foram organizados dez eventos. Entre abril e setembro de 1849, foram nove eventos. Entre novembro de 1851 e janeiro de 1852, mais três funções.

34 *O Grito Nacional*, p.2, 6 mar. 1852.

35 *Diário do Rio de Janeiro*, p.2, 9 nov. 1848.

atração. As touradas procuravam seguir os rituais tradicionais e eram mescladas, à portuguesa e à espanhola.

Uma ocorrência importante: o início das funções era marcado pela execução dos hinos nacionais de Brasil e Portugal. Como já comentamos, as corridas, de alguma forma, sempre foram um traço de persistência da cultura lusitana em terras brasileiras, uma lembrança do outrora colonizador em um país que buscava sua identidade sem ainda ter claro de que forma se relacionar com o seu passado colonial.

Há uma inovação a ser destacada. Os bilhetes eram vendidos nos pontos das gôndolas; quem os adquiria ganhava a passagem para ir à praça (havia pontos na rua do Livramento, na rua da Glória, na rua Direita e no largo do Rossio): "Assim espera o empresário que com estas comodidades o público não deixe de concorrer a fim da reunião ser em tudo brilhante".[36] Futuramente, uma nova alternativa gratuita também seria estabelecida: "omnibus" saindo do largo do Paço.

Anúncio das duas praças de touros (rua do Lavradio e rua das Flores)
*Jornal do Commercio*, 7 abr. 1849, p.4

---

36 *Diário do Rio de Janeiro*, p.4, 25 nov. 1848.

Logo se estabeleceu uma concorrência entre as duas praças, que se manifestava em diferentes âmbitos, inclusive no preço dos ingressos. Um anônimo criticou o novo estabelecimento:

> *Sr. Redator.* – Tendo visto pelos jornais anúncios para duas corridas de touros diferentes no domingo, 12 do corrente, uma na rua das Flores na Cidade Nova, e outra na rua do Lavradio n. 35, e tendo eu já assistido por algumas vezes a esta última, tive vontade de ir ver a outra à rua das Flores, a fim de aquilatar o merecimento de cada uma, e poder melhor decidir-me sempre que tivesse de escolher entre estes dois divertimentos. Com efeito, à hora marcada achava-me eu num dos lugares daquela praça depois de ter dado os meus dez tostões, que tão mal-empregados foram, e que sem dúvida nunca mais lá tornarão. Posso assegurar ao público que nada houve de agradável nesse divertimento, e lá me parecendo que só eu estava desgostoso dele, quando vi que todos os espectadores faziam a mesma idéia, pois que prorromperam em vaias e apupadas a todas as figuras do circo, e até ao próprio cavaleiro, que foi sofrivelmente assobiado.[37]

A resposta não tardou. Dois dias depois, outro anônimo contestou essa percepção. Sugeriu que o grande número de assistentes (cerca de 1.200, na sua apreensão) percebeu que se tratava de uma praça "maior, mais elegante e a plateia muito cômoda", ainda que reconheça que os capinhas não eram dos melhores. Mais ainda, segundo o autor, não se teria de suportar a "empáfia de Mr. Anselmi, o grande galopador". Conclui dizendo que não mais porá o pé na rua do Lavradio.[38]

Em 17 de novembro, foi o próprio Domingos José Moura que escreveu, pedindo desculpas ao público pela qualidade dos capinhas, comprometendo-se a resolver tal problema. Não perdeu a oportunidade de criticar os que falaram mal de seu curro, sugerindo, nas entrelinhas, que se tratou de perseguição daqueles que são

---

37 *Diário do Rio de Janeiro*, p.4, 14 nov. 1848.
38 *Diário do Rio de Janeiro*, p.4, 16 nov. 1848.

"apenas interesseiros detratores, que não duvidam lucrar jogando a reputação alheia".[39]

No dia seguinte, Godinho, considerando que a ele foram "dirigidas algumas alusões desagradáveis e pouco leais", fez questão de afirmar que "nunca teve em vistas e nem empregou meio algum para detrair ou abater o novo estabelecimento da rua das Flores na Cidade Nova", inclusive porque não "lhe causa prejuízo a abertura da nova praça, apesar da qual nenhuma diferença sentiu na concorrência com que o público honrou no domingo".[40] Sugeriu ainda que o empresário da praça concorrente tentou subornar o agente de touros para ficar com os melhores animais.

Nessa mesma edição, um leitor desconfiou de que as cartas anônimas tivessem sido escritas pelos interessados no negócio e não por público independente, não deixando de contestar os elogios à nova praça. Como dito, o público se tornara protagonista, e os empresários não mediam esforços para atraí-lo.

O *Diário do Rio de Janeiro* de 25 de novembro de 1848 publicou uma carta de outro anônimo (que assina como "o avisado") na qual também se criticava a qualidade das touradas oferecidas no novo estabelecimento, sugerindo que Moura tentava, inclusive, aliciar membros da companhia do curro da rua do Lavradio. Nessa mesma edição, ainda foi publicada uma nota não assinada em que se elogia a antiga casa:

> Tendo assistido a última corrida de touros que teve lugar na rua do Lavradio, muito satisfeito saí, por ter bem empregado os meus dez tostões, pois o divertimento esteve completo, não só o gado, como também os capinhas, e espera que amanhã também tenhamos outro igual, pois o empresário (honra lhe seja feita), tem empregado todos os meios, e até sacrifícios, para tornar este divertimento digno dos amadores.[41]

---

39  *Correio Mercantil*, p.3, 17 nov. 1848.
40  *Diário do Rio de Janeiro*, p.4, 18 nov. 1848.
41  *Diário do Rio de Janeiro*, p.4, 25 nov. 1848.

Sobre a antiga praça, eram mesmo comuns os elogios. Mas também havia críticas, como a publicada em 4 de novembro de 1848, no *Diário do Rio de Janeiro*, em que se observaram a desorganização no camarote destinado ao imperador, que de fato não aparecia mesmo por lá, e o comportamento inadequado de Emilio Anselmi.

De toda forma, o novo curro, depois de um mês de funcionamento, estava mais bem estruturado, acirrando ainda mais a concorrência. Foram contratados Francisco Gonçalves Garcia (o China) e Salvador Vieira Leste, conhecidos e apreciados pelas inovações que introduziam. Na verdade, logo haveria um certo trânsito de profissionais entre as praças. Emilio Anselmi, por exemplo, pela rua das Flores também toureou.

Godinho seguiu investindo em reformas no seu redondel. Não por acaso, em resposta, os anúncios do curro da rua das Flores passam a enaltecer a qualidade de sua casa, como podemos ver numa edição do *Correio Mercantil*, quando foram anunciadas corridas a serem realizadas entre os dias 24 e 26 do mesmo mês:

> Desnecessário é elogiar a praça de touros da rua das Flores, pois que nela e ao empresário nada falta mais que a proteção geral do generoso povo desta capital. A praça oferece a maior comodidade, e uma brilhante vista pitoresca: seus trabalhadores são os melhores que existem na capital do Império, e os touros os melhores que há na Imperial fazenda.[42]

Enfim, mais do que os dois redondéis funcionando ao mesmo tempo,[43] vale destacar as tensões do campo da tauromaquia no Rio de Janeiro, notadamente envolvendo a necessidade de atrair o público, pois somente ele poderia legitimar e viabilizar economicamente o espetáculo. Isso significou uma maior profissionalização das corridas, mais investimento na infraestrutura, a busca por con-

---

42 *Correio Mercantil*, p.4, 13 dez. 1848.

43 A praça da rua das Flores promoveu 33 espetáculos entre novembro de 1848 e novembro de 1850 (com alguns meses de exceção).

tratar os melhores profissionais, até mesmo gerando novos postos de trabalho.[44]

Na verdade, processo semelhante se observou em outros entretenimentos da cidade. O mercado da diversão se estruturava articulado com os discursos de modernidade que cada vez mais se veiculavam. Isso exigia investimento crescente não só para atender o público, como também para dar conta de novas pressões e exigências sociais.

## Do sucesso a mais um fim

> Ao público por tanto convidamos
> Para vir assistir, pois tem de ver
> Três touros como nunca apareceram
> Touros robustos, touros furiosos
> Que farpas não receiam nem forcados!!
> E segundo afirmou quem os vendeu
> São touros que de um para outro lado
> Investem com furor, furor danado;
> Porém também o público verá
> Esforços mil fazer o cavaleiro,
> Capinhas e forcados: – tudo isso
> Para bem merecer, ganhar aplausos.[45]

Depois de dois anos com atividades frequentes, no ano de 1849 pareciam bem estabelecidas as corridas de touros: estava configurado, mesmo que de forma precária, um campo da tauromaquia no Rio de Janeiro, com todos os seus elementos constitutivos – companhias relativamente estáveis, um calendário próprio, corpo

---

44 Não surpreende saber, nesse sentido, que a praça da rua das Flores chegou a contratar um "curioso", percebendo o seu potencial para se tornar profissional.

45 *Diário do Rio de Janeiro*, p.4, 31 ago. 1849.

técnico profissional, um mercado conformado. Seus personagens ocupavam lugar de algum destaque na cidade, seja porque se envolviam com alguma polêmica, como o caso do já citado Anselmi, seja como sinônimo de bravura, como ocorria com Salvador Vieira Leste, assim definido por um fã (que assinou como Justo): "Homem corajoso, que subjuga às suas forças raivosos touros, que a todos intimidam".[46]

Essa relativa estabilidade, obviamente, não significava monotonia ou permanência dos mesmos elementos; pelo contrário, era necessário seguir inovando para envolver o público. Percebem-se claras mudanças na dinâmica de funcionamento das duas praças, a da rua das Flores e a da rua do Lavradio.

O anfiteatro da rua do Lavradio recuperou algo da antiga característica da praça do curro, oferecendo espetáculos híbridos. Vejamos, por exemplo, a programação das atividades realizadas em 8 de abril de 1849: corridas de três touros, apresentações de ginástica, exibições de força.[47] Isso se tornou comum, a inserção das mais diversas atrações em meio a provas tauromáquicas.

Já a praça da rua das Flores, sob a direção de um novo empresário,[48] que anunciou "não ter poupado despesas, não só no vestuário necessário para a decoração dos encarregados do trabalho na praça, como também em reparos que a mesma necessitava",[49] parece ter se consolidado como o grande palco das touradas. Por lá procurava-se oferecer atrações diferenciadas, porém mais afeitas às corridas de touros. Por exemplo, como já ocorrera antes, nas atividades de 11 de fevereiro de 1849 uma francesa fora contratada para tourear.[50]

---

46 *Diário do Rio de Janeiro*, p.3, 12 jan. 1849.

47 *Diário do Rio de Janeiro*, p.4, 8 abr. 1849.

48 Domingos José de Moura vinha sendo investigado por desrespeito e maltrato com os funcionários do curro (*Diário do Rio de Janeiro*, p.3, 14 fev. 1849). Parece ter se afastado do negócio nessa ocasião, ou ao menos deixado em segundo plano. Um indício é de que não foi divulgado o nome do novo empresário.

49 *Diário do Rio de Janeiro*, p.4, 9 abr. 1849.

50 *Diário do Rio de Janeiro*, p.4, 11 fev. 1849.

# PRAÇA DE TOUROS

## RUA DO LAVRADIO N. 35.

### EXTRAORDINARIA E BRILHANTE CORRIDA.

Hoje terça feira, 29 de maio, se o tempo permittir, terá logar a corrida de

## OITO TOUROS

em beneficio de toda a companhia, composta do cavalleiro José Maria, capinhas Porfirio, Cazado, China, Tarragona e Pepe, os homens dos forcados e o mascara Salvador Vieira Leste

Dois d'estes touros são novos, comprados com recommendação da companhia beneficiada, e os outros seis são os já corridos nas corridas anteriores e que tanta bravura mostrarão; e desde já antevém os beneficiados seus devidos agradecimentos aos emprezarios por os emprestar gratuitamente.

## MADAMA LALANE,

gratuitamente, a pedido dos beneficiados, picará a cavallo o 3.º, 5.º e 6.º touros, e para esse effeito vestuario proprio trajará, a qual promette que satisfará aos dignos amadores d'este divertimento; desnecessario é mencionar aqui sua bella posição como cavalleira, mas é certo suas sympathias e formosura.

Anúncio de toureio de madama Lalane
*Diário do Rio de Janeiro*, 29 maio 1849, p.4

A praça do Lavradio também convidou uma toureira para uma de suas corridas, madama Lalane, que enfrentou três animais, para tal usando "vestuário próprio". Segundo o anúncio: "Desnecessário é mencionar aqui sua bela posição como cavaleira, mas é certo suas simpatias e formosura".[51]

Nos meses finais de 1849, sem que deixassem de existir as praças, por um tempo as corridas de touros foram interrompidas. A partir de novembro, a arena da rua do Lavradio passou a oferecer somente espetáculos de variedades, retomando o nome de Circo Olympico, agora dirigido por Luiz Guillaume. Nesse mesmo mês, uma pequena nota de jornal dá conta do fim dessa praça, leiloada por execução do juiz municipal da 2ª Vara.

---

51 *Diário do Rio de Janeiro*, p.4, 29 maio 1849.

Já o redondel da rua das Flores, entre setembro e outubro, foi reconfigurado para receber "torneios medievais", uma nova atração promovida por Frederico Hoppe, espanhol que ministrava aulas de ginástica e esgrima em escolas (inclusive no prestigioso Colégio Pedro II), bem como usualmente se apresentava em assaltos de armas em casas de entretenimento, como o parque de diversão Tivoli.

Ao final do ano, de toda forma, as corridas de touro retornaram ao cotidiano da cidade, oferecidas na arena da rua das Flores, já sob a direção de João Valentim Siqueira (ou Cerqueira) Esteves, um controverso personagem que aparecia no Almanak Laemmert tendo como profissão "dar dinheiro a prêmio", o que podia significar ter casa de penhor, casa de empréstimo ou ser agiota mesmo, atividades naquele momento não proibidas e regulamentadas.

Esse passou a ser o único espaço de touradas da cidade. A princípio Emilio Anselmi foi o protagonista. Em fevereiro de 1850, foi contratado José Maria Gonçalves como cavalheiro e organizador da trupe, bem como José Maria Gonzaga como administrador do espaço.

Essa temporada não durou muito, encerrando-se em março de 1850. Na verdade, em outros países, como Espanha e Portugal, havia (e há) meses específicos para a realização de corridas. O diferencial no Brasil é que não havia uma rotina anual estruturada, estando as interrupções mais ligadas a questões comerciais, aos problemas da cidade ou à concessão ou não de licenças por parte do poder público.

Quando não havia touradas, como já vimos, os curros eram alugados para outras atividades de entretenimento. Em 1850, foi isso que aconteceu com a praça da rua das Flores. Entre março e setembro, foi ocupada por um velho conhecido, o Circo Olympico, ainda dirigido por Luiz Guillaume.

A volta dos espetáculos taurinos, desta vez, enfrentou uma dificuldade: foi negada a licença a João Valentim Siqueira Esteves, por motivos que ignoramos. Somente no fim de setembro, o velho curro da rua das Flores voltou a promover corridas de touros. Um anônimo que assina como "O Amador da Boa Tourada", vendo anunciada a sessão, diz estar admirado de não ter sido contratado

Emilio Anselmi, "com quem o público tanto simpatiza, e muitos aplausos tem obtido".[52] Seja como for, parece ter sido grande o afluxo de público.[53]

Uma novidade nessa temporada foi a maior cobertura das corridas por parte dos jornais. Surgiu até um comentarista fixo. Não se sabe se é a mesma pessoa, já que assinava de forma distinta, sempre com um pseudônimo: "Amante das Touradas", "Amigo do Requinta", "Cavaleiro da Roça". De todo modo, demonstrava conhecimento sobre o assunto. Por exemplo, na sua nota publicada no *Correio Mercantil* de 9 de novembro de 1850, comentou a baixa qualidade dos animais, que sabia já terem corrido em outras ocasiões. Inqueriu: "Será assim que o empresário procura satisfazer o público?". Além disso, esculhambou um toureiro europeu que fora apresentado como grande atração.

No final desse mês, houve pela primeira vez um fato que se tornaria comum nos anos seguintes: um grande conflito no curro, em uma sessão que fora anunciada com bastante estardalhaço – a promessa de touros jamais vistos nas arenas fluminenses. A narração de "Primo do Babau", no *Periódico dos Pobres* de 25 de novembro, nos ajuda a perceber o que houve.

Segundo o autor, tudo estava mal preparado, supostamente por problemas financeiros, a seu ver não justificados, pois a praça estava lotada. A insatisfação crescente culminou em um quebra--quebra, só contornado com a ação da polícia:

> Extraordinário concurso de povo houve ontem na Praça da Rua das Flores para admirar a corrida dos touros, tão gabados pelo *Jornal do Commercio*!... Apareceram 4 pacíficos bois [...], que pela sua idade e hábitos julgaram mais prudente não servirem de divertimento a curiosos. O respeitável público tomou vingança por suas próprias mãos, escangalhando todos os móveis. Aqui está o mais

---

52  *Periódico dos Pobres*, p.3, 26 set. 1850.
53  O *Periódico dos Pobres* de 14 de novembro de 1850 informou que, na sessão inaugural, teriam comparecido 2.956 pessoas.

inocente divertimento em que alguns tenentes poderiam exercer o maligno instinto de destruição![54]

Desta vez, portanto, a interrupção das touradas teve outro motivo: a destruição do curro. No *Diário do Rio de Janeiro* de 7 de fevereiro de 1851, vemos a notícia de leilão da praça da rua das Flores. Mais uma arena chegava ao fim.

Depois dos conflitos e do fim do único redondel que se encontrava em operação, as touradas entram em um período de maior latência. Em março de 1851, Domingos José de Moura foi até autorizado a promover algumas corridas, para as quais já tinha pago anteriormente a licença. Contudo, elas acabaram por não ocorrer.

Há uma novidade nesse ano que nos ajuda a entender as mudanças que estarão por vir: a melhor configuração de uma nova prática que dera seus primeiros passos já na década de 1810, mas somente em meados do século efetivamente começara a se estruturar – o esporte. Pelos jornais de 1851, podemos ver as mais diversas informações sobre corridas de cavalos e de barcos. O turfe e o remo começam a ser valorizados por uma cidade que passava por mudanças aceleradas, encarados como sinal de refinamento e comportamento civilizado.[55]

De início, delineou-se até mesmo certa tensão entre as touradas – como vimos, uma antiga prática que datava do século XVII, bastante ligada aos parâmetros culturais do colonizador – e o esporte, novidade que chegara a bordo dos navios ingleses, mas que também carregava, na acepção brasileira, inspirações dos franceses. Assim, o esporte se relacionava à ideia de modernidade a que tanto aspiravam alguns, aqueles que apontavam um caminho de construção identitária que se afastava da outrora metrópole.

Percebemos algo desse debate na seção "Comunicado/Pacotilha", publicada nas três primeiras páginas do *Correio Mercantil* de 15 de junho de 1851. Notemos que não se trata de um anúncio publicado por encomenda de empresários das praças ou de uma carta de leitor anônimo. Era, sim, um balanço das principais notícias da

---

54  *Correio da Tarde*, p.4, 25 nov. 1850.
55  Para mais informações sobre esporte, ver Melo (2001; 2009; 2022b).

semana, da lavra do redator do periódico Francisco José dos Santos Rodrigues, que assinava com o pseudônimo de Carijó. Como sugere José Alcides Ribeiro:

> No seu conjunto, a Pacotilha funcionava como uma microenciclopédia jornalística e literária, pois abrigava no seu espaço gráfico notícias sobre o interior, o exterior, fatos diversos na forma dos comunicados tradicionais, comunicados com comentários, diálogos alegóricos, cartas comentadas e romances seriados. (2005, p.135)

Nesse dia, as corridas de cavalos, realizadas no reinaugurado Prado Fluminense, chamaram a atenção do jornalista, ocupando o significativo espaço de três das catorze colunas da seção. Muitos foram os elogios ao evento, embora se observassem os problemas e a necessidade de melhor estruturação. Um comentário deixou clara a concepção que começava a ser delineada:

> As corridas de sexta-feira podem considerar-se como um ensaio, mas pelo prazer e satisfação que vi reinar nesse ajuntamento que se diz ter sido composto de quatro a cinco mil pessoas, parece que o novo folguedo transplantado da Europa pegou na nossa terra, aclimou-se já neste nosso país, que tendo falta, como fica dito, de um lugar de espetáculo para de dia, pois que o estado de sua civilização já não tolera mais as bárbaras corridas de touros, nem as antiquadas cavalhadas de argolinhas, sem dúvida abraça com todo o gosto e adota as corridas de cavalos.[56]

Para o autor, estava claro que a nova prática que vinha da Europa, leia-se Inglaterra e França, finalmente apresentara à população da capital a oportunidade de divertir-se de acordo com um superior "estado civilizacional", sem a necessidade de recorrer às "inoportunas" corridas de touros, que já não mais se ajustariam aos "novos tempos". O "combate" às touradas se tornará cada vez mais comum e intenso.

---

56 *Correio Mercantil*, p.1, 15 jun. 1851.

Foi somente em outubro de 1851 que João Valentim voltou a pedir autorização para realizar touradas na antiga arena da rua do Lavradio, que aparentemente arrematara em novo leilão realizado em julho.

Valentim promoveu uma reforma no antigo espaço e avisou que, em 23 de novembro, pretendia reinaugurá-lo. Seu desejo era ado-tar uma linha híbrida, conjugando espetáculos de variedades com corridas de touros. De fato, houve exibições da companhia francesa do sr. Berthaux e Maurin, nas quais se mesclavam exercícios eques-tres, ginásticos e musicais.

A despeito do crescimento de ressalvas, a proximidade de uma nova temporada de corridas de touros foi saudada por muitos. Veja-mos a posição entusiasmada de um leitor (não desprezando a ideia de ser alguém ligado ao próprio empreendimento):

> Dé, gongodem, démdem, gongodém, dim…
> Ouviram repicar agora os sinos?
> Esses sons tão alegres, tão divinos
> Estão anunciando um grão festim;
> De efeito singular… pomposo enfim!
> Grato a velhos, a moços e a meninos;
> – Sublimes espetáculos taurinos
> Que em breve vai nos dar o Valentim.
> Teremos, pois, corridas mui brilhantes
> (Devidas ao seu gênio, ao seu desvelo)
> De touros sem iguais, muito possantes.
> E para tudo ser completo e belo,
> São touros da Restinga, ó diletantes
> E até vos digo mais – são de CARTELLO.[57]

As touradas inaugurais, realizadas em 30 de novembro, divul-gadas de forma muito modesta nos jornais, mereceram algumas linhas no *Periódico dos Pobres*, na seção "Visita das Priminhas" (duas supostas parentes teciam comentários irônicos sobre o que

---

57 *Correio Mercantil*, p.2, 17 nov. 1851.

ocorria na cidade). Segundo seu olhar, tudo correra bem nessas primeiras corridas, mas houvera "alguns espectadores turbulentos que arrancaram algumas tábuas das trincheiras, quando lhes desagradava qualquer coisa".[58] De fato, uma vez mais ocorreram conflitos no curro.

Curiosamente, não encontramos nos jornais muitos comentários sobre essas provas e os incidentes ocorridos. Apenas no *Diário do Rio de Janeiro*, vemos a divulgação do espetáculo a ser realizado no dia seguinte. Segundo o anúncio, seria uma "corrida mais aumentada do que a próxima passada". Na mesma edição do jornal, há ainda o pedido de um anônimo:

> Sublime Valentim! Às tuas plantas
> Se posta um Dilletanti, e te suplica
> Que sem falta amanhã haja corrida
> Pois sei que há de ser bela; há de ser rica
> [...]
> Não temas, pois, as festas, os teatros,
> Que os amantes do curro são sem conto;
> Hás de ter uma enchente, eu te asseguro;
> Coragem, Valentim! Disse, fiz ponto.[59]

Havia público disposto a assistir às corridas, mas persistiam dificuldades e resistências à sua realização. Que aumentaram quando a sessão de 18 de janeiro de 1852, uma vez mais, terminou em pancadaria e quebra-quebra: a plateia reagiu à má qualidade do espetáculo e ao descumprimento do programa. Como já ocorrera antes, depois da confusão generalizada, incluindo conflitos com a ordem policial presente, o curro acabou destruído. Para o *Correio Mercantil*:

> É um clamor geral contra esta especulação de corridas de touros, que só tem por fim enriquecer espertalhões, que infelizmente

---

58  *Periódico dos Pobres*, p.3, 2 dez. 1851.
59  *Diário do Rio de Janeiro*, p.3, 13 dez. 1851.

gozam da proteção, sem a qual não poderiam obter as licenças que têm obtido, e que é muito natural continuarão a conseguir das autoridades.[60]

Ainda que a crítica não se tenha dirigido às touradas em si, mas, sim, à esperteza de empresários e à ineficiência policial, o fato é que se fragilizava o que já vinha débil. Esses novos tumultos expunham ainda mais as vulnerabilidades das corridas em uma cidade que "se civilizava", mal tendo se recuperado dos conflitos de 1850, pondo em xeque o ethos que a sustentava.

É verdade que persistiam muitas expectativas; os conflitos e as críticas não eram suficientes para eliminar o gosto pelas corridas de touros. Vejamos como Juca, em *Marmota Fluminense*, comemorou a notícia de que o empresário Valentim mandara de Lisboa, dando conta de que estava por lá adquirindo uma nova companhia para voltar a promover as touradas no Rio de Janeiro: "Moças de bom gosto, homens, mulheres, meninos e meninas, preparai-vos todos, que em breve teremos de fruir belas corridas de touros!". Mais ainda, chega a pedir apoio governamental para a reinstituição da prática:

> Oh! Já era tempo que uma capital como a nossa tivesse mais este gênero de divertimento; divertimento que muito apreciam os seus habitantes! Nós desde já, fazemos um apelo ao Corpo legislativo, a fim de proteger mais esta distração pública, concedendo-lhe algum donativo para seu sustentáculo.[61]

Seu entusiasmo vai na contramão do que pensava um setor da cidade. Para Juca, as touradas eram mesmo superiores às atividades teatrais: "Quem não preferirá, em vez de ouvir coros de qualquer ópera italiana, ver as belas sortes dos capinhas, as lindas pegas dos máscaras, ouvir os gritos e as apupadas ao touro corrido?... Ninguém, por certo, só se não tiver bom ouvido e terno coração".

---

60  *Correio Mercantil*, p.2, 20 jan. 1852.
61  *Marmota Fluminense*, p.2, 3 maio 1853.

Na prática, não se conseguia reinstituir as touradas. Em outubro de 1858, houve mais uma iniciativa. Em um novo espaço, chamado Hippodromo ou Torneio Romano (por vezes também apresentado como praça de Touros), localizado no Campo de Aclamação,[62] uma companhia espanhola, dirigida por dom Manuel Sanches, vinda de Montevidéu, anunciou que quatro touros seriam enfrentados, seguindo todos os rituais.[63]

Anúncio de tourada
*Diário do Rio de Janeiro*, 31 out. 1858, p.4

---

62  Pelo *Correio da Tarde* de 30 de junho de 1858 (p.3), ficamos sabendo sobre a construção dessa arena. João Batta Ballarini e Jota e Cia. foram os responsáveis pelas obras. Estimava-se o custo em 220:000$00. Pietro Barboglio era o empresário.

63  *Diário do Rio de Janeiro*, p.4, 30 out. 1858.

O que não era mais novidade foi desencadeado pelo de sempre: má qualidade dos animais e imperícia dos capinhas. Pedradas, chutes, confusão, desta vez chegou a haver um início de incêndio no curro.[64] Para o *Diário do Rio de Janeiro*, que estima um público de cerca de 4 mil pessoas no dia do conflito, o grande culpado foi o inspetor de polícia, que não soube se portar e conter a população, acirrando ainda mais os ânimos. Alguns, aliás, de tão exaltados, chegaram a se dirigir ao Teatro Lírico, sendo contidos por uma parte do público.[65]

A discussão toca em um ponto fulcral: se a plateia precisava ser educada, a força policial também deveria aprender a lidar com uma nova realidade, com grandes públicos. De toda forma, sabemos pelos jornais que as licenças para as touradas não seriam mais concedidas, decisão saudada pelo *Correio da Tarde*: "É uma medida acertada. Se alguém quiser dar espetáculo neste gênero vá lá para bem longe, para as Três Vendas ou o Engenho-Novo".[66]

## Tensões ao redor dos festejos taurinos

Não nos falem da barbaridade do divertimento. Cada povo tem sua balda: os ingleses pelas brigas de galos e pelo soco, que muitas vezes é seguido de sangue pela boca, e pela morte: os espanhóis, e portugueses, de que descendemos, pelas corridas de touros. [...] Entre nós se a fidalguia não empunha uma lança [...] nem por isso deixam de apresentar-se nos camarotes, e mesmo na plateia geral

---

64 *Correio da Tarde*, p.3, 2 nov. 1858.
65 Curiosamente, como nesse momento o curro pertencia a uns franceses, veiculou-se que o cônsul francês intermediou junto com o governo brasileiro alguma forma de indenização. Depois essa informação se mostrou infundada. Uma jocosa sátira ao incêndio do Torneio Romano, de autoria de J. C. L., pode ser consultada no *Diário de Annuncios/Diário do Rio de Janeiro*, de 17 de novembro de 1858.
66 *Correio da Tarde*, p.1, 8 nov. 1858.

de mistura com o povo, Senadores do Império, Magistrados, Militares, Empregados Públicos, e outras pessoas graduadas.[67]

Conforme as corridas foram se estabelecendo como um espetáculo, por parte do público aumentou a exigência de precisão nas cortesias, que deveriam marcar o início e o decorrer da atividade, e nas "sortes", isto é, as diversas técnicas e formas de lidar com os touros. Em torno dessas peculiaridades, havia mesmo disputas internas no campo tauromáquico, conflitos entre o que era considerado mais ou menos tradicional e a contestação ou a valorização de certas inovações. Esses embates se constituíam em mais um atrativo.

> É das rivalidades que vive a festa. Sem a concorrência, a inovação, a oposição de estilos, o público não se renovaria e deixaria de acorrer às praças, crê-se no "mundillo" [...]. O campo estagnaria e perderia capacidade plástica para acompanhar as alterações do gosto do "respeitável público". (Capucha, 1988, p.160)

Se nos anúncios e comentários das primeiras touradas realizadas na cidade praticamente não havia descrição dos procedimentos, por ocasião das corridas de 1847 estes já ocupavam um espaço importante. Por exemplo, uma chamada publicada nos jornais informou que o picador dom João Martins França faria "uma variedade de sortes diferentes para mais agradar ao público". Já dom Tomás Cós esperaria "o touro sentado numa cadeira, munido de uma garrocha, a qual meterá com toda ligeireza no touro, fazendo-o cair artificialmente morto".[68]

Com o decorrer do tempo, muitas seriam as novidades apresentadas na arte de tourear, todas cada vez mais presentes e descritas nas propagandas: de joelhos, mascarado, fantasiado, inserida em apresentações teatrais. Até mesmo os nomes específicos das sortes

---

67  *Periódico dos Pobres*, p.3, 25 nov. 1850.
68  *Diário do Rio de Janeiro*, p.3, 7 set. 1847.

eram anunciados: "O célebre D. Manuel Sanches executará com a garrocha o difícil Salto do Paciego, do qual foi inventor o famoso Francisco Montes. E bem assim toureará à verônica e à navarra, ajoelhado e fingindo que mata o touro".[69]

Entende-se essa dinâmica de programação e divulgação. Como vimos, numa sociedade que progressivamente considerava os entretenimentos como um fórum importante da vida social, valorizados pelos diferentes estratos por motivos diversos, uma das novidades era a gestação de uma plateia mais ativa, crítica e participativa. A cena pública cada vez mais agitada e multifacetada gerava para os promotores o desafio de oferecer atrações que chamassem a atenção da assistência, que rapidamente se acostumava com uma nova emoção, exigindo graus superiores de excitação. No caso das touradas essas dimensões são explícitas:

> O público espera, dos produtores, permanentes inovações que permitem a distinção, ao passo que a criação de novos públicos (ou qualquer transformação ao nível do gosto dos consumidores) provocará alterações nas relações de força entre os especialistas. (Capucha, 1988, p.150)

Um dos sinais notáveis do aumento da participação do público foi o espaço cada vez maior para as provas de "curiosos". Houve ocasiões em que o programa foi integralmente organizado com esses desafios, também oferecidos com inovações, como no caso da "corrida ridícula e curiosa em louvor do carnaval", no qual os candidatos a enfrentarem os touros deveriam estar fantasiados (podendo até usar máscaras).[70]

Essas provas eram ocasiões adequadas para os que desejavam se exibir e provar seu valor. Pelo menos um nome parece ter deixado rastros por enfrentar as "feras": o célebre capoeira Manduca da Praia, que mereceu referências de Mello Moraes Filho (1981). Tra-

---

69 *Diário do Rio de Janeiro*, p.4, 30 out. 1858.
70 *Correio Mercantil*, p.4, 4 mar. 1848.

tava-se de Manuel Joaquim do Nascimento, vendedor de peixe no Mercado, morador da rua da Assembleia, dono de vasta folha policial. Segundo o autor, sua fama de valentão, consolidada nas ruas, começou a ser construída por sua atuação nos curros.

Com o decorrer do tempo, houve diferentes estímulos na corrida dos curiosos. Por exemplo, colocava-se algum prêmio no pescoço ou entre os chifres do touro (moedas, bilhetes da loteria, relógio, entre outros), e quem conseguisse retirá-lo ficava com ele. Mais ainda, passou a se definir quem, afinal, poderia tomar parte dessas ocasiões. No anúncio de uma tourada se observa: "Sendo proibido saltar na praça como curioso aquelas pessoas que já tenham trabalhado nas praças conhecidas".[71]

Parece claro o quanto o público era mesmo um elemento fundamental nas touradas, e não só para garantir a viabilidade econômica do espetáculo. Podendo interferir na dinâmica, era ele que consagrava os melhores: "Tem mais valor o artista que consegue encher as praças. O empresário que monta corridas com interesse, o ganadeiro que desperta curiosidade e garante emoção" (Capucha, 1988, p.163).

Ao mesmo tempo, lembra Capucha, a generalização das atividades gerava uma certa desvalorização, a não ser que se tivesse um grande corpo de especialistas para diversificar as sessões. No caso do Rio de Janeiro, a falta desse plantel, bem como de animais apropriados, era empecilho para a manutenção da prática.

Esse novo ativismo na cena pública gerava necessidades de negociação dos comportamentos, os conflitos se tornavam latentes. Alguém que assina como "Um Espectador", comentando espetáculos ginásticos assistidos no anfiteatro do Campo de São Cristóvão, expressou sua satisfação com a qualidade das apresentações ("muito bem executado, e digno de ser visto"),[72] elogiou as instalações da arena, mas criticou o fato de que "alguns espectadores

---

71 *Correio Mercantil*, p.4, 11 fev. 1849.
72 *Diário do Rio de Janeiro*, p.3, 24 nov. 1841.

das arquibancadas não se comportaram com aquela ordem devida em divertimentos semelhantes, proferindo palavras e ditérios que nenhuma ordem fazem a quem os diz, e incomodam os outros espectadores que ali se acham". Para o autor, a força policial e o juiz de paz deveriam estar atentos e intervir nesses casos.

As reclamações se tornaram constantes, notadamente porque o público exigia que se cumprisse o informado nos anúncios e fosse oferecido um bom espetáculo. Por exemplo, no *Correio Mercantil* de 12 de março de 1848, vemos um espectador denunciar que foram anunciadas corridas com seis touros e uma vaca, quando, na verdade, foram realizadas provas com apenas quatro touros.

O centro das reivindicações do público eram mesmo os animais. Isso não ocorria só no Brasil, como nos deixa perceber Capucha: "Existem certos temas que se repetem ciclicamente nos toiros, como do tamanho e bravura dos mesmos, embora em contextos diferentes e com diferentes intenções" (1988, p.155). Para o autor, isso tem a ver com valores consagrados em torno das touradas:

> a festa de toiros, no seu conceito, constitui um acto sacramental em torno da morte. O que acontece na arena circunscrito à acção tem inevitáveis reações psicológicas no público. Na praça ele aprende o mesmo que quando acode a presenciar uma tragédia grega. (Capucha, 1988, p.158)

A qualidade dos touros era fundamental para viabilizar ou não os espetáculos. Os anúncios incorporaram tal expectativa: "A empresa espera desta vez em que o público ficará sumamente satisfeito tanto na bravura dos touros como no seu tamanho, como também pela boa escolha deste variado e grande divertimento".[73] Essa mesma praça fazia questão de constantemente destacar nas suas propagandas: "Bravíssimos touros, pois são novos e muito bravos".[74] Numa

---

73 *Correio Mercantil*, p.3, 15 jan. 1848.
74 *Correio Mercantil*, p.3, 16 jan. 1848.

certa ocasião, chegou a informar: "Esta quinta-feira não se pôde dar corrida pelo motivo de não haver touros novos, e o abaixo assinado pede desculpa por esta falta, pois não queria enganar um público tão benigno com touros corridos e não bravos".[75]

Em vários momentos os empresários afirmaram não poupar esforços (e dinheiro) para ter os mais adequados animais. Por vezes, a suposta "saga" ia mesmo parar nos jornais. No anúncio das provas de 24 de novembro de 1850, realizadas na praça da rua das Flores, narraram-se as dificuldades de se conseguir os bravos touros: "Três empresários antes do atual tentaram a todo custo obter touros da restinga, e o tentaram inutilmente. O próprio dono deste gado e um especulador não tiveram forças bastantes [...]. Mais felizes fomos nós, superando todas as impossibilidades".[76]

Assim, usualmente, os touros ganharam até mesmo status de protagonista: quanto mais bravos, melhor.

> Hoje a empresa faria intenção de mimosear o público com o grande e afamado TOURO VITORINO,[77] porém não foi possível, porque depois de laçado arrebentou os laços, matou uma égua lançadora e feriu gravemente dois campeiros, e depois fugiu entranhando-se pelo mato, mas tão pronto ele seja agarrado se anunciará.[78]

Se isso de fato ocorreu ou foi desculpa do promotor, não conseguimos saber, mas vale a representação: a violência era valorizada, mesmo que disfarçada em alguns discursos. De fato, no decorrer da constituição do campo da tauromaquia, também aumentava o divórcio entre o que desejava o público das touradas e as exigências de alguns para uma cidade que se pretendia moderna e civilizada, devendo-se, portanto, extirpar algumas práticas que não

---

75  *Correio Mercantil*, p.4, 22 jan. 1848.
76  *Diário do Rio de Janeiro*, p.4, 23 nov. 1850.
77  Os nomes eram os mais diversos: Touro Vermelho, Atrevido, Topetudo, Desembolado, Boi Cumbuca.
78  *Correio Mercantil*, p.3, 30 jan. 1848.

condiziam com esse olhar. Na mesma medida em que cresciam e se diversificavam as atividades de entretenimento, modificavam-se os parâmetros daquelas valorizadas ou não.

**SONETO**

OFFERECIDO AO 1.° BOI ABSOLUTO
D'ESTA PRAÇA.

Penetra afoito a praça, ó Boi potente,
Despedindo, gentil, marradas fortes,
E mostra que zombar sabes das sortes
De todos os Capinhas, diligente.

Olha, vê que te applaude immensa gente;
Contempla os bravos seus, os seus transportes!!..
Sublime, nobre Boi, ah! não te importes
Que torpe e vil Censor aguce o dente.

És digno inda de mais:—de versos, flores,
Tambem de receberes uma c'rôa,
Retratos, e até pombos batedores!

Qualquer bicho-carêta (coisa a tôa)
Hoje goza esta graça, estes favores,
Quanto mais tù, ó Boi, qu'és coisa bôa!!!

(☞ *GATO*).

Ode a um famoso touro
*A Marmota na Corte*, 4 out. 1850, p.3

Esse debate se articula com uma peculiaridade das corridas que no Rio de Janeiro se organizaram: a defesa da moda portuguesa, que valoriza o toureio a cavalo e na qual não se mata o animal ao fim. Nessa modalidade de tourear, o primeiro aspecto tem relação com o fato de a nobreza de Portugal jamais ter abandonado a prática, tornando-a tanto uma forma de resistir aos novos símbolos da burguesia quanto de atrair novos ricos[79] (Capucha, 1988). O segundo aspecto se relaciona com as intervenções do marquês de Pombal, de inspiração iluminista, proibindo o sacrifício dos touros (Crespo, 1990).

Para Capucha (1988), na Península Ibérica essa diferença de tradições entre portugueses e espanhóis, que geraram distintos discursos de legitimidade, tinha mesmo relação com as possibilidades de os diversos estratos sociais tomarem parte nas corridas. Para o autor, não é por acaso que, em geral, os matadores são membros das camadas populares, personagens que acabam desenvolvendo uma ética própria: "A vida de touros é uma vida de esforço e sacrifício; ao toureiro não são permitidos prazeres que o seu poder econômico permitiria" (Capucha, 1988, p.154). Sua postura lembra muito a dos boxeadores nos dias atuais, inclusive no que se refere a encarar a prática como uma alternativa de ascensão social.

No caso brasileiro, esse debate sobre os dois estilos ganhou conotações diferenciadas, ligadas à adequação das touradas. O fato de adotar-se majoritariamente (e, a partir de determinado momento, de forma exclusiva) a moda portuguesa, para além de ser uma clara influência do antigo colonizador, também foi uma estratégia para os adeptos defenderem a ideia de que as corridas organizadas no Rio de Janeiro não eram uma prática violenta.

O costume de não matar o touro sempre foi um argumento usado pelos amantes das corridas. Segundo Z., por exemplo, no Brasil nem sequer se podia dizer que as corridas eram um divertimento bárbaro, já que por aqui não ocorreriam as "cenas sangrentas e funestas que tem sucedido em outros países".[80]

Já citamos que houve espetáculos híbridos, com corridas realizadas à moda de Portugal e Espanha em um mesmo programa. Havia também corridas portuguesas com os chifres descobertos,

---

79 O oposto ocorreu com a espanhola; tornando-se uma atividade popular, desenvolveu-se mais o toureio a pé.
80 *Diário do Rio de Janeiro*, p.4, 11 dez. 1849.

para aumentar a emoção. Ou seja, os touros não passavam pelo tradicional processo de embolação, colocação de armações de couro e metal nos cornos, para que não ferissem os toureiros.

Na verdade, chegou a haver mortes de animais nas arenas cariocas. Vejamos uma notícia curiosa. Um anúncio da praça da rua do Lavradio, para uma atividade a ser realizada em 23 de janeiro de 1849, justificou a não atuação de dom Francisco, que mataria um touro pelo fato de a espada não estar pronta. Outro indício ainda no mesmo ano: uma propaganda da mesma arena avisou que Manuel Cazado mataria o animal e o destinaria "à satisfação dos espectadores, que declararão para quem deve ser aplicada a sua carne".[81]

Com ou sem morte, cresceram as críticas no decorrer do tempo. Logo por ocasião do restabelecimento das touradas, surgiram as primeiras contestações. Em *O Sete D'Abril*, um anônimo, que assinou como "Chronista", criticou a municipalidade de Niterói por ter concedido autorização para a realização de corridas de touros. Para o leitor, tratava-se de um dos "divertimentos mais bárbaros e mais execráveis [...], que horroriza a natureza, e contra o qual têm uníssonos clamando todos quanto se prezam da menor centelha de humanidade".[82]

Os argumentos eram explícitos: "Com quanto direito não censuraremos nós, cristãos, nós que vivemos num século de luzes e de filantropia, esse divertimento onde os perigos do homem são as delícias do espectador, onde suas bárbaras façanhas contra um pobre animal são os objetos dos gerais aplausos".[83] Percebe-se uma mistura de argumentos religiosos com filosóficos renovados para sustentar a ideia de que a prática era inadequada aos novos tempos. Mais adiante, contudo, ficam evidentes outras razões da crítica.

Chronista deixa claro que sua motivação maior não é o amor aos animais. O seu intuito "não é outro senão perguntar [...] se refletiram eles ao menos na época do ano em que nos achamos". Para ele,

---

81  *Diário do Rio de Janeiro*, p.4, 29 maio 1849.
82  *O Sete D'Abril*, p.3, 16 mar. 1839.
83  *O Sete D'Abril*, p.3, 16 mar. 1839.

"infelizmente [...] representações profanas têm tido lugar [...] em tempo de quaresma; e como se isso ainda não bastasse, houve curro, matança de bois mansos, anunciada aparatosamente!". O que mais o incomodou de fato foi o suposto desrespeito a uma data religiosa.

Nas temporadas de 1840-1841 e 1847-1852, as touradas, em geral, ainda respeitavam a quaresma, mesmo que na concessão de licenças parece não ter se estabelecido restrições desse gênero. Os empresários aventavam que desrespeitar a data podia despertar a reação dos detratores e deixar a praça esvaziada numa cidade em que a religiosidade tinha muito peso.

Contestações de natureza religiosa voltaram à tona várias vezes. Em novembro de 1847, a crítica se deu porque corridas foram realizadas no Dia de Todos os Santos: "Qual o católico, ainda do coração mais empedernido, que se não sentiria magoado pelo escandaloso facto ocorrido nesta cidade na tarde do dia 1º do corrente novembro?".[84] Para o autor, que assina como "Católico sem Fanatismo", era absurdo que na mesma hora das missas estivesse acontecendo o "bárbaro e sanguinolento espetáculo de corrida de touros".

Devemos, assim, concordar com Capucha: "A referência de oposição decisiva encontra-se fora do campo. São as ideologias 'civilizadoras' que despontaram com a centralização do poder religioso da Igreja Romana e tiveram seu suporte culminante nas Cortes Iluminadas" (1988, p.164). Para o autor, trata-se, antes de tudo, de uma perseguição a uma prática que se popularizou, mesmo marcada pela relação com a nobreza.

O argumento da inadequação das corridas de touros era, por vezes, esgrimido comparando a prática com outras julgadas também inadequadas, como podemos ver na crítica a outro hábito tão apreciado e contestado da ocasião: "Os fogos de artifício são, depois das corridas de touros, os espetáculos mais irracionais que nos têm legado as gerações passadas".[85]

---

84  *Diário do Rio de Janeiro*, p.2, 3 nov. 1847.
85  *O Despertador*, p.3, 24 jul. 1841.

De fato, a partir de meados do século XIX, como já vimos intro-
dutoriamente, as críticas passaram a ser de outra natureza, ligadas
à sua inadequação para uma cidade que se pretendia modernizar.
Nos três meses em que a arena da rua das Flores cedeu lugar aos
torneios medievais organizados por Frederico Hoppe, os argumentos dos promotores tocavam exatamente nesse ponto.

De início, abordaram as mudanças no curro: "A face do antigo
circo está mudada; o seu aspecto de barraca festeira desapareceu;
hoje ornado com gosto, e com gosto artístico, e com o caráter mar-
cial que lhe convém, vai oferecer um dos mais belos divertimentos
e dos mais nobres que se possam desejar". Enfatizaram que, diferentemente das touradas, tratava-se de uma atividade "moderna",
uma diversão que contribuiria para a formação militar da juventude
brasileira.[86]

Importa uma vez mais observar que as ressalvas à violência não
advinham do grande público, que queria mesmo mais emoção,
reagindo quando se sentia ludibriado. Vejamos, por exemplo, o
que ocorreu por ocasião de uma função realizada no touril da rua
das Flores, quando constatada a deficiência do espetáculo: "Houve
bancos virados, o povo gritava que queria o seu dinheiro e que lá
não voltava".[87]

Por vezes, o redondel ficava bastante destruído. Podemos ver
isso nos conflitos que ocorreram em 24 de novembro de 1850, na rua
das Flores. Em função da desorganização do espetáculo e da má qualidade dos touros, o público começou a vaiar, até que o pior ocorreu:

Em um abrir e fechar de olhos foi escangalhado o curro; o Ta-
boado voava para o meio da praça, com velocidade igual a com
que poucos momentos antes caíam as belas notas dos logrados na
caixa da empresa! Dentro de cinco minutos apresentava o curro da
rua das Flores o aspecto de uma praça forte tomada por escalada:
folhas de pinho, e pernas de serra, que dividiam os camarotes, e

86  *Correio Mercantil*, p.3, 7 set. 1849.
87  *Diário do Rio de Janeiro*, p.4, 14 nov. 1848.

formavam a arquibancada ou plateia, tudo estava em montões no meio da praça.[88]

Outra cena de destruição foi vista nas corridas realizadas em 18 de janeiro de 1852, no curro da rua do Lavradio. O público reagiu à baixa qualidade dos touros, "que pelo seu péssimo estado e extrema mansidão em nada correspondiam à expectativa dos amadores e aos anúncios publicados nos jornais e cartazes". Os capinhas, segundo a acusação, estavam malvestidos, e um deles, inclusive, estaria bêbado.[89]

No centro e abaixo se vê um pedaço da rua do Lavradio
Arcos da Lapa, Santa Teresa e Glória; a partir do morro do Santo Antônio
Georges Leuzinger, 1866
Acervo do Instituto Moreira Salles

---

88  *Periódico dos Pobres*, p.3, 25 nov. 1850.
89  *Correio Mercantil*, p.2, 20 jan. 1852.

Quando o público exigiu que o touro fosse agarrado à unha, conforme fora informado no programa, os capinhas se negaram a fazê-lo, mesmo com ordens do subdelegado da freguesia, que, de outro lado, também tentava calar a plateia. O tom da algazarra foi aumentando, e logo "algumas tábuas da arquibancada foram arrancadas e atiradas para o meio do circo". A polícia prendeu alguns assistentes, a "maior parte caixeiros".[90]

Deve-se perceber que o tom contestatório das matérias nem sempre se referia à inadequação das touradas, mas, sim, ao fato de que os empresários prometiam espetáculos cujos programas não eram cumpridos. A polícia teria grande responsabilidade nesses problemas, pois não fiscalizava adequadamente e não sabia como se portar em meio à confusão, prendendo gente inocente e jamais punindo os verdadeiros culpados.

A cada evento do tipo, ampliavam-se as críticas. A diagnóstica e irônica seção "Visita das Priminhas", do *Periódico dos Pobres*, registrou o avanço das contestações:

– [...] então diga-me, foi a algum dos divertimentos que houveram no Domingo, Cavalinhos, Arlequins, Touros.

– A nenhum desses fui, nem iria, muito principalmente aos Touros.

– Então não gosta desse divertimento?

– Nem um bocadinho; e não sei como tal se consente no nosso país tão civilizado e amável; fazendo aquele divertimento embrutecer os corações de quem ali vai, pelas barbaridades que vê.[91]

A crítica já se refere à "barbaridade" da diversão. Não era aceitável que tamanha violência com animais, tamanha quantidade de sangue, fossem expostas publicamente. Além disso, havia os comportamentos "inadequados" do público: "E é isto divertimento para o nosso país que não é bárbaro?".

---

90  *Correio Mercantil*, p.2, 20 jan. 1852.
91  *Periódico dos Pobres*, 6 jul. 1852.

O problema foi o que outro jornalista, acerca da turba observada nas corridas de 31 de outubro de 1858, identificou: "O povo só gosta de divertimento quando vê perigo, e quando mesmo vê sangue!... O caso é que, supondo-se logrado, começaram alguns menos continentes a dar sinais de desaprovação".[92] Isso significou vaias, empurrões, conflitos com a polícia, um princípio de incêndio e, por fim, a destruição do curro. Chegou-se a identificar que, supostamente para debelar a destruição pelo fogo, muitas tábuas foram levadas por alguns assistentes.

Os promotores de touradas ainda tentavam argumentar que a prática teria benefícios para o desenvolvimento da raça taurina nacional (sem se deter em maiores explicações sobre o que exatamente era isso). Ademais, por vezes foram realizadas corridas beneficentes, com a renda revertida para alguma instituição assistencial. Nada que atenuasse as críticas.

Um importante indício a ser considerado é que a família real – amiúde presente nos teatros e espetáculos esportivos – nunca compareceu às arenas, um sinal de desprestígio para as touradas. Em setembro de 1847, percebemos uma curiosa ocorrência na realização de uma corrida de touros na praça da rua Nova do Conde. Comunicou-se que a homenageada seria a "sereníssima princesa imperial", à revelia de qualquer participação dos monarcas.

Encontramos poucos indícios de algum envolvimento da família real com as touradas. Por exemplo, uma atividade realizada, em fevereiro de 1848, em benefício da Imperial Sociedade Amante da Instrução, "tendo se dignado S. M. o Imperador a conceder a sociedade sobredita seis dos melhores touros da imperial fazenda de Santa Cruz".[93] Pedro II, por uma boa causa, a educação, ainda ofereceu os touros, mas efetivamente não se tornou um apreciador. Jamais foi visto num redondel.

---

92 *Correio Mercantil*, p.4, 31 out. 1858.
93 *Diário do Rio de Janeiro*, p.3, 9 fev. 1848.

## A caminho do esporte

Pelo seu caráter de performance, não surpreende que nesse primeiro momento de autonomização, o segundo momento de sua presença em terras cariocas, as touradas tenham se aproximado (ou tenham sido aproximadas) do teatro. Essa relação existia desde os tempos coloniais, quando, nos festivais monárquicos, as corridas de touros se misturavam a exibições diversas.

O que aproximava touradas e teatro era a conformação dos espetáculos circenses numa cidade que progressivamente estruturava um mercado de entretenimentos. Relevante é um anúncio de 1847, em que o proprietário do curro "pede ao respeitável público desta Corte todo o favor, honrando-o com sua presença, por isso que no dia 3 o divertimento não pôde ter a costumada concorrência, por haverem nesse dia outras distrações".[94] Já havia até mesmo concorrência de diversões, com o circo ocupando lugar de destaque, ao imbricar o erudito e o popular, as elites e o povo.

O curioso posicionamento de Valente no *Correio da Tarde* nos permite lançar um olhar sobre essa diversificação. O que o motivou foi a baixa presença de público em uma apresentação da Companhia Lírica, realizada no Teatro São Pedro de Alcântara. Entre outras razões para tal, sugeriu:

> Temos dois teatros na Corte; duas praças de touros; de vez em quando bailes mascarados que se consentem em todo o decurso do ano, dando-se carro de graça às *madamas* para a ida; além disso temos Sociedades de Bailes, a Filarmônica etc. etc. Isto estafa![95]

Plenamente integradas à estrutura de entretenimentos da cidade, as touradas paulatinamente se assumiam como uma diversão peculiar, algo que era sentido pelo próprio público que se dividia

---

94 *Diário do Rio de Janeiro*, p.3, 5 jun. 1847.
95 *Correio da Tarde*, p.4, 20 nov. 1848.

escolhendo as suas formas de divertimento preferidas. Vejamos que posição interessante:

> Pois temos touros? Ora venha isso para descansarmos dos passeios sobre o globo e das brigas teatrais sobre finanças. O divertimento dos touros convém à rapaziada; é de tarde e por isso fica a noite para mil outros entretenimentos; é barato e por isso agrada aos patuscos e gritadores; é popular.[96]

Vale notar que as corridas de touros extrapolavam as arenas propriamente ditas. Havia mesmo touradas esporádicas promovidas em ocasiões específicas. Por exemplo, José Martins Gonzaga, que atuara como comprador de touros dos curros da rua Nova do Conde e da rua do Lavradio, em maio de 1848 anunciou que ofereceria corridas em seu benefício, depois de alguns meses afastado por doença.

Interessante é quando se tornaram tema de outras formas de entretenimento. Por exemplo, em julho de 1841, instalou-se no Campo de Santana um "magnífico divertimento de touros mecânicos, com todos os personagens, de Neto, toureador a cavalo, capinha, forcados, jogos hidráulicos e malabares".[97] Essa diversão voltou a ocorrer várias vezes no decorrer da década. Em 1846, era chamado de "Círculo de Tourinhos Mecânicos", provavelmente dirigido pelo já citado Otto Motti.[98]

Se peças teatrais eram eventualmente apresentadas nas arenas, também dramas ou comédias que tinham as corridas como tema foram exibidos nas salas do Rio de Janeiro. É o que vemos na sessão de 10 de setembro de 1849, realizada no Teatro de São Januário: o terceiro ato foi "O toureador ou O regresso da Califórnia", com destaque para a atuação do sr. Costa e do sr. Martinho.[99] Nesse ano,

---

96 *Diário do Rio de Janeiro*, p.4, 11 dez. 1849.
97 *O Despertador*, p.4, 24 jul. 1841.
98 *Diário do Rio de Janeiro*, p.3, 5 jun. 1846.
99 *Correio Mercantil*, p.4, 10 set. 1849.

no Circo Olympico, "As seis barreiras", protagonizada pelas mademoiselles Maxima e Amelia, também tinha como pano de fundo as touradas.

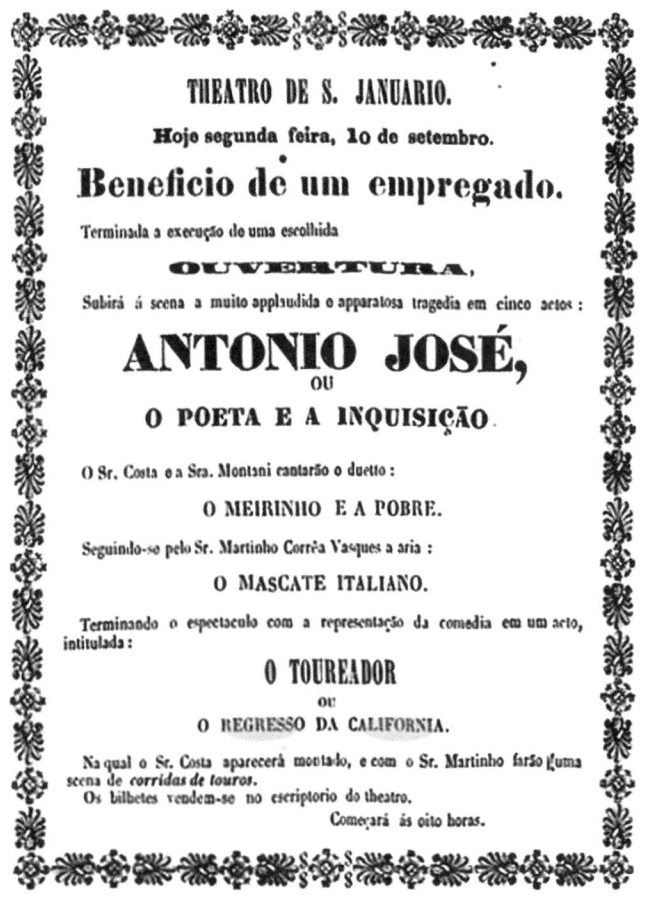

Anúncio de espetáculo
*Correio Mercantil*, p.4, 10 set. 1849, p.4

As relações entre touradas e teatro se enfraqueceram no decorrer do século. Vemos um indício disso já em 1843. Um anônimo, ao fazer uma crítica ao funcionamento do que deveria ser a mais prestigiosa casa teatral da cidade, a São Pedro de Alcântara, procurou marcar a diferença entre os estabelecimentos "civilizados" e os "anfiteatros", apropriados para espetáculos mais "exóticos". Sem depreciar por completo estes últimos, clamou o autor pelo desenvolvimento dos primeiros, deixando clara uma diferença que, paulatinamente, se acentuou.[100]

Esse afastamento ficou perceptível e categórico depois dos conflitos de 1850 a 1852. As expressões "corrida de touros" e "praça de touros" passaram a ser utilizadas como sinônimos de bagunça, tudo aquilo que o teatro não deveria ser. Em tom crítico, o *Correio Mercantil* observou: "Domingo à noite, durante o espetáculo no teatro de S. Pedro de Alcântara, alguns indivíduos entenderam dever transformar esse belo salão em praça de touros, e dirigiram motejos e ditérios a uma família de cor que se achava em um camarote".[101] No mesmo jornal, em outra data, veremos: "O Teatro Lírico vai-se tornando uma verdadeira praça de touros; ali já não se respeita a pessoa do monarca, nem as autoridades, e nem ao público sensato".[102]

Mais ainda, outras casas de espetáculos, consideradas inadequadas, passaram a "fazer companhia" às touradas em alguns discursos:

> Ilmo. e Exm. Sr. Dr. Chefe de Polícia [...]
>
> Mas voltemos ao Alcazar. As famílias honestas do Rio de Janeiro continuam a esperar de V. Ex. a extinção dessa casa de educação. [...]
>
> Repare V. Ex. que é o único divertimento (menos praças de touros) a que se assiste com o chapéu na cabeça, com o charuto na boca, a garrafa de cerveja ao lado, e uma, duas ou três raparigas, lindas como os amores, sentadinhas em derredor da mesa.[103]

---

100  *Diário do Rio de Janeiro*, p.1, 17 ago. 1843.
101  *Correio Mercantil*, p.1, 7 dez. 1852.
102  *Correio Mercantil*, p.2, 23 set. 1854.
103  *Semana Ilustrada*, p.1386, 10 abr. 1864.

Vale observar que, desde os anos 1850, no âmbito do teatro do Rio de Janeiro havia debates entre propostas mais densas do ponto de vista dramatúrgico e os estilos mais ligeiros, algo que se materializou especialmente desde a criação do Teatro Ginásio Dramático (1855), em função, sobretudo, das intervenções de Furtado Coelho, notáveis a partir de 1859.

**Praça de touros jornalística**
Tantos alfaiates para matarem uma aranha!

Um exemplo de uso figurado do termo praça de touros para explicitar conflitos, no caso entre os jornais do Rio de Janeiro
*Vida Fluminense*, 11 jan. 1868, p.3

O uso pejorativo de termos ligados às touradas se tornou rapidamente comum também em outras esferas, como na política. Vejamos um comentário sobre um debate do Parlamento: "A oposição constitucional assistiu de palanque a essa nova corrida de touros, admirada de tanto encarniçamento da parte do governo em provar que era inábil para presidir a Câmara o deputado por ela elevado ao cargo de 1º vice-presidente".[104] Ou esta comparação mais genérica:

---

104 *Constitucional*, p.1, 4 ago. 1864.

"O que é hoje o nosso governo, seus delegados, seus atos, suas propensões, sua corrupção e sua ignorância, assemelha o nosso país a uma vasta praça de touros, em que os aplausos sobem na proporção da ferocidade ridícula de uns e da libertinagem imunda de outros".[105]

Enfim, em linhas gerais, a sentença a seguir sintetiza o que se pensava no processo de diferenciação e concepção de um novo modelo de público, perspectivado como mais civilizado, mais refinado:

> Se a polícia não intervém reprimindo estes escândalos, o teatro ficará deserto, e o público privado de o frequentar. Quem despende o seu dinheiro quer ouvir o canto, e a harmonia, não se abala de casa para achar-se em uma praça de touros sem poder ouvir uma nota de música.[106]

Este longo trecho do conto "Horrível tragédia", de dona Maria de Albuquerque, publicado no *Jornal da Família*, é uma expressão do que pensava um setor mais "intelectualizado" da cidade:

> [...] Eu tinha expressa recomendação de Julio para aceitar todos os convites desta natureza, por ele saber que de todos os divertimentos públicos o teatro é o único que me agrada.
>
> Sempre aborreci o bulício dos bailes. [...]
>
> Os circos podem agradar a esse cavalheiros que sem lhes passarem pela mente as consequências, prezam um divertimento a que podem assistir em plena liberdade de chapéu na cabeça e charuto na boca, assobiando, rindo, gritando e dirigindo ditos picantes: a mim não. [...] Nos cavalos contrista-me em primeiro lugar a lembrança do que sofreram os pobres animais para chegarem àquele grau de ensino [...].
>
> Das touradas que direi? Senão que parece impossível que em nações que se dizem civilizadas se deem espetáculos desta quali-

---

105 *Opinião Liberal*, p.2, 28 ago. 1867.
106 *Correio Mercantil*, p.1, 4 fev. 1855.

dade! Custa a conceber que há quem diga ao ir para uma tourada: vou-me divertir!! Bárbaro divertimento é o de ver sangue e desastres; para mim foi sempre um verdadeiro enigma ver uma criatura de alma bem formada concorrer a uma tourada! Não posso admitir que tenha alma bem formada quem se não dói nem compunge com o mal que se faz aos animais, e sobretudo animais tão úteis ao homem como o cavalo e o touro; mas ainda concedendo essa diferença para com os pobres animais, não estão por ventura os homens nas touradas expostos a todo o momento a perderem a vida, e o que é pior ainda, a ficarem impossibilitados para sempre, como tantas vezes tem acontecido? Será divertimento de criaturas que se dizem de sentimento e coração, o estar na expectativa de ver despedaçar e mutilar o seu semelhante? E, contudo, francamente o confesso, é dos animais que eu tenho mais dó! Os homens vão por sua vontade e ofício, a troco de algumas moedas uns, e outros apenas de alguns pintos, exasperar, enraivecer, farpear e martirizar animais que nunca lhes fizeram mal e que são agredidos; os touros vêm forçados e enganados. O homem, além da reflexão, da sagacidade, dos estratagemas e do raciocínio nele muito mais desenvolvido do que em outro qualquer vivente; ainda assim aprende a arte de combater e atacar o touro! O touro sabe-se que não morde nem dá coices, que a sua única defesa são as armas ou pontas, e essas mesmas lhe inutilizam embolando-as! As touradas são pois na minha opinião um espetáculo que repugna por todos os lados encarado, um espetáculo bárbaro, imoral, de péssimos exemplos para a infância, um espetáculo a que nunca assisti, e que o ver concorrer a ele gente de reconhecida bondade é para mim um problema que nunca poderei resolver.

Portanto repito: de todos os divertimentos o único que me agrada e ao qual vou com prazer é ao teatro. […].[107]

Já não mais bem acolhidas como ramo teatral e sob críticas diversas, tanto dos amantes, que as consideravam pouco emocio-

---

107 *Jornal da Família*, n.5, p.147, 1867.

nantes e desorganizadas, quanto dos oponentes, que as encaravam como bárbaras e contraditórias com o processo civilizacional a que deveria se submeter o país, as touradas precisavam de um novo "guarda-chuva" para as acolher. É curioso que tenha encontrado, pelo menos discursivamente, naquela prática que, a princípio, se considerava como seu oposto por ser moderna: o esporte.

Esse será o tema de nosso próximo capítulo.

# 3
## As TOURADAS A CAMINHO DO *SPORT* (1870-1884)

*Victor Andrade de Melo*

## Retomando as touradas

"Até que afinal temos as touradas. Sim, senhor, deixe o governo falar os pessimistas, consinta que seja somente à portuguesa, e verá que o público agradecerá mais esta sorte de espetáculo."[1]

Em julho de 1870, o *Jornal da Tarde* anunciou: "Companhia de touros – Acaba de chegar a esta corte, de Montevidéu, o sr. Servand Gomes, empresário de uma companhia de touros [...]; propõe a dar espetáculos deste gênero em que tem sido muito aplaudido nas capitais de Lisboa, Madri e Montevidéu".[2] Depois de dezoito anos sem touradas, a notícia gerou um frenesi em alguns setores da cidade.

No decorrer do segundo semestre daquele ano, muitas foram as notícias sobre o reinício das atividades tauromáquicas, para as quais foi construída uma praça de touros na rua da Guarda Velha. Conforme os meses foram passando, cresceu a expectativa do público: "Os capinhas, toureadores e forcados já passeiam por esta cidade, vestidos de maneira que se tornam bem notáveis. Se pelo dedo se conhece o gigante, pela jaqueta se conhece o toureador".[3] No *Diário*

1 *Gazeta de Notícias*, p.2, 4 dez. 1876.
2 *Jornal da Tarde*, Gazetilha, p.1, 2 jul. 1870.
3 *Diário de Notícias*, p.1, 6 nov. 1870.

*do Rio de Janeiro* indagou-se: "Mas quando estreará a companhia de touros, senhores? Até certo tempo não se falava senão nisso. [...] Paciência! A esperança é a virtude das almas nobres, e o circo... há de dar em alguma coisa por força!".[4]

A antiga rua da Guarda Velha é a atual avenida 13 de Maio, assim nomeada depois da abolição da escravatura, em 1888. Em função de seu formato atual, não é fácil visualizar onde fora instalada a praça. Pode ter sido no largo da Ajuda, hoje a região da Cinelândia (em frente ao Palácio Pedro Ernesto) ou nas redondezas do largo da Carioca (na época bem menor do que o atual).

O mais provável mesmo é que a praça se localizasse no espaço do antigo Circo Olímpico, de propriedade de Bartolomeu Correia da Silva, que se encontrava no mesmo espaço onde, em 1871, fora construído o Teatro Lírico. Nossa apreensão se reforça com uma informação que encontramos no Arquivo Geral da Cidade do Rio de Janeiro: a Câmara concedeu licença para Fernando Gomes "edificar circo de corridas de touros no interior do terreno da rua da Guarda Velha onde já há outro circo".[5] Pela data de construção do teatro, podemos ver que essa arena teve vida curta.

Há de se considerar que:

> Na segunda metade dos anos 1860, observa-se um interregno no movimento de estruturação e diversificação dos entretenimentos públicos em função de uma série de fatores: os impactos simbólicos e materiais da Guerra do Paraguai; uma crise financeira que se delineou originalmente no cenário internacional; as sucessivas epidemias de doenças diversas que acometeram a cidade. (Melo, 2022a, p.30)

Nos anos 1870, os entretenimentos públicos voltaram a ser mais bem estruturados, cada vez mais se constituindo num fórum importante da cidade, um espaço social no qual se podiam perceber as tensões e questões mais efervescentes de cada momento.

---

4  *Diário do Rio de* Janeiro, Folhetim/Revista de Domingo, p.1, 20 nov. 1870.
5  Arquivo Geral da Cidade do Rio de Janeiro. Guia de Fundos, volume III, Diversões públicas: pedidos de licença 1870-1899, cód.42.3.19.

O Teatro Lírico se manteve de pé até 1934
Augusto Malta, 1928
Coleção Gilberto Ferrez/Acervo do Instituto Moreira Salles

Foi partir de 1876 que as corridas de touros passaram a ser de novo realizadas com frequência. Em janeiro, foi concedida a licença para a construção de uma nova praça. Um cronista da *Gazeta de Notícias* celebrou a novidade: "Se é verdade como cremos, damos os parabéns a esta população, por mais esse divertimento".[6] Ele comentou extensamente, com tom irônico, a retomada das touradas:

> Essa medida era altamente reclamada pelos interesses sociais, usos, costumes e instituições. Não basta ter uma constituição, duas câmaras, ouvir missa e praticar outros atos de boa moral. É preciso alguma coisa mais. Essa coisa é uma tourada, ou outra equivalente.

Na visão do cronista, mesmo na Inglaterra, país marcado pela parcimônia e pelo equilíbrio, havia a "necessidade" de divertimentos mais excitantes: "Mas que seria tudo isso sem a briga de galos? Seria

---

6 *Gazeta de Notícias*, p.2, 9 jan. 1876.

o mesmo que comida sem sal ou chá sem açúcar". As touradas eram concebidas como contributos para fortalecer os sentidos humanos: "Um povo precisa fortalecer a fibra vendo correr algum sangue. É a razão pela qual se junta gente logo que dois sujeitos se engalfinham na rua. O sangue tem grande ação no caráter moral de um homem: é uma espécie de cimento que lhe dá solidez". Logo, "brigas de touros ou de galos, ou de qualquer outro animal, seja ou não mamífero, são coisas muito necessárias ao progresso da sociedade: e não há Estado bem organizado que não os anime ou subvencione".

Sugeriu o cronista que o Rio de Janeiro de bem acolheria a diversão:

> Não tenho a honra de conhecer o empresário das touradas, nem sei quem seja. Mas esse cidadão é por força homem perspicaz e observador. Ele viu não só que a tourada corresponde a um dos mais nobres instintos do homem, mas também que é negócio da China nesta boa e leal cidade.

Sua ironia final é brilhante: "Preparo-me para a primeira tourada. Sinto o espírito muito abatido e preciso elevá-lo com alguma coisa verdadeiramente digna do homem. *Panem et circensis* era o grito dos romanos. É o meu, com uma pequena variante: *Carne barata e touros. E viva a Penha!*", uma referência à festa religiosa que também se notabilizava por seu caráter turbulento.

O cronista ironizava o fato de que, num momento marcado pelo crescimento da circulação de discursos de civilização e progresso, retomava-se uma prática dos tempos coloniais já tão criticada. A questão é que o mercado de entretenimento se tornava cada vez mais dinâmico, buscando satisfazer um público ávido por novidades e emoção, mesmo que fosse uma tão ligada ao passado. E assim teve início um novo ciclo de espetáculos tauromáquicos.

A nova praça foi construída na rua Marquês de Abrantes, antigo Caminho Novo de Botafogo, zona sul. O proprietário era Manuel Antonio de Brito, negociante, dono de hotéis. Vale a pena dedicar algumas linhas para discutir a instalação desse novo redondel em uma região distinta daquela que até então acolhera as arenas.

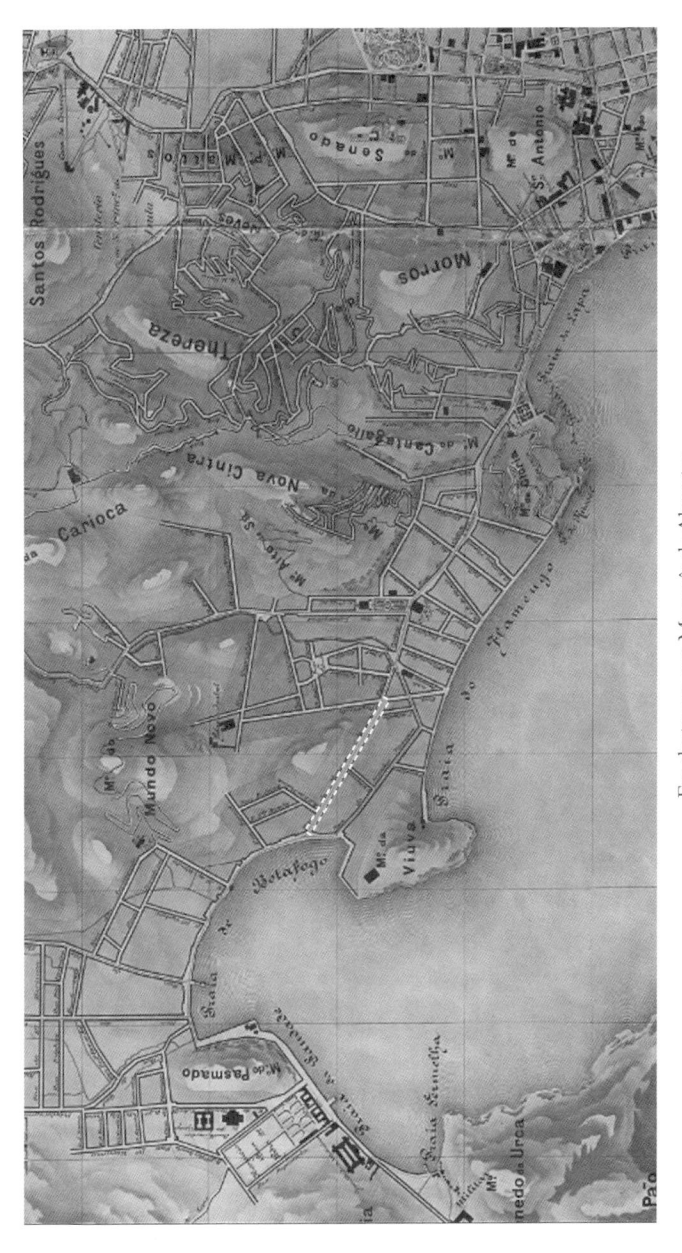

Em destaque, rua Marquês de Abrantes
Planta da cidade do Rio de Janeiro e de uma parte dos subúrbios
Maschek, E.; entre 1885 e 1905
Acervo Fundação Biblioteca Nacional

Um dos motivos que nos ajudam a entender esse empreendimento em uma área mais afastada do centro é a própria ampliação da rede de transporte e das vias de acesso, facilitando o afluxo de público.[7] Além disso, especialmente no decorrer dos anos 1880, a instalação de indústrias na zona sul atraiu para a região novos moradores, uma classe operária em formação, em parte também composta por estrangeiros, inclusive e notadamente de Portugal, que traziam alguns hábitos de seus países de origem.[8]

A cidade se espraiava geograficamente na mesma medida em que se diversificava sua estrutura econômica; mudava o perfil de trabalhadores, crescia o número de habitantes. A ampliação de iniciativas de associativismo e de participação na vida social marcou esse novo momento.[9]

Às vésperas da inauguração da nova praça, informou a *Gazeta de Notícias* que havia a expectativa de grande público para as corridas que seriam realizadas à moda portuguesa, conduzidas pela companhia dirigida por Francisco Sánchez "Frascuelo". Fez-se questão de enfatizar: "Apartes alguns trambolhões, nenhum perigo há nestas corridas".[10]

Um cartaz sugeria que os touros seriam bravos, informava o nome dos lidadores (com destaque para o diretor e para Antonio Gimenez), ressaltava a disponibilidade de bondes e os preços dos bilhetes: pela primeira vez no país, aparecia a distinção entre arquibancadas no sol (2$000) e na sombra (3$000), o que categorizava uma divisão do público por renda.[11]

---

7  Para mais informações, ver Weid (1994).

8  Alguns exemplos de fábricas instaladas na zona sul do Rio de Janeiro: Fábrica de Fiação, Tecidos e Tinturaria Aliança (Laranjeiras, 1880), Companhia de Fiação e Tecidos Corcovado (Jardim Botânico, 1889), Companhia de Fiação e Tecelagem Carioca (Jardim Botânico – Horto, 1890).

9  Para mais informações, ver Batalha (1999) e Fonseca (2008).

10  *Gazeta de Notícias*, p.1, 9 dez. 1876.

11  Além disso, havia camarotes com seis entradas (20$000) e varanda (3$000). Durante anos, os bilhetes foram vendidos no prestigioso Hotel Ravot (rua do Ouvidor, Centro), onde se hospedavam pessoas de posses, entre as quais muitos dos que dirigiam os negócios do café. O proprietário era o mesmo da arena.

Francisco Frascuelo[12]

Com tudo pronto, a chuva impediu a inauguração, que foi transferida para 17 de dezembro. O comentário da *Gazeta de Notícias* do dia seguinte ao evento enfatizou que, ao contrário do que alguns esperavam, não houve cenas de sangue ou violência extrema. O programa parece ter sido bastante irregular, mas o público, que lotava o espaço, na visão do jornalista, não se sentiu desagradado. Teria sido, enfim, um bom recomeço.[13]

Houve, sim, reclamações. Alguns criticaram a má organização das tribunas. Ocorreu até mesmo uma invasão dos camarotes, que estariam, por isso, intransitáveis.[14] Para a corrida seguinte, programada para 24 de dezembro, a fim de evitar novos conflitos, a empresa mandou numerar as varandas.[15]

---

12  Disponível em: <http://torerosespanoles.blogspot.com.br/2012/01/francisco-sanchez-frascuelo.html>.
13  *Gazeta de Notícias*, p.2, 18 dez. 1876.
14  *Gazeta de Notícias*, p.2, 19 dez. 1876.
15  *Gazeta de Notícias*, p.4, 23 dez. 1876.

A segunda sessão já não foi tão concorrida. Entre os motivos para tal, incluíam-se a ameaça de chuvas[16] e a qualidade dos touros: "Os animais são pouco corpulentos, delgados, de muito pé, mas não tão bravos como seria de desejar. Negam quase todas as sortes aos cavaleiros e ensarilham geralmente".[17] Já para o *Diário do Rio de Janeiro*, além do clima, pode ter ocorrido uma redução do interesse geral. Aparentemente, a parte da sombra estava vazia, ainda que os camarotes estivessem lotados.[18]

Ainda mais, concordavam os dois jornais, era de baixa qualidade a companhia de touradas, destacando-se a má atuação de Frascuelo: "Não tem sangue frio; raras vezes espera o touro bem, e querendo sempre produzir efeito, aproveita as *ocasiões* de meter os ferros conforme pode, e raras vezes em *sorte*. Precipita as retiradas, o que faz com que seja desfeiteado pelo touro".[19]

Vejamos que, a despeito de nos anos anteriores não ter havido corridas na cidade, os narradores demonstravam, ou pelo menos aparentavam, ter algum conhecimento técnico sobre o espetáculo. O público, aliás, por diversas vezes exigiu compostura e procedimentos corretos por parte dos toureiros. Os jornais registraram essa reivindicação: "Em geral, a tourada correu regularmente; torna-se, porém, necessário que a autoridade faça presidir o espetáculo por uma pessoa entendida e autorizada, que tudo determine e a quem todos obedeçam".[20] Em tom de alerta, o *Diário do Rio de Janei-*

---

16  Parece ter sido mesmo chuvoso aquele fim de primavera/início de verão de 1876. O satírico *O Mosquito*, na edição de 30 de dezembro de 1876, ironizou: "Deus me perdoe se é um falso testemunho, mas esta abundância de águas do céu foi-nos trazida do Rio da Prata pelos touros do sr. Frascuelo. Antes de começarem as touradas estávamos no gozo de um começo de verão cheio de promessas para os aguadeiros, e os médicos começavam a calcular pelos dedos quantas visitas a cinco mil réis se podem fazer, sem exagero, das 6 da manhã às 4 da tarde. Chega o matador Frascuelo e chega o capinha Barca: começa a chuva, que é uma consumição de botas grossas que Deus nos acuda" (p.6).

17  *Gazeta de Notícias*, p.2, 25 dez. 1876.

18  *Diário do Rio de Janeiro*, p.3, 26 e 27 dez. 1876.

19  *Gazeta de Notícias*, p.2, 25 dez. 1876.

20  *Gazeta de Notícias*, p.2, 25 dez. 1876.

*ro* lembrou os conflitos do passado: "Pedimos nós providências das autoridades, porque essa anarquia pode dar lugar a funestas consequências".[21]

O ano de 1877 começou com boas notícias para os adeptos das touradas. A função de 31 de dezembro de 1876 parece ter sido mais organizada. Apesar de a arena estar ainda alagada, em razão das chuvas torrenciais, a *Gazeta de Notícias* sugeriu que as corridas agradaram ao público que lotou a praça.[22]

O *Diário do Rio de Janeiro* foi mais crítico,[23] julgando ter se repetido a baixa qualidade técnica das ocasiões anteriores. Ainda assim, reconheceu que o espetáculo estava mesmo mais bem estruturado e que, ainda que insatisfeita com o que assistia, a plateia parecia "simpatizar com o gênero", cabendo aos promotores fazer as touradas serem reconhecidas pela "arte" e não pela crueldade.

As maiores críticas foram dirigidas à prova de curiosos que houve nessa ocasião. Para o jornalista do *Diário*, o mau desempenho desses amadores traiu completamente o que se esperava de um espetáculo tauromáquico de qualidade; eram inaceitáveis as cenas de crueldade com o touro. Quase metade da matéria é dedicada a esse que se julgava ter sido o maior problema daquela sessão.

Alguns "curiosos" (que, inclusive, assim se apresentam nos jornais), contudo, não se mostraram rogados com as críticas do *Diário*. Escreveram solicitando a manutenção da prova, bem como a sua melhor estruturação, até porque haveria muitos interessados em participar das touradas.[24] Começou a circular a notícia de que esses amadores iriam promover corridas integralmente por eles protagonizadas, com caráter exclusivamente beneficente.[25]

---

21  *Diário do Rio de Janeiro*, p.3, 26 e 27 dez. 1876.
22  *Gazeta de Notícias*, p.2, 1 jan. 1877.
23  Ao contrário da *Gazeta de Notícias*, o *Diário do Rio de Janeiro* não se mostrava muito simpático às touradas, abrindo constante espaço para críticas à sua adequação.
24  *Gazeta de Notícias*, p.2, 6 jan. 1877.
25  Ver, por exemplo, a *Gazeta de Notícias*, p.2, 16 jan. 1877.

Pelos jornais, sem maiores explicações, os "amadores da tauromaquia" foram convidados a se encontrar no Real Club Ginástico Português (agremiação que reunia parte considerável da colônia portuguesa da cidade). No fim de janeiro de 1877, anunciou-se a fundação de uma sociedade própria dos adeptos – o Clube Tauromáquico.

Vemos uma vez mais, e de forma ainda mais explícita, a relação das touradas com a colônia portuguesa estabelecida no Rio de Janeiro. Mesmo com a independência, seguiu alto o fluxo migratório de Portugal para o Brasil: "O Rio, Corte Imperial e capital da República, teve preferência como uma espécie de continuação do sonho lotérico do século XVIII de fazer fortuna nas Geraes" (Lessa, 2002, p.27).

O fato é que a presença da cultura portuguesa e de portugueses em um cenário em que o país pretendia se afirmar como ente independente era algo um tanto ambíguo. De um lado, havia louvações aos laços em comum entre as nações, a certas tradições e costumes enraizados no cotidiano. De outro, era isso mesmo que incomodava os que pretendiam forjar um Brasil "civilizado" que se livrasse da herança colonial. Além de tudo, poucos não eram os incômodos com a presença de lusitanos em cargos de poder, na alta ou na baixa esfera social.

A criação de agremiações, assim, deve ser entendida como uma estratégia de afirmação da comunidade de portugueses. Atendia ao seu desejo de auto-organização (o que significava também marcar as diferenças internas) tanto para fazer frente aos problemas enfrentados e celebrar a relação com a pátria distante quanto à necessidade de demonstrar à sociedade brasileira o valor da colônia lusitana.[26]

As touradas eram uma das expressões da cultura portuguesa, uma certa celebração dos hábitos deixados pelo colonizador, sendo, também por isso, louvadas por alguns na mesma medida em que eram contestadas por outros.

---

26  Para mais informações, ver Melo e Peres (2014).

## Uma empresa e um clube: novas configurações

A proposta do Clube Tauromáquico era de organizar os "curiosos" que apreciavam e participavam ativamente das touradas sem interesses profissionais. Os sócios se reuniam com frequência e organizavam atividades na praça da Marquês de Abrantes graças à cessão gratuita do proprietário, Manoel Antonio de Brito.

A partir de então, havia dois tipos de corridas oferecidas ao público: organizadas por uma companhia profissional ou pela agremiação de amadores. Na verdade, alguns profissionais, como Francisco Frascuelo, ofereciam ajudam e participavam das atividades do clube. Além disso, seguiu ocorrendo a prova dos "curiosos" nas touradas promovidas pela empresa.

Segundo *O Globo*, o clube reunia "jovens em sua grande maioria pertencentes à classe comercial".[27] A primeira diretoria era formada por personagens importantes na cidade. Alguns eram ligados aos novos negócios, capitalistas, mas que possuíam ligações com antigas tradições familiares portuguesas.

Por exemplo, o presidente da agremiação, José João Martins de Pinho, era um comerciante que se envolveu com várias casas bancárias. É reconhecido por sua participação na direção do Liceu Literário Português e várias outras instituições ligadas à colônia portuguesa, como a Caixa de Socorros de dom Pedro V, o Gabinete Português de Leitura e a Beneficência Portuguesa.

José Mendes de Oliveira Castro, o tesoureiro, também era comerciante envolvido com os novos negócios da cidade: foi membro da direção do Banco do Brasil, da Companhia de Carris do Jardim Botânico, do Banco dos Estados Unidos do Brasil, da Companhia do Jardim Botânico, da Companhia de Seguros e Bancária Integridade e Industrial do Brasil, do Banco do Comércio. Foi diretor da Associação Comercial do Rio de Janeiro.

---

27  *O Globo*, p.2, 1 jul. 1877.

A primeira tourada organizada pelo clube, em 11 de março de 1877, foi promovida em benefício de vítimas de uma inundação em Portugal (mais um indício de que seguia em várias instâncias a relação com o outrora colonizador) e de uma instituição de caridade do Rio de Janeiro (que não foi nominada). Tendo em vista o "fim humanitário a que é destinado o produto desta festa" e "confiando nosso sentimento de proverbial filantropia deste público", os preços usuais dos ingressos foram aumentados: camarotes com cinco entradas a 50$000, galerias a 10$000 e trincheiras a 5$000.[28]

O evento gerou grande expectativa. Um colunista de *O Globo*, que assinava como Sir Mask, deu uma noção do frenesi: "Há oito dias, leitor querido, que não me sento, não durmo, não como, não sossego! Por toda a parte ouço pronunciar com entusiasmo, com encanto, com furor, a palavra – Tourada!".[29] Ele enumera uma série de espaços da cidade nos quais, a seu ver, só se falava no assunto. E os motivos não eram os mais nobres, como poderiam esperar alguns promotores: "Tem o sabor do perigo, do imprevisto, do horrível e... cheira a sangue!".

Mesmo sendo uma corrida de amadores, prometiam-se os procedimentos completos, com todas as funções preenchidas: cavaleiros, neto, pajens, capinhas, forcados, campinos, moços do curro, andarilhos. A observância de todo o ritual, com todas as vestimentas e mesuras, nos deixa perceber a conexão com símbolos portugueses: seguiu-se ao máximo o modelo de corridas à Marialva.

Ao que tudo indica, o evento estava bem organizado, e as tribunas, lotadas. O resultado parece não ter decepcionado, pelo menos aos entusiastas da *Gazeta de Notícias*. Para um de seus cronistas, os jovens participantes tinham mesmo surpreendido.

Brincava um sorriso de complacente ironia nos lábios de quase toda a gente quando se falava de touradas; poucos acreditavam que

28  *Gazeta de Notícias*, p.3, 3 mar. 1877.
29  *O Globo*, p.1, 11 mar. 1877.

aqueles rapazes fossem para frente de um boi sem recuar; esse sorriso desapareceu em presença dos aplausos entusiásticos [com] que o público aplaudiu a tourada de ontem.[30]

No olhar de um colunista, ainda que desprovida de boa técnica, a atitude dos envolvidos deveria ser louvada: "Um punhado de mancebos destemidos e generosos, com o intuito de enxugarem as lágrimas de muitos desgraçados, resolveram expor-se aos perigos de uma tourada, para adquirirem os meios para realizarem o seu intento".[31] Para ele, tratava-se de uma demonstração do valor desses jovens: "Uma prova de que em face dum animal embora furioso, a presença de espírito do homem, auxiliada pelas regras da ginástica, deve fazer este sempre vencedor".

Notemos uma mudança de representação. As atividades tauromáquicas passaram a ser apresentadas como exercícios ginásticos, uma forma de preparação do corpo e do espírito. Estabeleceu-se um diálogo com novas práticas corporais que se tornavam mais veiculadas e valorizadas na sociedade fluminense, articuladas, inclusive, com os discursos sobre a necessidade de forjar cidadãos fortes para se engajarem na defesa nacional, uma preocupação que crescera com a Guerra do Paraguai.[32]

O evento fortaleceu a posição dos que defendiam as touradas. Para alguns, essa nova conformação as levava a um patamar superior. Por seu fim humanitário, por ter como protagonistas "moços de fino trato", por ser uma ocasião em que se demonstrou o valor e a bravura de homens, os adeptos argumentavam que não se poderia comparar as corridas do Rio de Janeiro com os "divertimentos sanguinários da Espanha fanática, nem de Roma dissoluta; os que lá foram não tinham em mente ver morrer seus semelhantes, mas ver

---

30  *Gazeta de Notícias*, p.1, 12 mar. 1877.
31  *Gazeta de Notícias*, p.1, 6 mar. 1877.
32  Para mais informações, ver Melo e Peres (2014).

socorrer vítimas e pôr em prática, por uma forma ainda atraente, os princípios moralizadores da filantropia".[33]

L., na *Gazeta de Notícias* de 17 de março de 1877, deu ares poéticos à façanha dos jovens toureadores amadores. Para ele, em vez de uma barbaridade, demonstrou-se o quanto a "civilização sabe desenvolver o homem e o educar para afrontar os perigos mais imediatos, e o ensina a livrar-se dos ataques mais brutais". Emoção e preparação corporal e do caráter: para L., esses eram aspectos que valorizavam as corridas de touros. Note-se que se procurava encarar as críticas que vinham do passado. Nessa visão, as touradas não eram uma afronta ao progresso, mas, sim, um contributo à sua consolidação.

Mesmo o satírico *O Mosquito* não deixou de observar, ainda que com tom irônico, que aquele foi o principal assunto da semana:

> Por toda a parte, no café, na rua, na secretaria dos estrangeiros, no lar doméstico, em Paquetá, nos bondes, nos folhetins, no largo do Rocio, nos camarins, no chalé campestre, nas publicações a pedido, na sociedade Amor da Glória, nos estabelecimentos comerciais, nas irmandades, nas ilhas adjacentes, na barca de banhos e nos hotéis, de dia, de noite, de manhã e de tarde, às ave-maria e ao romper da aurora, sempre, sempre, sempre a tourada foi o primeiro assunto do momento e a caridade o segundo.[34]

A capa da edição de 17 de março de 1877, de autoria de Bordallo Pinheiro, faz referência ao evento. Com o subtítulo de "Festa de caridade – A caridade da festa", apresenta-se uma mãe, com crianças à saia e no colo, farpeando um touro bravo. Mais ainda, com a verve cômica de sempre, o periódico mostra o desenvolvimento do evento em quadrinhos, ironizando sua dinâmica e ocorrências, aproveitando a ocasião para chacotear da política nacional. Bordallo Pinheiro ainda publicou, com tom mordaz, outra série de quadrinhos denominada "Pão e touros: Panem et circenses".

---

33 *Gazeta de Notícias*, p.1, 14 mar. 1877.
34 *O Mosquito*, p.7, 17 mar. 1877.

Capa de *O Mosquito*
Gravura de Bordallo Pinheiro
*O Mosquito*, 17 mar. 1877, p.1

Narrativa das touradas em quadrinhos
Gravura de Bordallo Pinheiro
*O Mosquito*, 17 mar. 1877, p.1

Em junho de 1877, uma vez mais se anunciou uma atividade do clube, corridas em favor da Caixa de Socorros dom Pedro V. A agremiação fez publicar na *Gazeta de Notícias* um anúncio em que convocava os sócios a participarem do evento. O público também atendeu ao chamado e lotou os camarotes e arquibancadas da praça que estava, como na ocasião anterior, bastante ornamentada, com "bandeiras, galhardetes e colchas de seda".[35] Como antes, e como será observado na terceira tourada, realizada em novembro, em benefício dos atingidos pela seca no norte do Brasil, destacou-se a presença de importantes personalidades do Império.

Muitos julgaram a segunda atividade superior à primeira. A despeito dos elogios ao evento e das iniciativas de louvar o clube, normalmente da lavra de quem já defendia as touradas, nem tudo foi um mar de rosas. Não faltou quem questionasse os reais intuitos e as contradições das ações da agremiação.

Para Sir Masx, a valorização das corridas se devia ao fato de que a "nossa nacionalidade não tem ainda uma feição sua, não tem tradições quase, não tem costumes populares perfeitamente assentados"; de toda forma, sugeriu que não seria na Espanha que esses aspectos deveriam ser buscados.[36] Por fim, posicionou-se: "Não podemos aplaudir, não podemos compreender sequer que para uma festa de amor, de caridade, se busque um espetáculo perigoso, bárbaro, contrário à nossa civilização, e particularmente à nossa índole, tão paciente e passiva".[37]

Um dos mais contundentes foi Nemo,[38] em crônica publica na seção "Folhetim/Conversemos" da *Gazeta de Notícias*: "O Clube Tauromáquico, o promotor do divertimento bárbaro das touradas, convidou no domingo passado o povo desta capital para dar largas aos instintos maus e carniceiros que ele, o Clube, alimenta e supõe

---

35 *Gazeta de Notícias*, p.2, 2 jul. 1877.
36 Curiosamente esse autor negligencia a relação com Portugal por meio das touradas.
37 *O Globo*, p.1, 11 mar. 1877.
38 Vários jornalistas e literatos utilizaram esse pseudônimo. Cruzando as informações, é possível que esse texto seja da lavra de José do Patrocínio.

alimentados pelo fluminense pacato".[39] Para ele, tratava-se de uma diversão truculenta, que traía os princípios dos cidadãos da capital.

Ambos os autores, portanto, se alinhavam a uma determinada representação de um suposto jeito de ser brasileiro, uma visão que progressivamente vai se consagrar, mesmo que com contornos distintos: pacto, pacífico, amistoso, não violento. Por vezes, isso era mobilizado até para explicar que o gado nacional não se prestava a touradas; era manso como seu dono. Uma brutal idealização, ainda mais em se tratando de um país que não conseguia se livrar da mácula da escravidão.

Para Nemo, um indício da inadequação das touradas era o fato de a família real, apesar de sempre ser convidada, nunca ter dado o ar da sua graça: "É inútil dizer que S. M. o Imperador não assistiu à festa [...] enquanto Sua Majestade honra com a sua presença as récitas da companhia lírica".[40]

Isso também chamou a atenção de Máscara Azul:[41] "Outro boato que vozeia é que S. M. o Imperador não compareceu à corrida de touros porque detesta esse espetáculo".[42] No folhetim da *Gazeta* de 17 de novembro de 1877, esse mesmo cronista comentou as posições de Pedro II frente às touradas. Para ele, caso fosse verdade que o monarca não apreciava a prática, seria uma prova de que "tem coração e repugna-lhe o sangue. Aplaudo, aplaudo!".[43]

Para o cronista, não passariam de "corruptos e corruptores" os que defendiam uma prática "que fere também os nossos brios nacionais". Por isso, a seu ver, o "clube [...] não passa de uma escola de facínoras", ainda que supostamente se engajasse em causas nobres.

No caso do evento criticado, o despautério seria ainda maior, pois o que revertia em benefício da mãe de Gonçalves Dias, um dos

39 *Gazeta de Notícias*, p.1, 8 nov. 1877.
40 *Gazeta de Notícias*, p.1, 8 nov. 1877.
41 Provavelmente se trata de Cardoso de Menezes.
42 *Gazeta de Notícias*, p.1, 9 nov. 1877.
43 *Gazeta de Notícias*, p.1, 17 nov. 1877.

motivos que nortearam a realização, traía a memória e os princípios do poeta que elevou "o nome da pátria" e trabalhou para "lançar pela ciência e pela arte as sementes da paz universal".[44]

Assim, o Clube Tauromáquico, se por um lado deu aos defensores das touradas bons argumentos, de outro acabou por acentuar as críticas. De toda forma, é inegável que os promotores adotavam um padrão distinto, dialogando com os novos tempos e assumindo um discurso que os aproximava de um conjunto de valores e representações que, a princípio, lhes era contrário.

A prática vinha do período colonial, muito ligada ao outrora colonizador, cujas referências, na visão de alguns, deveriam ser abandonadas para forjar uma identidade nacional. Lembrava o mundo rural que, cada vez mais, ficava distante em uma cidade que assumia definitivamente o papel de capital do Império, com aspirações ao progresso. As mobilizações discursivas defensoras das corridas, contudo, aproximavam as corridas de touros do esporte. A própria formação de um clube era uma expressão dessa tendência.

Em 1878, a agremiação reduziu suas atividades; passou a se fazer presente apenas em algumas corridas de touros promovidas pela companhia profissional. Podemos observar isso em uma atividade organizada em 24 de fevereiro por um dos grandes nomes da tauromaquia carioca: Francisco Pontes.[45]

Em junho, uma pá de cal foi lançada sobre o Clube Tauromáquico: o Ministério do Império, não sabemos exatamente com qual argumento, indeferiu o pedido de aprovação dos estatutos. A agremiação se extinguiu, mesmo que alguns contestassem a decisão

---

44  *Gazeta de Notícias*, p.1, 8 nov. 1877.

45  Uma referência interessante a ser citada nessa ocasião é a banda musical convidada. Sempre eram contratados um ou dois grupos para marcar o ritual a ser seguido e entreter o público nos intervalos. O estilo foi mudando no decorrer do tempo. Para essa sessão, foi convidada com destaque a Sociedade Particular Musical Prazer da Glória, uma das principais da época. Para mais informações, ver Borges (2001).

governamental, como o cronista do folhetim de *O Cruzeiro* Saphir, em sua coluna denominada "Tutti Frutti".[46]

Suas considerações nos parecem interessantes por demonstrar como se semeava uma aproximação das touradas com o esporte. Ele começa por observar o papel que o turfe ocupava: "E depois está fora de dúvida que uma capital qualquer sem Jockey Club é coisa que já hoje se não pode tolerar". A partir desse olhar, contesta a hipocrisia de um setor da sociedade que finge que "não gosta igualmente das corridas de touros". Não haveria justificativa para opor turfe e touradas, tampouco "se compreende o motivo por que não foram aprovados os estatutos do Club Tauromachico". No seu entender, ambos poderiam contribuir para apurar a raça dos animais nacionais. Além disso, era inegável que o público "tanto se delicia no Prado como se regozija no circo da rua do Marquês de Abrantes".

Em *O Cruzeiro*,[47] Zero demonstrou indignação ainda maior. Para ele, a não aprovação dos estatutos se devia ao fato de que a ideia de civilização virara uma espécie de oráculo para o governo, que por sua vez não reprimia certas práticas pouco civilizadas, como, no seu ponto de vista, a ação da polícia. Não haveria a menor base legal para perseguição à agremiação, e a burocracia imperial não deveria se arvorar a, dessa forma, interferir nas escolhas dos indivíduos (até porque a praça de touros seguia aberta e funcionando a todo vapor).

Essa tensão de diferentes formas se manifestou outras vezes. Em março de 1879, o governo proibiu a realização de uma tourada em benefício do Asilo dos Meninos Desvalidos. Essa notícia mereceu dois comentários na *Gazeta de Notícias*, de um anônimo e do cronista F. de M. no folhetim "A Semana".[48] A este último pareceu absurda tal intervenção, ainda mais quando havia um intuito tão

---

46 *O Cruzeiro*, p.1, 1 ago. 1878.
47 *O Cruzeiro*, p.3, 18 jun. 1878.
48 *Gazeta de Notícias*, p.1, 30 mar. 1879.

nobre. Ironizou, assim, a "sensibilidade civilizada" do ministério: "o que não compreendemos é como o sr. ministro não permite uma tourada em benefício de uma instituição pia, e tem permitido e permite outras touradas".[49]

Não havia jeito: o clube não foi autorizado a funcionar. Mas as touradas seguiram ocorrendo e empolgando uma parte da sociedade carioca.

## Consolidando as touradas

Aos bandos a gente parece já vermos,
De toda a cidade mui azafamada,
Bilhetes comprando, entrar para a praça
Buscando ansiosos gozar a tourada!
Função deste lote qual esta promete,
Ser há de por certo de grande prazer,
Ninguém que possua luzente metal
Esperamos que deixe dali concorrer![50]

Em 1879, outro estabelecimento também começou a oferecer touradas eventuais: o Theatro Circo, que se localizava na rua do Lavradio; as provas eram dirigidas pela Companhia Hispano Portuense. Esse estabelecimento mantinha algum grau de relação com a arena da Marquês de Arantes; várias vezes compartilharam espetáculos diversos. Em agosto, anunciou-se uma novidade: a primeira corrida noturna da cidade, com o espaço iluminado "a giorno" (isto é, como se parecesse de dia).[51] Mesmo sem grande regularidade, os eventos promovidos nessa casa contavam com bom público.

---

49 *Gazeta de Notícias*, p.2, 30 mar. 1879.
50 *Gazeta de Notícias*, p.4, 10 mar. 1878.
51 *A Gazeta da Noite*, p.4, 6 ago. 1879.

Anúncio de tourada
*A Gazeta da Noite*, 6 ago. 1879, p.4

As touradas parecem mesmo ter arrebatado o interesse do público, que constantemente estava a encher a arena da rua Marquês de Abrantes. Como dizia um cronista: "Podem aqueles que só gostam de bois no prato propalar que o nosso público não gosta de corridas de touros, que a concorrência às últimas que tem havido aí está para provar o contrário".[52] Em muitas ocasiões, foram oferecidos bondes extraordinários para que a assistência pudesse chegar à praça. Celebrou-se na *Gazeta de Notícias*:

> À pressa, à pressa, já está lá a bomba
> Duma tourada que ides ver de arromba.
> Que balbúrdia se nota na cidade!
> Parece que andam delirantes!
> Grupo aqui!... grupo ali!... que novidade
> Alvoroça a tal ponto os habitantes?...
> Trouxe acaso o paquete raridade
> Que faça deslumbrar os elefantes?
> Qual história!... vem hoje anunciada,
> Como nunca se viu, uma tourada.
> Fazem-se apostas, fervem as questões!
> Cada qual quer mostrar da bicharada
> Com certeza saber as condições,
> Que de bravura tem a valentia!
> Mas neste variar de opiniões
> Mostra o voto geral da maioria,
> São touros por tal modo enraivecidos
> Que nesta praça mais bravos não são conhecidos.[53]

Essa popularidade, todavia, não significou completa estabilidade e sucesso. Conforme o espetáculo foi tendo continuidade, o público o compreendia melhor e se tornava mais exigente. A própria imprensa contribuía para esse processo na medida em que fazia comentários constantes. Vejamos, por exemplo, as críticas sobre a função de 6 de maio de 1877: "A tourada correu de modo bem pouco agradável para os amadores da arte tauromáquica, pois arte

---

52 *Gazeta de Notícias*, p.2, 17 jun. 1878.
53 *Gazeta de Notícias*, p.4, 10 mar. 1878.

foi o menos que houve em todo espetáculo, que por vezes mesmo se tornou indigno de um público que se preza e não tem esquecido os deveres de humanidade".[54]

Essas expectativas aumentavam o custo das touradas. Os promotores, não podendo contar com incentivos governamentais (como eventualmente já ocorria com o remo e o turfe), dependiam mesmo do afluxo de público pagante. E este só respondia aos chamados se houvesse espetáculos de qualidade.

Quando havia deficiências na organização das corridas, não poucas vezes emergiu a delicada questão do excesso de violência. Para os entendedores, a barbaridade se manifestava quando não havia a técnica, o que prejudicava a reputação da prática, dando razão para os que a criticavam. Assim, cobrava-se que fossem contratados profissionais gabaritados, o que nem sempre era fácil. Da mesma maneira, exigia-se uma arena mais confortável, que permitisse a plena fruição do espetáculo.

Já citamos o nome de Francisco Pontes; ele merece uma atenção maior. Uma das necessidades de espetáculos como o das touradas (e também dos esportes em geral) é a gestação de um herói, um indivíduo que dramatize todos os desafios e qualidades da prática. Esse bandarilheiro, por vezes denominado de "Rei dos Toureiros", começou a se apresentar na cidade em fevereiro de 1878 e rapidamente se tornou reconhecido pelos membros do Clube Tauromáquico, pela imprensa e, especialmente, pelo público, todos apreciando seu desempenho, constantemente celebrando sua performance com presentes atirados na arena e chapéus atirados ao ar.[55]

---

54  *Diário do Rio de Janeiro*, p.4, 7 maio 1877.
55  Não devemos desprezar o fato de que parte do sucesso de Pontes decorria de ele, à frente da Companhia de Toureiros Portugueses, angariar simpatias da colônia do Rio de Janeiro.

**PRAÇA DE TOUROS**

## 20 Rua do Marquez de Abrantes 20
### HOJE
# SABBADO 2 DE FEVEREIRO DE 1878
Ás 5 horas se fizer bom tempo,
do contrario será
transferida para domingo ás mesmas horas

## INAUGURAÇÃO
DA
### PRESÍNTE EPOCHA TAUROMACHICA
DEBUT DA COMPANHIA
DOS
## DISTINCTOS ARTISTAS PORTUGUEZES

sendo: — cavalloiro Calhamar Pinto e Silva, e bandarilheiros os festejados e
sempre bem recebidos artistas Francisco Pontes, Miguel Faria, Francisco Pinto
o o auxiliar Antonio dos Santos.
Um valente grupo de moços de forcado, dois andarilhos o o mais pessoal neces-
sario para o bom desempenho d'esta deslumbrante corrida.
Estes insignes artistas contam com o agrado d'este respeitavel publico, para o
que empregarão todos os meios a seu alcance.
Havorá bonds extraordinarios.

Anúncio da praça de touros
*O Cruzeiro*, 2 fev. 1878, p.8

Os jornais não poupavam elogios ao português. Para a *Gazeta de Notícias*, "de todos os artistas tauromáquicos que nos tem visitado, nenhum se tem distinguido mais do que Pontes".[56] Ele conseguiria aliar um "conhecimento profundo da arte difícil e arriscada" a "grande sangue-frio, firmeza e perícia". Além disso, demonstrava competência na organização do espetáculo e na contratação de bons

---

56 *Gazeta de Notícias*, p.1, 9 jun. 1878.

toureiros.[57] Ele será por décadas um dos principais dinamizadores da tauromaquia no Rio de Janeiro. Na verdade, também em São Paulo, Porto Alegre, Curitiba e Salvador, entre outras cidades. Para aumentar o interesse do público, como usual, diversas atrações eram constantemente inseridas na programação. Uma delas era a introdução de provas cômicas, com capinhas fantasiados, fazendo brincadeiras diversas entre as sortes, momentos sempre apreciados pelos assistentes. Até mesmo a embolação, a preparação dos chifres dos touros para diminuir o risco para os toureiros, normalmente realizada no dia anterior das corridas, virou uma atração.

Como era de se esperar com qualquer atividade, houve corridas muito cheias e elogiadas, outras nem tanto, e algumas bem esvaziadas e criticadas. Seja como for, vale citar que chegou a ser preso um cidadão, Joaquim de Oliveira Guimarães, por vender bilhetes falsos para as touradas, mais um indício de que era grande a procura pelo espetáculo.

Nesse cenário, passou a ser quase obrigatório o oferecimento de touros para a lide de curiosos. Os prêmios continuavam sendo distribuídos, por vezes sendo até mesmo o boi destinado ao toureio. Em outras ocasiões, ao fim, o animal era destinado a alguma instituição assistencial, sempre tendo em vista reforçar as possíveis contribuições das touradas para a sociedade.

Essa atividade era, para o promotor, interessante do ponto de vista comercial: atraía público que esperava a demonstração de coragem e ainda o desobrigava de mais um touro de qualidade (eram comumente aproveitados os mais velhos e já corridos). Eventualmente algum amador acabava contratado para uma companhia.

Os curiosos eram gente do público que se arriscava eventualmente, mas também pessoas que havia muito vinham se envolvendo com as corridas, como os sócios do antigo Clube Tauromáquico. Alguns chegaram a ter destaque em certas funções, como nas corridas especialmente dedicadas a amadores. Entre estes, podemos citar José Rodrigues Tarujo e Manuel Ribeiro.[58]

---

57  Pontes era o mais famoso, mas muitos obtiveram destaque na época, entre os quais José Saldiva e Manuel Barca, Joaquim Salvaterra (o "Cavanhaque").

58  *Gazeta de Notícias*, p.4, 19 abr. 1879.

Assim como ocorrera no período anterior, também foram realizadas provas protagonizadas por mulheres. Em 2 de junho de 1878, foi anunciada, com grande estardalhaço, a performance de uma francesa, a "heroína Mme. Julia Rachel". A *Gazeta de Notícias* ironizou a novidade: "A tourada de hoje deve ser magnífica. Imaginem que o cavaleiro é uma cavaleira e por aí ajuízem que peripécias poderão haver se os touros não forem assaz cavalheiros para respeitar a destemida cavaleira".[59]

Anúncio de tourada
*Diário do Rio de Janeiro*, 30 maio 1878, p.4

---

59 *Gazeta de Notícias*, p.2, 2 jun. 1878.

A performance da "heroína", todavia, parece não ter agradado muito, pelo menos aos jornalistas. Para a *Gazeta de Notícias*, "esta Rachel, que por certo não é na arte tauromáquica o que sua homônima foi na arte dramática, fez a figura mais ridícula que imaginar se pode".[60] É possível, pelo tom da matéria, que se tratasse mais de preconceito do que efetivamente de uma análise técnica. Ainda tardariam muitos anos para que mulheres fossem mais respeitadas no exercício de funções públicas como essa.

Os touros continuaram sendo um dos pontos centrais das exigências do público. Recebiam destaque nos anúncios das companhias, que viviam buscando os melhores animais para garantir a emoção, inclusive os importando de outros países, em particular de Uruguai e Portugal.[61] Havia também criadores nacionais que eram elogiados, caso do conde de Aljezur, proprietário das fazendas de Cabuçu.

Quando não havia bons animais, a imprensa não deixava de registrar o desgosto, refletindo o que se passava entre o público. Um exemplo curioso, quase uma ameaça, pode ser visto em um comentário sobre o fato de que, numa sessão, uma parte dos touros foi de baixa qualidade: "Se a empresa não se empenhar em bem satisfazer o público, que tão bem acolheu este divertimento, em breve terá de fazer touradas somente para sua família".[62]

Havia ainda outra ocorrência que contribuía para reduzir o público dos espetáculos de touros: a diversificação e a ampliação dos entretenimentos. Um colunista do *Diário do Rio de Janeiro* percebeu isso em maio de 1877. Para ele, um dos motivos da baixa procura a uma sessão foi o fato de que, no mesmo dia, houve "o passeio da sociedade Congresso Ginástico Português ao Jardim Botânico e as regatas de nadadores anunciadas para a praia de Botafogo",[63] estas últimas promovidas por uma nova agremiação, o Clube Boyton.

---

60   *Gazeta de Notícias*, p.1, 3 jun. 1878.
61   Como já ocorrera antes, houve até mesmo corridas canceladas em função de os touros não chegarem, como se passou com as previstas para 14 de janeiro de 1877.
62   *Gazeta de Notícias*, p.2, 13 maio 1878.
63   *Diário do Rio de Janeiro*, p.4, 7 maio 1877.

Havia ainda as atividades do turfe, do remo, do atletismo e das sociedades dançantes. Em 1878, outra novidade veio à baila, o Skating Rink, oferecendo a patinação, uma prática que terá grande difusão e sucesso no Rio de Janeiro. Isso sem falar nos teatros e circos que se espalhavam pela cidade: Theatro-Circo, Phenix Dramatica, S. Pedro de Alcântara, Circo Luzo Brazileiro, Imperial Theatro Pedro II, Theatre des Varietes, Circo Casali, Theatro S. Luiz, entre outros.

Na verdade, a própria praça de touros passou a receber outras diversões, notadamente fora da temporada das corridas. Em julho de 1877, por exemplo, foi realizada uma atividade dupla: a ascensão de Mlle. Carlota Blondin (isto é, dentro de um balão) e a exibição do cavaleiro Blondin, apresentado como o "nec plus ultra dos mais célebres equilibristas conhecidos"[64] ou o "Herói do Niagara". O espetáculo terminava com uma dramatização, o Grande Passeio sobre o Vesúvio, com a arena fartamente iluminada e fogos de artifícios.[65] Esse espetáculo foi se ampliando, com a participação de outros artistas estrangeiros, como a Real Companhia Italiana, dos irmãos Amato e Seyssel, que apresentava exercícios ginásticos.

Tudo parecia bem com as touradas – até que houve uma tormenta.

## Um novo abalo

Se no momento anterior, como vimos no Capítulo 2, já eram grandes as críticas às touradas, *pari passu* com o processo de modernização do Rio de Janeiro as contestações se enfatizaram. Até mesmo notícias vindas do exterior eram usadas como oportunidade para questionar a prática, como esta que narrou conflitos em uma arena na França: "O internacionalismo das ideias e da civilização

---

64 *Gazeta de Notícias*, p.4, 6 jul. 1877.
65 *Gazeta de Notícias*, p.4, 20 jul. 1877.

tem um limite marcado. A religião e os costumes de um povo dificilmente se alteram, e os mesmos divertimentos e jogos que em alguns países servem de recreio, em outros são às vezes causa de grandes desgraças".[66]

Na temporada que começou no final de 1876, a tensão era latente:

> Felizmente, no meio de todas estas sensaborias, sempre pilhamos as touradas.
> É seguramente a toureação o que nos deu de melhor o ano.
> E ainda assim as opiniões dividem-se sobre o assunto.
> Há uma metade que gosta da toureação e outra que prefere o boi desmanchado em bifes de cebolada.
> E discutem.[67]

Na verdade, antes mesmo da inauguração dessa temporada, pelos jornais veicularam-se questionamentos. Em setembro, alguém que assinou como "Civilização" criticou, em missiva ao governo, a concessão de licença para promoção de um entretenimento que, a seu ver, depõe contra o "estado de civilização", uma barbaridade em que "touros bravios são martirizados e depois mortos; quando não matam algum dos capinhas". Para o autor, a Câmara se rendera a "troco de alguns mil-réis".[68]

Essa tensão seguirá nos meses seguintes. Um colunista da *Gazeta de Notícias* foi direto ao ponto:

> A respeito de touros, falo com toda a franqueza, não conheço meio-termo. Ou se gosta ou não se gosta.
> Não há partidos neutros nesta questão.
> Não há expectativa possível.

---

66 *Correio do Brazil*, p.2, 25 out. 1872.
67 *Revista Illustrada*, p.7, 31 dez. 1876.
68 *O Globo*, p.3, 20 set. 1876.

Um indivíduo, qualquer que ele seja, depois de assistir a uma corrida de touros pela primeira vez, ou nunca mais lá torna ou não lhe escapa mais nenhuma.

A opinião pública a respeito deste espetáculo divide-se também em duas manifestações diametralmente opostas. Ou extrema direita ou radicais. Desconhece-se nesta questão os partidos de centro; ou a bandeira branca ou a vermelha!

Não há quem encolha os ombros numa questão desta ordem. Ou se clama em altas vozes que uma corrida de touros: – é um espetáculo imoral, sanguinolento, que corrompe os costumes de um povo, que lhe suscita instintos cruéis; ou então se proclama como uma diversão útil ao corpo e salutar ao espírito, como despertando pelo exercício ginástico, pela observação cuidadosa e exata do animal, toda a força de músculos, acentuando a energia do caráter. O homem que não treme em frente de um touro, que o espera, que luta com ele, que o vence, adquire uma altivez elegante no porte, e uma serenidade valente para as ocasiões difíceis da vida.

Ao desenvolvimento do corpo juntam os que se entregam a este exercício a coragem para afrontar o perigo.[69]

Entre os que defendiam a prática, havia desde argumentos mais nobres – como a contribuição para a formação de um homem mais bem preparado para enfrentar os desafios sociais, passando por questionamentos aos críticos –, já que seria um equívoco dizer que as corridas eram violentas, até alguns posicionamentos irônicos, como o que apresenta A. Gil:

E eu tenho um amigo que não vai às touradas, porque acha bárbaro esse divertimento, e como esse meu amigo há por aí ainda muita gente.

Relativamente ao touro, é com efeito uma barbaridade, mas, como eu acho menos cruel uma noite no xadrez, do que a pena de

---

69 *Gazeta de Notícias*, Folhetim, p.1, 6 mar. 1877.

morte, entendo que o touro também preferirá um par de farpas a ser imolado no matadouro.

E quem duvidar, pergunte a ele.[70]

Vale a pena, pela importância do personagem e por suas posições expressarem algo do que pensava um setor da sociedade de então, prospectar as posições de Machado de Assis sobre as touradas. Uma das possibilidades mais interessantes de suas crônicas, aliás, é permitir compreender como as elites urbanas em ascensão se posicionavam perante as mudanças socioculturais comuns no quartel final do século XIX.

Mesmo sendo crítico de alguns aspectos da modernidade, inclusive da aceleração da vida cotidiana e de certas correntes filosóficas que chegavam ao Brasil (incluindo o positivismo), suas posições não eram panfletárias. Machado preferia comentar, de forma irônica e com sutileza, certas novidades que se enraizavam no cotidiano. Sobre o literato, afirma Morse: "O essencial não é se Machado foi um conservador, ou um jornalista minucioso ou um espectador irônico, mas que ele teve sua própria visão coerente do espetáculo" (1995, p.212).

Pelo olhar atento de Machado não passaram despercebidas as iniciativas de recriar as touradas na segunda metade da década de 1870. Na verdade, sua posição pode ser compreendida a partir mesmo de seu olhar sobre o turfe, que por ele também não era admirado: "Eu sou obrigado a confessar que também lá não ponho os pés, em primeiro lugar porque os tenho moídos, em segundo lugar porque não gosto de ver correr cavalos nem touros. Eu gosto de ver correr o tempo e as coisas; só isso".[71]

Isso não impedia Machado de perceber que realmente as touradas "instalaram-se, tomaram pé, assentaram residência entre

---

70  *Revista Illustrada*, p.3, 16 fev. 1878.
71  *Illustração Brasileira*, p.1, 15 ago. 1876.

nós".[72] Seu olhar irônico questionava os termos próprios da prática, a idolatria a Frascuelo (por ele chamado de "coqueluche da cidade") e a qualidade dos touros: "Alguns parecem ser de antes do pecado original, quando no Paraíso, os lobos dormiam com os cordeiros, há quem suspeite que um deles é simplesmente pintado em papel; touro de Cosmorama".

Mais ainda, o literato traçou um paralelo entre as corridas e a política: "Outras corridas se preparam na rua da Misericórdia. Essas são mais animadas, os touros são mais bravos, os capinhas mais fortes. Se esta metáfora ainda não disse ao leitor que eu aludo à câmara temporária, então perca a esperança de entender de retórica, e passe bem".

Em algumas ocasiões, ele se posicionou mais claramente contrário às touradas. Em sua crônica de 15 de março de 1877, iniciada com uma autoironia ("Mais dia menos dia, demito-me deste lugar. Um historiador de quinzena, que passa os dias no fundo de um gabinete escuro e solitário, que não vai às touradas, às câmaras, à rua do Ouvidor, um historiador assim é um puro contador de histórias"), o literato afirma que não pode dizer exatamente o que se passou no touril pois lá não esteve: "Não sei se já disse alguma vez que prefiro comer o boi a vê-lo na praça. Não sou homem de touradas; e se é preciso dizer tudo, detesto-as".[73]

Para ele, não era necessário sequer comparecer a uma função para saber que não gostava daquele tipo de espetáculo, e o motivo para tal não era uma preocupação com os homens envolvidos, mas, sim, com o animal, "unicamente com o boi": "Eu sou sócio (sentimentalmente falando) de todas as sociedades protetoras dos animais. O primeiro homem que se lembrou de criar uma sociedade protetora dos animais lavrou um grande tento em favor da humanidade".

---

72 *Ilustração Brasileira*, p.1, 1 jan. 1877.
73 *Ilustração Brasileira*, p.1, 15 mar. 1877.

Quando comentou a primeira atividade organizada pelo Clube Tauromáquico, Machado se alinhou com os que suspeitavam da relação entre caridade e tourada. Sua desconfiança foi traduzida num suposto diálogo irônico:

> Conversava eu há dias com um amigo, grande amador de touradas, e homem de espírito, *s'il en fut.*
> – Não imagines que são touradas como as de Espanha. As de Espanha são bárbaras, cruéis. Estas não têm nada disso.
> – E entretanto...
> – Assim, por exemplo, nas corridas de Espanha é uso matar o touro... Nesta não se mata o touro; irrita-se, ataca-se, esquiva-se, mas não se mata...
> – Ah! Na Espanha, mata-se?
> – Mata-se... E isso é que é bonito! Isso é que é comoção!...
> Entenderam a chave da anedota? No fundo de cada amador de tourada inocente, há um amador de tourada espanhola. Começa-se por gostar de ver irritar o touro, e acaba-se gostando de o ver matar.[74]

Não pensemos, contudo, que a posição do literato era unidimensional. As touradas o incomodavam, mas também via ao seu redor algum grau de legitimidade. Sua crônica publicada em *O Cruzeiro* é exemplar desse posicionamento.[75] Machado sabia que o tema dividia a cidade ("Uns devotos riem, enquanto outros devotos choram"), e que o hábito tinha a ver com o próprio desenvolvimento da capital. Lembra que não era exatamente uma novidade: "Uma civilização imberbe não tolera melhoramentos de certo porte. Cada fruto tem a sua sazão. O circo desapareceu, mas a semente ficou, e germinou, e brotou e cresceu, e fez-se a magnífica árvore [...]".

---

74 *Illustração Brasileira*, p.1, 15 mar. 1877.
75 *O Cruzeiro*, p.1, 16 jun. 1878.

Machado até reconhece que devem preponderar os prazeres intelectuais, cujo maior exemplo seria o desenvolvimento do teatro, mas percebe que "as línguas e os costumes modificam-se com as instituições", sugerindo que num regime "menos exclusivo, essencialmente democrático, a arte teve de vulgarizar-se". Ou seja, ainda que reiterasse não gostar da prática, chegava a aventar que "farpear um touro ou esculpir o Moisés é o mesmo fato intelectual: só difere a matéria e o instrumento". Assim, constata:

> Faltavam-nos os touros. Os touros vieram, e com eles toda a fraseologia, a nova, a elegante, a longa fraseologia tauromáquica; enfim, veio o bandarilheiro Pontes. Não tive a honra de ver este cavalheiro, que os doutores da instituição proclamam artista de alta escala; mas ele pertence ao número das coisas, em que eu creio sem ver, digo mais, das coisas, em que eu tanto mais creio, quando menos avisto.

Em crônica posterior, ao comentar a tentativa de organização do Clube Tauromáquico, uma vez mais fazendo uma comparação com o teatro e lembrando que não era mesmo apreciador da prática, chegou a defender que a sociedade "precisa de um forte abalo muscular, precisa de repousar os olhos num espetáculo higiênico, deleitoso e instrutivo. Nem vejo motivo para que adotado o cavalo no Prado Fluminense, não se adote o boi em qualquer outro sítio".[76] Machado brincou com a possível recepção de seu posicionamento: "Já daqui estou a ver franzidas as sobrancelhas liberais do leitor, não mais liberais do que as minhas, que o são, e de bom cabelo; mas enfim, pode-se ser liberal e justo. Uma coisa implica a outra".

Como vimos no capítulo anterior, o contraponto entre teatro e corridas de touros já vinha ocorrendo havia algum tempo. O anônimo que assinou como Hermes observou que, enquanto as casas teatrais não andavam bem, "divertimentos bárbaros" iam se conso-

---

76 *O Cruzeiro*, p.1, 21 jul. 1878.

lidando. Para ele, as touradas nada mais seriam do que um bando de pseudoartistas maltratando animais, rogando, por isso, que o chefe de polícia fiscalizasse as funções.[77]

Em torno desse debate havia uma compreensão acerca de um certo perfil de público educado que não se ajustava às corridas. Junio,[78] na *Revista Illustrada*, bem identificou essa tensão:

> Não sei se os leitores da Revista são tão sensíveis que tenham horror à tourada.
>
> Se não são, alegrem-se, porque brevemente teremos mais essa distração entre nós... Os jornais líricos podem desde já ir clamando contra a barbaridade...
>
> Eu estou ansioso por ver uma boa pega de frente. As de sarneia, – nem por isso.
>
> São pegas à falsa fé.[79]

Continuava-se a cobrar um comportamento adequado do público, e persistia, para alguns, a ideia de que nos redondéis isso nunca era observado. Ao comentar as posturas de algumas "senhoras" que, numa sessão do Circo Chiarini (a família estava de volta ao Rio de Janeiro) fizeram gestos e pronunciaram palavras que "ofendem a moralidade pública", comentou um cronista: "Nem mesmo que o circo fosse uma praça de touros, se devia consentir naquilo".[80]

Por sua vez, o público continuava denunciando que a polícia extrapolava suas funções. Um leitor indignado criticou o comportamento de um agente e do subdelegado que expulsaram do redondel um assistente simplesmente por falar alto com outra pessoa, um ato injustificado, a seu ver.[81] O clima turbulento, por vezes, encorajava ações como a do catraieiro José Joaquim da Conceição, que

77  *O Repórter*, p.3, 7 ago. 1879.
78  Junio era um dos pseudônimos de José Ribeiro Dantas Júnior.
79  *Revista Illustrada*, p.7, 5 jan. 1878.
80  *Gazeta de Notícias*, p.1, 15 fev. 1876.
81  *A Reforma*, p.3, 20 fev. 1877.

enfrentou os policiais e foi preso por posturas inadequadas e insulto às autoridades.[82]

Em meio a essas tensões, já vimos que não fora concedida a licença para o funcionamento do Clube Tauromáquico. No final de 1879, também foram rejeitadas para Francisco Pontes promover as corridas que já havia três anos vinham se realizando na cidade com frequência.

Essa decisão surpreendeu muita gente, e não foram poucas as contestações. Um cronista da *Gazeta de Notícias* atacou o que entendia ser uma injustiça, sem deixar de fazer uma ressalva: "Não sou apaixonado por corridas de touros, nem pertenço ao número daqueles que advogam essa causa em nome do melhoramento da raça (dos bois), nem como exercício e espetáculo de bravura (dos homens)".[83]

Para ele, havia de cara um problema sério. A princípio a licença estava concedida desde novembro de 1878 até abril de 1879, o que motivou Pontes a contratar pessoal em Lisboa e investir muitos recursos para oferecer bons espetáculos. Não parecia justo que fosse cassado o seu direito de promover as corridas exatamente quando anunciara a primeira função.

Para o cronista, era absurdo a polícia se meter em assuntos privados e não se justificava a acusação de que se tratava de uma atividade bárbara. Uma vez mais marcava a diferença entre as violentas touradas espanholas e as que, no Brasil, eram oferecidas à moda portuguesa: "Não há o espetáculo repugnante do sangue derramado e dos animais mortos, e o perigo dos artistas é quando muito igual aos dos jóqueis ou antes aos dos acrobatas. Em diversas corridas de touros que têm havido aqui nunca se deu um desastre".

Assim, até para que se cumprisse o que fora antes acordado, não deixando os investidores em dificuldade, sugeriu que pelo menos se cumprisse o prazo anterior; ou então que se restituísse aos promotores o capital empregado.

---

82 *Gazeta de Notícias*, p.2, 18 fev. 1878.
83 *Gazeta de Notícias*, Folhetim, p.1, 14 dez. 1879.

Desde abril fora concedido ao chefe de polícia da Corte a prerrogativa de se posicionar antes de a Câmara conceder a licença para divertimentos públicos, sobretudo para aqueles que supostamente pudessem interferir na tranquilidade pública. Tratava-se de um momento de grande turbulência nas ruas, cujo maior símbolo foi o Motim do Vintém. Também no cenário político a população passava a ser mais ativa (Graham, 1991).

Nessa mesma ocasião, Caetano Augusto Rodriguez pediu autorização para instalar uma praça de touros em Santa Cruz, zona oeste da cidade.[84] De novo a licença foi negada. Não havia jeito. Depois de um bom período de funcionamento, a decisão de um chefe de polícia, que obviamente dialogava com certos sentidos e significados do momento histórico, interrompeu a promoção de touradas no Rio de Janeiro.

## Uma nova (e breve) retomada

Com a proibição da realização das touradas no Rio de Janeiro, Pontes e sua companhia se exibiram em outros países e cidades do Brasil. Na capital do Império, o tema só aparecia em algumas peças cômicas. Em 1882, no Polytheama Fluminense, novo nome do antigo Theatro Circo, localizado na rua do Lavradio, uma companhia espanhola apresentou *Pepe Hillo nos touros*, sendo o terceiro ato uma recriação das corridas.

Apenas em maio de 1883 as corridas de touro seriam retomadas no Rio de Janeiro. Uma nova praça foi construída na rua Senador Vergueiro, e embora bastante simples, parecia confortável, com as tribunas divididas em camarotes e arquibancadas de sol e de sombra. Reforçava-se a relação da zona sul com a prática, conforme discutimos no caso da arena da rua Marquês de Abrantes.

---

84 *Gazeta de Notícias*, p.2, 21 abr. 1879.

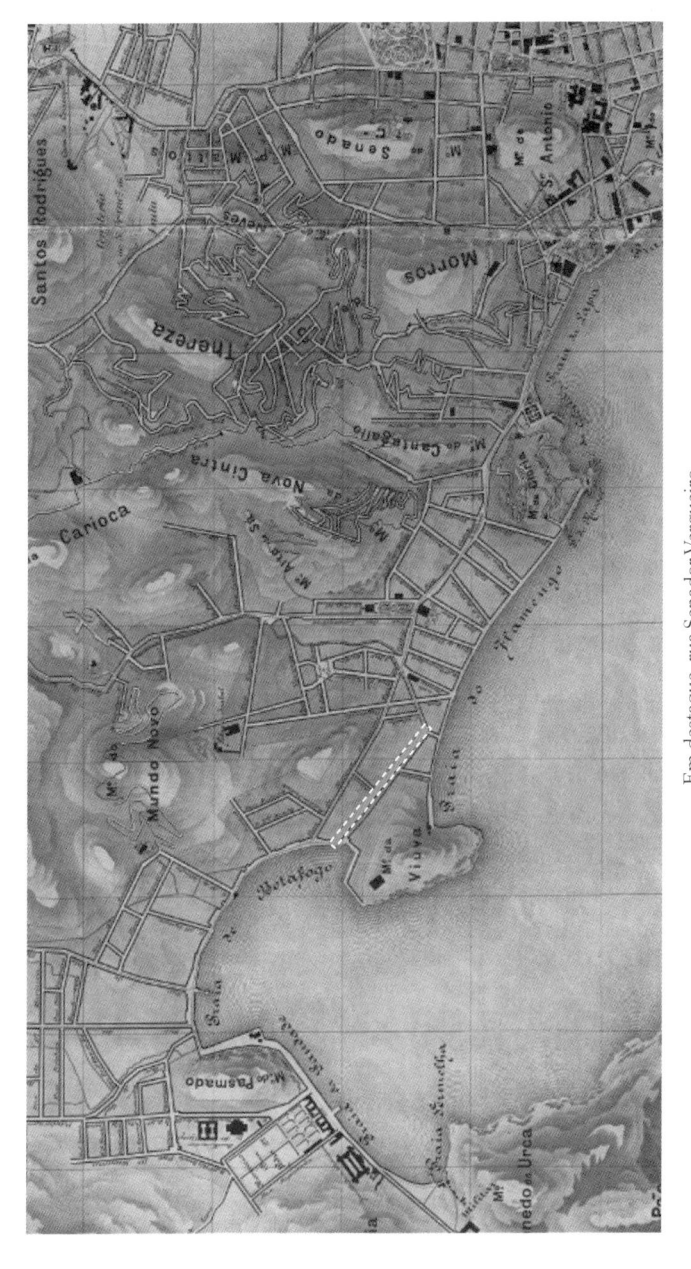

Em destaque, rua Senador Vergueiro
Planta da cidade do Rio de Janeiro e de uma parte dos suburbios
Maschek, E.; entre 1885 e 1905
Acervo Fundação Biblioteca Nacional

Antigos personagens estavam envolvidos com a iniciativa. Pontes era o diretor da companhia tauromáquica (cujo proprietário era Henrique José Duarte), e Manuel Ribeiro, o diretor do espetáculo. Mesmo os amadores eram velhos conhecidos, como João Lisboa e João Miller.

Na sessão inaugural, mais de mil pessoas estiveram presentes, incluindo personagens da alta sociedade carioca. Para um jornalista: "A concorrência de ontem e a animação que houve em toda a corrida são uma prova de quanto é popular e atraente o divertimento de que damos conta".[85] A imprensa, aliás, mesmo depois de anos sem atividades, descrevia o espetáculo de maneira positiva, inclusive do ponto de vista técnico.

Eventuais inovações, como de praxe, foram introduzidas, como provas com búfalos. Além disso, tornaram-se usuais na programação desafios de montar cavalos bravios, nos moldes que lembram os rodeios de hoje. Na verdade, a praça abrigou outros espetáculos e exibições de caráter mais circense. Até mesmo corridas de cavalos, com formato diferente dos páreos de turfe, foram promovidas na arena.[86]

Vale ainda destacar a realização de uma luta entre um dos mais famosos forcados, José Bode, e um urso branco, uma atração que foi muito criticada por parecer "pouco civilizada".[87] Chegou a haver uma sessão na qual se mesclaram várias atrações: exercícios ginásticos e acrobáticos, um touro lidado por um cavalheiro montado em um elefante, pantomina e ascensão.[88]

José do Egypto (Valentim Magalhães) foi um dos primeiros a repercutirem esse novo momento. Narrando o envolvimento (ou a falta de envolvimento) dos monarcas de Brasil e Portugal com as corridas de touros, o autor adotou uma postura de equilíbrio:

---

85  *Gazeta de Notícias*, p.2, 14 maio 1883.
86  Eram somente dois cavaleiros, em sentidos opostos, dando a volta no círculo interno.
87  *A Folha Nova*, p.4, 3 nov. 1883.
88  *Gazeta da Tarde*, p.4, 17 nov. 1883.

"A tourada não é dos divertimentos mais humanos; todavia, é dos mais estimados, e tanto basta para recomendá-lo".[89] Não sabia dizer se já era um hábito da sociedade, mas considerava inegável seu sucesso, pois poucos não eram os que compareciam aos eventos. Para ele, "a tourada vai-se decididamente nacionalizando!".

Egypto fez questão de destacar o que para ele era um dos indicadores de sucesso e sinal de que a prática não era lá tão bárbara – a ampla presença feminina: "As virgens tímidas, muito enfeitadas de plumas, perfumadas de spina-rosa, entremostravam os alvíssimos dentes nas gargalhadas de gosto, ao verem os bandarilheiros impávidos cravarem os implacáveis ferros... de pau, no pobre lombo dos mártires...". Elas participavam ativamente do espetáculo, inclusive atirando flores e presentes aos toureiros de maior destaque.

Esse também era um dos argumentos de J. D.: "Eu começo a notar na praça do Caminho-Velho mais de uma constante amadora. Algumas, como a sra. M. G., as jovens S., a sra. R. e outras, são infalíveis".[90] Para ele, não havia dúvida: "Os sentimentais não têm razão... A tauromaquia vai conquistando os foros de passatempo elegante e agradável". O cronista, assim, contestou os contrários à prática: "E o Rio de Janeiro prefere ser divertido a ser catequizado. Os filósofos perdem, portanto, o seu tempo – e o seu latim. De mais, eu confesso, ainda não sei qual dos dois animais eles defendem, quando apregoam a barbaridade dessa luta do homem com o touro".

Assim como nas temporadas anteriores, houve uma prova com uma mulher toureira: Maria S. F. Villaça tomou parte nas corridas de 12 de agosto de 1883. Para a *Gazeta de Notícias*, foi uma das grandes atrações do dia, embora, segundo a imprensa, não tenha apresentado um bom desempenho, notadamente em função da qualidade dos animais. Além disso, para o cronista, usava vestes muito coloridas, que poderiam "servir para qualquer baile à

89 *Gazeta de Notícias*, p.2, 4 jun. 1883.
90 *A Estação*, p.157, 31 jul. 1883.

fantasia".[91] Persistiam as estranhezas com a presença feminina nas arenas.

Muitos foram os que celebraram a volta das corridas de touros, sempre narrando com entusiasmo as provas e observando a grande presença de público: "Ora graças a Deus que vamos finalmente ver touros – de palanque. O dia está belo, o céu azul, e o sol despede as suas flechas e venábulos com uma generosidade que alcança até aos próprios camarotes da sombra!".[92]

O articulista que assina K. Pinha ironizou o fato de as corridas de cavalos e de touros terem se tornado o mais aguardado acontecimento da cidade: "Além destas, temos, uma ou outra vez, a corrida mútua dos vereadores a murro, e é raro o dia em que se não assiste pelas ruas alguma corrida de burgueses – a pau".[93]

*A los toros!* [aos touros!]: essa passou a ser uma expressão comum na boca de muita gente, reproduzida comumente pelos jornais. De toda forma, houve mesmo corridas menos entusiasmantes. K. Pinha, ao comentar uma dessas ocasiões, ironizou a mansidão dos touros. Segundo ele, considerando que a companhia de Pontes era formada por portugueses: "Essa bondade tão cabalmente manifestada pelo gado taurino vem provar mais uma vez, de uma maneira incontestável, os sentimentos de hospitalidade que os estrangeiros encontram no nosso país".[94]

Não tardaria o restabelecimento da antiga relação entre touradas e caridade, a partir de então com um cunho político mais pronunciado. Em 13 de junho de 1883, Pontes, elogiado pelo "coração generoso que tanto se tem distinguido em ações nobres",[95] entregou à Confederação Abolicionista (entidade que reunia as agremiações abolicionistas do Brasil) uma quantia a ser destinada à libertação de escravos.

---

91  *Gazeta de Notícias*, p.1, 13 ago. 1883.
92  *Revista Illustrada*, p.3, 9 jun. 1883.
93  *O Mequetrefe*, p.6, 10 jun. 1883.
94  *O Mequetrefe*, p.3, 31 jul. 1883.
95  *Gazeta da Tarde*, p.2, 25 jun. 1883.

Ficou ainda acordado o oferecimento de uma sessão de corridas com a renda revertida para a causa. A Gazeta da Tarde assim se pronunciou frente a tal atitude: "Soldados da bandeira da Redenção, agradecemos por nós ao toureiro ilustre, que faz das suas farpas setas de luz, que vão levar o conforto e a liberdade à noite da escravidão".[96]

Para o dia 29 de junho foi marcada a prometida "Festa da Liberdade", em homenagem a São Pedro e com renda dedicada à Confederação Abolicionista. Curioso é o comentário da *Gazeta da Tarde*, na coluna "A Los Toros": "Cada farpa que caía no dorso de um touro era aureolada pelas lágrimas agradecidas dos escravos".[97] Os defensores da prática não perdiam oportunidade de exaltá-la.

Mesmo touradas mais informais, feitas eventualmente por amadores em comemoração a alguma data festiva, como a que foi promovida pelo barão da Taquara, costumeiro fornecedor de touros para as corridas da praça da rua Senador Vergueiro, passaram a adquirir esse caráter beneficente. Nessa ocasião, foi concedida uma carta de liberdade a um escravo.[98]

Muito destaque também foi dado a uma tourada promovida em benefício do Liceu Literário Português, na qual se envolveram, na comissão de organização, algumas conhecidas mulheres da sociedade carioca: Isabel Gonçalves Roque Pinho (casada com o já citado José João Martins de Pinho), Rachel Georgina Haddock Lobo (filha do notório médico e político Roberto Jorge Haddock Lobo), Sophia Emilia Moreira (filha do fazendeiro e comendador José Antônio Moreira Filho) e Júlia Labourdonnay Gonçalves Roque (viscondessa de Sistelo).[99] O resultado foi celebrado, o público lotou o redondel, rendendo à instituição 2:322$000.

A empolgação com a prática era de tal ordem que se deu a iniciativa de recriação do Clube Tauromáquico. Em novembro de 1883,

---

96 *Gazeta da Tarde*, p.2, 25 jun. 1883.
97 *Gazeta da Tarde*, p.1, 30 jun. 1883.
98 *Gazeta de Notícias*, p.1, 14 ago. 1883.
99 *Gazeta de Notícias*, p.2, 5 jul. 1883.

os sócios fizeram vários ensaios na praça de touros e elegeram uma diretoria definitiva. Desta vez, os estatutos do clube foram aprovados e publicados na *Gazeta de Notícias*.[100] Pelo documento, podemos prospectar um pouco mais do perfil da iniciativa.

Os objetivos anunciados demonstram não só o perfil dos envolvidos, como também certas estratégias utilizadas para responder às críticas à inadequação das touradas. O primeiro fim estabelecido foi o de contribuir para o aperfeiçoamento do gado nacional: um velho argumento que envolvia a prática com os interesses comerciais da nação. O segundo intuito era a realização de duas corridas anuais, uma delas de caráter beneficente, reforçando uma imagem que havia muito vinha sendo construída. O terceiro fim se articulava com o primeiro: estabelecia um prêmio para criadores. Por último, uma meta interna: construir uma arena e um local de criação de touros.

Salta aos olhos o estabelecimento de um número máximo de associados: duzentos. É provável que a agremiação nem sequer chegasse a ter tantos membros, mas é importante registrar a iniciativa de restrição. Os mecanismos de admissão de sócios cruzavam critérios morais e econômicos. O clube se encontrava muito bem estruturado e organizado, contando, na diretoria, com importantes personagens da política e da economia do Império. Todavia, por motivos que não conseguimos prospectar, a agremiação não foi adiante.

Depois de um breve intervalo, em junho de 1884 o onipresente Francisco Pontes inaugurou mais uma temporada em uma nova praça construída na rua Visconde de Itaúna.[101] As touradas voltavam para a região central, nas redondezas do Campo de Santana. O anúncio que convidava para a inauguração enfatizava que o local era facilmente acessível por bondes das Companhias de São Cristóvão, Vila Isabel e Carris Urbano.

---

100 *Gazeta de Notícias*, p.4, 18 nov. 1883.
101 Essa rua já não mais existe em função da construção da avenida Presidente Vargas.

Como de costume, cada vez que recomeçavam as corridas, ressurgiam os debates. Um cronista da *Gazeta da Tarde*, por exemplo, criticou a prova de curiosos por não ver nessas ocasiões a manifestação da arte tauromáquica. De todo modo, achava uma perda de tempo discutir a violência do espetáculo, já que – de novo o velho argumento – era realizado à moda portuguesa.

Mais ainda, articulou um argumento político contextual: "Compreende-se que elas se proíbam em países onde há proteção para os animais; mas entre nós, onde não há essa proteção, nem para os homens, como sucede com os escravos, seria ridículo tal ostentação hipócrita de humanidade".[102] Ainda assim, não aceitava a ideia de que a prática poderia contribuir para o desenvolvimento da raça bovina: "É princípio capital em zootecnia fazer desaparecer a ferocidade natural nos animais, cujas raças pretendem melhorar [...]. Este argumento do colega peca por antieconômico e anticientífico".

Já o cronista de *O Mequetrefe* que assinava como "Eloy, o Herói"[103] tem um posicionamento explicitamente contrário. Tendo ganhado ingresso para comparecer a uma função, agradeceu a Pontes, mas pediu que fosse dispensado, já que: "A redação atual do *Mequetrefe* é implacavelmente adversa a corridas de touros, e não deseja de modo algum concorrer para que esse bárbaro divertimento logre introduzir-se nos nossos usos e costumes".[104]

Para ele, nenhum país civilizado tinha touradas. No caso de Portugal e Espanha, era um sinal de atraso. A prática, felizmente, não estaria na índole do brasileiro. No olhar do cronista, até mesmo os touros nacionais "são animais de uma prudência, de uma modéstia e de um bom senso admiráveis; eles têm plena convicção de que vieram ao mundo para ser comidos e não farpeados".

---

102 *Gazeta da Tarde*, p.2, 13 jun. 1884.
103 "Eloy, o Herói" era um dos pseudônimos de Arthur Azevedo. Nos próximos capítulos, a relação desse importante literato com as touradas será mais bem abordada. Para uma discussão sobre a presença do esporte em sua obra, ver Melo (2012).
104 *O Mequetrefe*, p.6, 20 jun. 1884.

Argumentos contrários, de forma mais direta e contundente, foram apresentados no *Diario do Brazil*: "Nós, no caso do polícia, não consentiríamos aquele bárbaro divertimento, se se pode chamar divertimento àquilo que lá se pratica".[105] Foi o periódico que até então mais cobrou uma ação enérgica: "Para domingo está anunciada uma tourada nos fundos da cocheira da Cidade Nova. Não cansaremos de perguntar à polícia porque continua a consentir aquele bárbaro e repugnante divertimento".[106] Tratava-se de um claro discurso sustentado em uma ideia de civilização, aquela que vinha de Paris e que devia substituir antigos e antiquados símbolos.

Assim, a despeito de seu sucesso e de serem defendidas por muitos, sobre as touradas sempre pairavam ameaças de proibição. Em sessão ordinária da Câmara, realizada em 26 de junho de 1884, comunicou-se que, uma vez mais, não se concederiam licenças para as touradas, sendo solicitado à polícia que fossem tomadas as devidas providências.

Os jornais logo repercutiram a decisão. Celebrando o que considerou uma das melhores touradas até então realizadas na cidade, promovidas em 29 de junho, lamentou um cronista da *Revista Illustrada*:

> Com efeito, a tourada de domingo vai ficar célebre ainda pela circunstância de ser a última tourada do Rio de Janeiro. Pois é esta a vontade do Alto, segundo se diz.
>
> Eu não acreditarei que S. M. o imperador desça a ocupar-se de touros e touradas; e seria ainda singular que esperasse tanto tempo para manifestar a sua antipatia por divertimento que tantas vezes foi explorado no Rio de Janeiro.[107]

Para o cronista, parecia absurdo terem autorizado a construção do redondel e depois proibirem sua função principal. De fato,

---

105 *Diario do Brazil*, p.2, 12 jul. 1884.
106 *Diario do Brazil*, p.2, 18 jul. 1884.
107 *Revista Illustrada*, p.3, 30 jun. 1884.

Pontes investia um capital significativo para importar touros, que vinham diretamente de grandes criadores de Portugal, e contratar uma equipe de toureiros.[108] A *Gazeta de Notícias* também saiu em defesa da prática, esgrimindo os argumentos de sempre.

Francisco Pontes, que já fora antes surpreendido com decisões semelhantes, intercedeu junto à polícia da Corte[109]:

Constando de expediente do *Jornal do Commercio* de 28 de junho último ter a Ilma. Câmara resolvido não conceder licença para touradas, rogo a V. Ex. de conceder-me cópia dessa deliberação a fim de que possa dirigir-me relativamente às solicitações que possa ter para esse gênero de divertimento. Outrossim, rogo a V. Ex. se digne declarar-me se antes da aludida deliberação houve no correr do ano p. p. alguma licença para touradas e que estejam em vigor.

Nessa mesma data, solicitou "que lhe seja concedida a licença para efetuar e continuar a dar espetáculos tauromáquicos na praça da rua Visconde de Itaúna n. 73, visto ter tido já licença a construção da referida praça".[110] Ao fim, foi dada a autorização para a realização das corridas até o fim do ano. Pairou em todo o período a expectativa de fim, alguns o celebrando, outros lamentando.

Em 16 de novembro, foi promovida, a título de despedida de Pontes, a última atividade da arena da Visconde de Itaúna. Foram organizadas, além das corridas de touros, uma exibição de um artista que enfrentava o fogo e uma corrida a pé de mil metros, disputada entre Henrique Freitas e Gervasio de Sá Carneiro.

---

108 *Gazeta de Notícias*, p.3, 19 out. 1884. Ficamos sabendo que um capinha, nessa altura, recebia 40$000 por tourada.

109 Arquivo Geral da Cidade do Rio de Janeiro. Guia de Fundos, volume III. Diversões públicas: pedidos de licença 1870-1899. Código de identificação: 42.3.19. Secretaria da Polícia da Corte. Rio de Janeiro, 3 jul. 1884.

110 Arquivo Geral da Cidade do Rio de Janeiro. Guia de Fundos, volume III. Diversões públicas: pedidos de licença 1870-1899. Código de identificação: 42.3.19. Secretaria da Polícia da Corte. Rio de Janeiro, 3 jul. 1884.

Em janeiro de 1885, uma notícia nos jornais deu conta do definitivo fim da arena:

> Praça de touros
> Rua Visconde de Itaúna 73
> Vende-se grande quantidade de madeira, a saber: cancela, forro, couçoeiras de Riga, mourões e muitas outras madeiras já pintadas e balaústres, próprios para coretos, para as festas de Carnaval e arraiais [...].[111]

Uma vez mais estavam suspensas as touradas na capital do Império.

## Às vésperas da República: finalmente esporte

Percebe-se ao redor das touradas um incrível quadro de cruzamento de referências. De um lado, por seu passado, era um espetáculo profundamente ligado à monarquia. Mas o imperador brasileiro, sempre aspirando a representar a si mesmo e ao país que governava como adepto da ideia de civilização, não apoiava a iniciativa, jamais tendo comparecido a alguma atividade. Com isso, não somente marcava sua sensibilidade distinta, reforçando a ideia de que tentava promover o progresso da nação, como também buscava se afastar de referências coloniais: ainda que tivesse algum grau de relação com Portugal, isso era distinto do que marcara a trajetória de seu pai, Pedro I.

Esse, aliás, é outro traço da trajetória das corridas em terras cariocas: elas jamais deixaram de ser uma lembrança do antigo colonizador, algo que se acentuava com os debates sobre sua adequação, ocasiões em que a moda portuguesa era contrastada com a espanhola. Era, assim, para alguns, presença incômoda não só por

---

111 *O Paiz*, p.4, 31 jan. 1885.

sua inadequação civilizacional, mas também porque lembrava algo que deveria ser definitivamente superado.

Além disso, de um lado, as touradas eram uma prática profundamente ligada aos costumes da aristocracia, mais afeitas a uma urbe pequena, cercada por referências ao mundo rural, como era o Rio de Janeiro notadamente até os anos 1850. O crescimento da zona urbana e o surgimento de um maior e mais influente setor empresarial, aliados às mudanças de mentalidade em curso, poderiam ter decretado sua extinção. Não foi o que ocorreu.

Aliás, até mesmo um setor da burguesia nacional se aproximou das corridas de touros e delas fez uso para divulgar suas bandeiras (como o abolicionismo). Mais ainda, argumentou-se sobre sua importância na preparação de um cidadão mais ativo e disposto a defender a nação, um debate que se cruzava com outras exigências sociais do momento.

A República estava por vir, e os discursos de mudança que pairavam em torno disso talvez, finalmente, viessem a tornar idiossincráticas as touradas, apontando seu fim... ou talvez não... de fato, não mesmo.

Em 1885, Pontes se deslocou para Niterói, capital da província do Rio de Janeiro, para lá promover seus espetáculos, além de viajar com sua trupe por outras cidades do país. De fato, em muitos municípios as touradas já vinham sendo organizadas: São Paulo, Porto Alegre, Recife, Salvador, Campos, alguns de Minas Gerais, entre outros.

Sabemos que, em 1886, a antiga arena da Marquês de Abrantes continuava a ser uma lembrança. O espaço, apresentado como "antiga praça de touros", contudo, fora incorporado aos jardins do Grande Hotel e servia para eventuais exibições, como a de Esteban Martinez, apresentado como aeronauta, ginasta e equilibrista.[112] Nada de corridas.

Francisco Pontes não desistia. A *Gazeta de Notícias* anunciou que, como as autoridades proibiram as corridas, preparava-se, para

---

112 *Gazeta da Tarde*, p.2, 11 fev. 1886.

21 de março de 1886, uma apresentação em seu benefício no velho Polytheama Fluminense (o antigo Theatro Circo). Menos de um mês depois, o mesmo se repetiu no Theatro Phenix Nictheroyense.

Foi só mesmo em 1888 que as touradas voltaram a realizar-se na cidade: velhos personagens, antigos modelos. Francisco Pontes alugou o Polytheama Fluminense, o reformou e o adaptou ao divertimento. O dono da companhia era o já citado Henrique José Duarte. Os touros eram do barão da Taquara. O afluxo de público foi notável, grande foi o interesse. E a saudação, a usual: "Aos touros! Aos touros!".

A dinâmica de corridas era a mesma. Sessões beneficentes voltaram a ser organizadas. Inovações introduzidas. Novamente uma toureira debutou nas arenas: a "destemida" paulista Anna Angellica, apresentada como o "cúmulo do arrojo feminino".[113] Desta vez foi elogiada sua performance, ao contrário das outras ocasiões. Ressurgiu o mesmo o debate sobre a adequação ou não da prática.

A partir de maio, uma novidade merece ser registrada. Em *O Paiz*, as corridas passam a ser noticiadas no subitem "Sport" da coluna "Diversões". Pode parecer uma mera mudança retórica, uma simples estratégia jornalística, uma boba coincidência. Devemos, contudo, considerar que, como vimos no decorrer deste capítulo, as touradas vinham se aproximando do modelo e dos discursos do esporte.

A chegada da República não significou, pelo menos a princípio, o fim das touradas. Em vez disso, nas suas duas primeiras décadas, as corridas chegariam ao seu auge na cidade. É o que veremos no próximo capítulo.

---

113 *Diário de Notícias*, p.4, 20 abr. 1888.

# 4
## AS TOURADAS NO DISTRITO FEDERAL
## (1890-1908)

*Paulo Donadio*

Os primeiros anos da República assistiram a uma época de ouro das touradas no Rio de Janeiro. No intervalo entre a instalação do novo regime, em 1889, e a realização da exposição comemorativa do centenário da abertura dos portos, em 1908, as praças cariocas abrigaram mais touradas do que durante todo o Império.[1] Nesse período, não houve um ano sequer sem que se promovessem corridas de touros no Distrito Federal. Assim, a oferta de espetáculos tauromáquicos adquiriu regularidade nas praças cariocas, estabelecendo-se entre os divertimentos frequentemente demandados pelo público local.

O auge das touradas no Rio de Janeiro coincidiu com uma acelerada expansão demográfica. Entre 1872 e 1906, o número de habitantes da cidade quase triplicou.[2] Boa parte desse crescimento se deveu à imigração europeia, estimulada pela substituição do trabalho escravo pelo assalariado. E entre os recém-chegados se destacavam os portugueses, a maioria deles destinada a se fixar em

---

1 Foram 284 touradas no período republicano, contra 180 no período imperial. Esses números não incluem dezenas de touradas realizadas em Niterói entre 1890 e 1908.

2 A população da cidade pulou de 274.972, em 1872, para 522.651, em 1890, e subiu para 805.335, em 1906 (Abreu, 1997, p.55, 67).

ocupações urbanas. Em 1890, cerca de 20% dos moradores do Rio eram nascidos em Portugal e pelo menos outros 30% eram filhos de portugueses.[3]

Essas levas de imigrantes certamente contribuíram para o desenvolvimento do gosto pela tauromaquia no Rio de Janeiro. Ao mesmo tempo, a cidade passou a receber a visita de companhias de toureiros consagrados na Europa e, junto com eles, também começaram a chegar touros importados diretamente de Portugal, graças à melhoria das condições do transporte transatlântico.

O Rio de Janeiro dessa época passava por uma vasta transformação material. A introdução da eletricidade, os motores, o desenvolvimento da mecânica, a química industrial, os avanços da medicina e outras mudanças tecnológicas tiveram forte impacto na vida das pessoas. As epidemias que grassavam na cidade começaram a ser controladas com maior eficácia. Medidas de saneamento foram implementadas, culminando numa grande reforma urbana. A iluminação pública melhorou, e os meios de transporte ficaram mais rápidos e acessíveis. Surgiram novos divertimentos, como a bicicleta, o fonógrafo e o cinematógrafo. O advento da aviação assombrava o mundo: os cidadãos, acostumados a presenciar a ascensão de balões no Distrito Federal, passaram a acompanhar pelos jornais os êxitos de Santos Dumont na França. A própria imprensa se transformava: no começo do século XX, os leitores cariocas já podiam encontrar nas folhas ilustradas, como a *Revista da Semana*, fotografias de toureiros que se apresentavam na capital (Barraclough, 1983, p.45; Weber, 1988, p.69-105; Centro da Memória da Eletricidade, 2001, p.75, 86, 129; Renault, 1978, p.46, 83; Carvalho, 1987, p.93-95; Abreu, 1997, p.59-63).

As touradas também atravessaram conjunturas de instabilidade política que perturbaram o cotidiano da cidade. Funcionaram, ainda que esparsamente, nos tempos iniciais da República, marca-

---

3 De uma população de 522.651 habitantes, 106.461 eram portugueses de nascimento e 161.203 eram brasileiros filhos de pai ou mãe portugueses (Lessa, 2002, p.27). Ver também Klein (1993, p.238), Lobo (2001, p.18-24) e Ribeiro (1990).

dos por dissensões entre os Estados, lutas entre governantes, divergências entre militares e ameaças de guerra civil que resultaram na renúncia de Deodoro. Resistiram à gestão de Floriano Peixoto, num período caracterizado pelo medo da restauração da monarquia, pela Revolução Federalista no Rio Grande do Sul e pela Revolta da Armada que, em 1893, pôs em risco a integridade física da capital. Ganharam importância durante o governo Prudente de Moraes, quando a ordem pública ainda foi desafiada pela Guerra de Canudos, na Bahia, e pela insubordinação da Escola Militar, no Distrito Federal. Mantiveram-se em cartaz durante o mandato de Campos Salles e, no governo seguinte, mal encerrado o episódio da Revolta da Vacina, retornaram com toda a força (Souza, 1977; Fausto, 2006, p.46-53; Lessa, [s.d.], p.99-118).

Em contraste com o regime anterior, as touradas foram relativamente prestigiadas pelos governantes republicanos. Houve, a respeito dos touros, uma verdadeira inversão de papéis entre monarquia e república. Se, como vimos nos capítulos anteriores, Pedro II detestava a tauromaquia e se negava a incorporá-la, como era de se esperar, aos rituais do reinado (de resto muito acanhados, pelo estilo pouco festivo do próprio imperador), seus sucessores tendiam a manter uma atitude diferente. Os primeiros presidentes do Brasil não ameaçaram as touradas de proibição e alguns até mesmo manifestaram simpatia, embora não chegassem a utilizá-las como espaço político de contato com o povo, como era praxe entre os reis de Espanha e Portugal (Barreto, 1970, p.28-46).

Em janeiro de 1891, o anúncio da quarta corrida da temporada prometia que a festa seria "honrada com a presença do generalíssimo chefe do governo provisório".[4] Ainda que não tenha comparecido, estava claro para os contemporâneos que Deodoro não nutria nenhuma antipatia pelas touradas. Seu sucessor certamente não partilhava desse sentimento amistoso por um divertimento típico

---

4  *O Paiz*, Grande Praça de Touros, p.6, 8 jan. 1891. Os periódicos referidos neste capítulo foram publicados na cidade do Rio de Janeiro, salvo indicação de outra cidade.

da tradição portuguesa. Identificado com o movimento jacobino (Carvalho, 1987, p.23), de caráter antimonarquista e antilusitano, Floriano Peixoto chegou a romper relações com Portugal, em 1894 (Lobo, 2001, p.26). No ano seguinte, porém, o novo presidente, Prudente de Moraes, reatou os laços diplomáticos com a ex-metrópole e teve oportunidade de demonstrar, ao menos formalmente, simpatia pelo espetáculo taurino. Seu governo, através das esposas de autoridades de primeiro escalão, anunciou, em outubro de 1897, a organização de uma tourada cujo produto arrecadado seria "destinado às famílias das praças de pré, mortas em combate nos sertões da Bahia" contra os revoltosos de Antônio Conselheiro.[5] O evento não se realizou, e logo o público foi informado de que havia um plano para o assassinato do presidente durante a tourada.[6] No governo Campos Salles, que não gozava de muita popularidade no Rio de Janeiro (Carvalho, 1987, p.92), foi anunciada, em dezembro de 1901, uma corrida de touros honrada com a presença presidencial, que também não se realizou.[7] Rodrigues Alves parece que não teve seu nome associado às touradas, mas o prefeito do Distrito Federal, nomeado pelo presidente, deixou patente sua afinidade com esse entretenimento. Ao fim do mandato, em 1906, Francisco Pereira Passos prestigiou pessoalmente a praça de touros pelo menos duas vezes. Numa delas, "o S. Ex. o Sr. Dr. Pereira Passos apareceu no camarote, acompanhado de sua Exma. família, sendo nessa ocasião alvo de uma ruidosa e afetuosa ovação".[8]

A praça de touros, como em sua matriz ibérica, era uma forma de testar a popularidade do governante. Nenhum presidente brasileiro se submeteu pessoalmente a essa prova. Mas Prudente de Moraes, em 1897, num domingo de praça lotada em S. Cristóvão, foi alvo de uma manifestação política. Das bandarilhas cravadas no

---

5  *O Paiz*, Touradas, p.2, 21 out. 1897.

6  "Atentado de 5 de novembro", *Gazeta de Notícias*, p.1, 12 jan. 1898. Ver também Fausto (2006, p.53).

7  *Gazeta de Notícias*, Praça de Touros, p.6, 15 dez. 1901.

8  *Gazeta de Notícias*, Tauromaquia, p.3, 26 nov. 1906; *Revista da Semana*, Tauromaquia, p.3970, 7 out. 1906; e p.4162, 12 dez. 1906.

primeiro touro se desenrolou ao vento uma bandeira com o retrato do chefe da nação. Imediatamente os espectadores se levantaram, bateram palmas e aclamaram "o nome do presidente da República, agitando os lenços e chapéus, enquanto as bandas de música entoavam o hino nacional".[9]

As touradas, além de úteis como instrumento de aferição de prestígio, frequentemente se punham a serviço das relações diplomáticas entre as repúblicas vizinhas. Assim, logo após a Proclamação, Quintino Bocayuva, ministro das Relações Exteriores, representando o Brasil nas negociações do Tratado das Missões, foi homenageado com uma tourada em Montevidéu.[10] Reciprocamente, houve no Rio de Janeiro touradas de efeito diplomático, como aquela "oferecida à oficialidade da esquadra argentina" em 1896 e uma outra "em honra dos distintos oficiais da esquadra chilena" no ano seguinte.[11] Essas homenagens oficiosas se estenderam aos reinos ibéricos. Em 1905, como parte da recepção ao ministro de Portugal, promovida pelo governo brasileiro e pela colônia lusitana, a empresa tauromáquica organizou uma "esplêndida corrida de touros em homenagem à distinta oficialidade da canhoneira portuguesa *Pátria*".[12] Em 1907, outra tourada foi "honrada com a presença dos Exmos. Ministro e Cônsul de Espanha".[13]

Se não chegou a adotar as touradas como símbolo nacional, a República também não as condenava. Em vez disso, o divertimento foi alvo de regulamentação no Distrito Federal, em fevereiro de 1890, quando o Conselho Municipal aprovou um Código de Posturas que, no capítulo da segurança pública, tratava de carnaval, teatros, espetáculos, corridas de cavalos e de touros. Mantinha-se com a polícia a exclusividade na concessão de licenças para "programa

---

9 *Cidade do Rio*, Os Vivas, p.1, 8 set. 1897.
10 *Diário de Notícias*, A Embaixada Brasileira, p.1, 11 fev. 1890.
11 *Gazeta da Tarde*, Corridas e…, p.2, 13 set. 1896; *Cidade do Rio*, Touradas, p.2, 22 maio 1897.
12 *O Paiz*, Tauromaquia, p.3, 24 set. 1905; *Correio da Manhã*, Canhoneira Pátria, p.1, 23 set. 1905.
13 *Gazeta de Notícias*, Praça de Touros, p.10, 20 jan. 1907.

de mímicas, divertimento de circo olímpico, exibição de quadros vivos, de agilidades, de coreografia, visualidades de feras e outros análogos".[14]

Em 1892, entrou em vigor um Regulamento Policial dos Divertimentos Públicos, em que se especificavam regras para as corridas de touros. Havia artigos que apenas ratificavam o que era praticado pelo costume: a proibição da morte dos touros; a embolação dos chifres; a realização das touradas somente aos domingos e feriados; e a determinação para que o espetáculo começasse às quatro horas da tarde e terminasse antes do anoitecer. O regulamento também exigia a presença do "inteligente" para coordenar o espetáculo na praça. Outros artigos diziam respeito à circulação e à identificação das pessoas na arena: só era permitida a participação dos "artistas da companhia [...], sendo absolutamente proibida a comparticipação de pessoas estranhas"; o pessoal empregado na companhia deveria "usar boné ou outro sinal" que o distinguisse dos espectadores; dentro da arena só poderiam permanecer "os artistas, empregados da companhia e os agentes e praças da polícia". Ainda uma outra disposição obrigava o empresário a "anunciar o programa das touradas pelos jornais e impressos [...] afixados no circo e enviados à autoridade policial".[15]

Essa iniciativa legislativa da polícia confirmava que o divertimento tauromáquico havia ingressado definitivamente na sua idade comercial-empresarial. As touradas de amadores ficaram cada vez mais raras e desapareceram das praças cariocas no século XX. Entre 1898 e 1899, houve uma tentativa de reanimação do amadorismo e chegou a ser fundado um "novo Club Tauromáquico de Amadores", incapaz, porém, de empolgar o público, como fizera seu homônimo nos anos 1870.[16] Eventualmente um amador convidado tomava parte na lide, contrariando o novo regulamento.

---

14  *Diário do Comércio*, Intendência Municipal, p.2-4, 22 fev. 1890.
15  "Regulamento policial dos divertimentos públicos", *Diário de Notícias*, p.2, 25 maio 1892; *A Capital*, Secção Geral, p.1, 16 mar. 1892; *O Tempo*, Sport, p.2, 20 mar. 1892.
16  *O Paiz*, A Tourada de Ontem, p.2, 14 nov. 1898. Ver capítulo anterior.

A participação dos amadores ficou restrita ao tradicional "touro dos curiosos": o último animal a entrar na arena, trazendo "ao pescoço, dentro de uma boceta de folha de Flandres, uma nota de 100$000, destinada ao *valiente*, que, afrontando marradas e patadas, se atravesse a arrancá-la...".[17]

Curiosamente, a oportunidade de participação que restou aos amadores era oferecida sob a motivação de um prêmio em dinheiro. Nesse aspecto, a tauromaquia não acompanhou a tendência dos esportes que, como o remo e o futebol, surgiam com o apoio de uma população de praticantes amadores,[18] e permaneceu filiada ao modelo das companhias de teatro, de oferta comercial de divertimentos e de relações de trabalho profissionais. Como vimos nos capítulos precedentes, as empresas tauromáquicas preservaram a tradição existente no teatro de realizar cada um dos espetáculos "em benefício" de um artista da trupe (Vasconcellos, 2009; Teixeira, 2005).

Das corridas de amadores, as empresas de touros mantiveram a prática dos espetáculos beneficentes, também comuns entre as companhias teatrais. Parte da arrecadação da casa era revertida em favor das mais diversas instituições:[19] Liceu de Artes e Ofícios, Liceu Literário Português, Caixa Beneficente do Club dos Repórteres, Associação Protetora dos Homens do Mar, Liga Contra a Tuberculose, Capela do Menino de Deus e Nossa Senhora da Conceição, Recolhimento de N. S. Auxiliadora, Instituto de Proteção e Assistência à Infância do Rio de Janeiro, Irmandade do Divino Espírito Santo de Maracanã e outras.[20]

---

17  *A Bruxa*, O Carrilhão da Bruxa, p.2, 16 out. 1896.

18  Sobre o remo, ver Melo (2001, p.126); sobre o futebol, ver Pereira (2000, p.21-102).

19  *O Paiz*, Touros, p.2, 13 mar. 1893; *O Paiz*, p.2, 26 out. 1896; *O Paiz*, p.6, 22 jan. 1899; *Gazeta de Notícias*, Praça de Touros, p.2, 25 out. 1901; *Gazeta de Notícias*, p.6, 15 dez. 1901; *Jornal do Brasil*, Tauromachia, p.4, 3 jan. 1903; *O Paiz*, Praça de Touros das Laranjeiras, p.6, 2 ago. 1903; *Gazeta de Notícias*, Praça de Touros, p.12, 5 abr. 1908.

20  A partir de 1903, o caráter beneficente passou a permitir isenção de impostos municipais cobrados a cada espetáculo: Arquivo Geral da Cidade do Rio de

Durante a República, novas companhias passaram a explorar a praça de touros. Em dezembro de 1890, a Empresa Francisco Herades Navarro & C. apresentou o cavaleiro português Fernando de Oliveira.[21] Três anos depois, a Empresa Castro Monteiro promovia o retorno de João Miller, o cavaleiro rio-grandense.[22] Em seguida apareceram outras empresas, como Valentim Tavares & C. e J. Romero & C.[23] Em 1896, a Empresa I. Ponciano & C. trazia o cavaleiro Francisco Simões Serra, já conhecido do público.[24] Com exceção de Herades Navarro, nessas companhias os empresários não desempenhavam o papel de toureiros. Patrões como esses, entretanto, tendiam a desaparecer. Serra e Miller haviam tentado, cada um por sua vez, constituir companhia própria, mas não tiveram sorte.[25] Nas temporadas que se seguiram, entre 1896 e 1899, José Bento de Araújo e Alfredo Tinoco da Silva, famosos cavaleiros portugueses, em parceria, foram mais felizes ao montar sua empresa, a Companhia Tauromáquica.[26] No começo do século XX, também tiveram sucesso o mesmo José Bento e o cavaleiro Adelino Raposo, este último à frente da Empresa Tauromáquica Luso-Brasileira.[27]

A exploração empresarial das touradas tinha limites. Herades Navarro fracassou, em 1891, na tentativa de criação da Companhia Promotora de Divertimentos, empresa de capital aberto, que ambicionava adquirir uma praça própria, explorar "corridas de touros, festas taurinas, corridas a pé, em velocípede, skating-rink, bailes campestres", e contratar "companhias acrobáticas, equestres, mí-

---

Janeiro, Documentação Escrita, Guia de Fundos, Volume III, "Diversões públicas: pedidos de licença, inclusive touradas, 1900-1910", cód. 42.3.35, p.44.

21  O Paiz, Grande Praça de Touros, p.6, 19 dez. 1890.

22  O Paiz, Praça de Touros no Rio de Janeiro, p.6, 19 ago. 1893.

23  O Paiz, Touradas, p.2, 1 out. 1894; "Coliseu Sul-Americano", O Paiz, p.8, 13 out. 1894.

24  Cidade do Rio, Touradas, p.2, 12 abr. 1896.

25  O Tempo, Touradas, p.2, 19 abr. 1893; O Paiz, Praça de Touros, p.10, 15 dez. 1895.

26  O Paiz, Club Tauromáquico Federal, p.6, 18 dez. 1897; O Paiz, p.8, 9 maio 1897.

27  Jornal do Brasil, Tauromachia, p.2, 3 ago. 1901.

micas, ilusionísticas etc.".[28] O modelo de administração do negócio não mudou muito em relação ao que se praticava no passado. As empresas tauromáquicas se organizavam para promover temporadas em diferentes cidades da Europa e das Américas. Elas não eram proprietárias das praças de touros, apenas arrendavam esse espaço, como faziam companhias equestres e de variedades, nos períodos de recesso das touradas.[29]

Durante a República, três praças abrigaram touradas na cidade do Rio de Janeiro, consecutivamente: a da rua do Boulevard, a da rua das Laranjeiras e a do Campo de Marte. Na vizinha cidade de Niterói, o público encontrava touradas na rua da Praia (ou rua Visconde do Rio Branco) na década de 1890, e na praça das Neves na década seguinte.[30] No município do Rio, houve também corridas em Madureira e na praça do Curato de Santa Cruz.[31] Em Petrópolis, no começo do século XX, funcionou a praça da Estação.[32]

Essas praças – ou redondéis, como também se dizia à época – eram todas construídas em madeira,[33] em contraste com as principais praças de Portugal e Espanha (Almeida, 1951, p.329-67). Mais

---

28 *Gazeta de Notícias*, Companhia Promotora de Divertimentos, p.8, 4 mar. 1891.

29 *Gazeta da Tarde*, Artes, p.2, 18 nov. 1896; *Gazeta de Notícias*, Teatros e…, p.2, 11 abr. 1899; *O Paiz*, Praça de Touros, p.3, 10 dez. 1905; *Correio da Manhã*, Tauromaquia, p.4, 14 dez. 1905. Por exemplo, a Companhia Tauromáquica, de José Bento de Araújo e Alfredo Tinoco, arrendava a praça de touros das Laranjeiras ao Club Tauromáquico Federal – não confundir com Club Tauromáquico Amador), empresa de M. Oliveira Costa, proprietário dessa praça (Arquivo Geral da Cidade do Rio de Janeiro, Documentação Escrita, Guia de Fundos, Volume III, "Diversões públicas: pedidos de licença 1870-1899", cód. 42.3.19, p.296).

30 "Praça de Touros em Nictheroy – Inauguração", *Jornal do Brasil*, p.2, 23 dez. 1892; *O Paiz*, Reportagem, p.3, 1 jan. 1893; *Gazeta de Notícias*, Tauromaquia, p.7, 5 jul. 1908.

31 *Jornal do Brasil*, Tauromaquia – Em Madureira, p.4, 20 nov. 1904; *Jornal do Brasil*, p.2, 2 fev. 1900.

32 *Correio da Manhã*, De Petrópolis, p.1, 28 fev. 1905.

33 *Gazeta de Notícias*, A Praça de Touros, p.3, 24 jul. 1896; *Tagarela*, Tagarelando, p.4, 6 out. 1904.

ou menos distantes do centro da cidade, todas tinham em comum a condição de serem servidas por linhas de bondes regulares.

Em 1890, foi inaugurada a praça da "rua do Boulevard", ou "Boulevard S. Cristóvão", antigo largo do Matadouro, com entrada "em frente às cocheiras da estação da companhia Vila Isabel". Em diferentes tempos, também ficou conhecida com os nomes de "praça do Mangue", "praça de S. Cristóvão" e "Coliseu Sul-Americano".[34] O escritor Arthur Azevedo, entusiasta da tauromaquia, se referia a essa praça como "aquela desgraciosa carangueijola, feita sem arte, sem gosto, sem preocupação de arquitetura".[35] Além da estética, a praça de S. Cristóvão merecia críticas pela falta de conforto para acomodação dos espectadores. Com alguns anos de uso, começaram a surgir nos jornais denúncias a respeito da falta de segurança das instalações. Segundo um apreciador das touradas, o grande barracão da rua do Boulevard perigava desmoronar, "ameaçado já pela podridão e ruína".[36] Em 1897, os proprietários da praça prometeram a construção, no mesmo local, de uma nova praça em ferro e alvenaria,

---

34 *Cidade do Rio*, Touradas, p.2, 9 dez. 1890; *O Tempo*, Touradas, p.2, 8 dez. 1892; *O Paiz*, Coliseu Sul-Americano, p.8, 13 out. 1894; *Diário de Notícias*, Touradas, p.2, 9 jul. 1893; *Don Quixote*, Teatros, p.7, 8 ago. 1896. O uso dos nomes "Boulevard" e "Companhia Vila Isabel", associado à designação desse lugar, pode levar a crer que esse redondel estivesse situado no bairro de Vila Isabel, cuja principal via é o Boulevard 28 de Setembro. Na verdade, a "rua do Boulevard" era a rua de S. Cristóvão. Esse redondel ficava num trecho dessa rua que cederia lugar, em 1910, à construção da atual praça da Bandeira (Gerson, 1965, p.223-4). O uso dos termos "praça do Mangue" e "praça de S. Cristóvão" e as referências à proximidade da rua Mariz e Barros não deixam dúvida a respeito.

35 *O Paiz*, Palestra, p.1, 14 jun. 1897.

36 *Gazeta da Tarde*, A Praça de Touros, p.2, 25 jul. 1896. Desde 1894, devido às condições precárias de higiene e segurança da praça de S. Cristóvão, os empresários que a exploravam tiveram dificuldades em renovar a obtenção de licença para realização de touradas junto às autoridades da Diretoria de Higiene e Assistência Pública, Diretoria Geral de Obras e Viação, Secretaria de Polícia e XII Pretoria (Arquivo Geral da Cidade do Rio de Janeiro, Documentação Escrita, Guia de Fundos, Volume III, "Diversões públicas: pedidos de licença 1870-1899", cód. 42.3.19, p.221, 225, 227-30, 259-60).

projetada com base no "modelo da de Boavista, no Porto, ou da de Figueira da Foz".[37]

De fato, em novembro de 1897, o Rio de Janeiro ganhou um novo redondel, mas construído em madeira e do outro lado da cidade, na rua das Laranjeiras, em frente à rua Ipiranga.[38] "Sólida e bela na sua construção, graciosa no seu aspecto", a nova praça parecia ter agradado.[39] Sobre a anterior, tinha a vantagem de oferecer arquibancadas com almofadas nos assentos.[40] Funcionou até agosto de 1903.

Redondel da rua das Laranjeiras
*Revista da Semana*, 18 ago. 1901, p.1

37 *Jornal do Brasil*, Tauromachia, p.2, 13 jul. 1897.
38 É incorreta a afirmação segundo a qual esse redondel teria sido inaugurado em 1895 (Gerson, 1965, p.357). As fontes usadas nesta pesquisa também não corroboram a afirmação de que teria funcionado no mesmo bairro uma praça de touros nos anos 1870 (Rezende, 1999, p.16).
39 *O Paiz*, Tauromaquia, p.2, 22 nov. 1897.
40 *O Paiz*, A Tourada de Ontem, p.2, 5 set. 1898.

Nos catorze meses que antecederam a Revolta da Vacina, que coincidiram com o recrudescimento da epidemia de varíola no Rio de Janeiro, o redondel das Laranjeiras ficou fechado. Nesse meio--tempo, o proprietário da praça se desfez de todo o material: "Grande cocheira, casinhas, cadeiras americanas, tamboretes de canela com assento de palhinha, telhas de zinco, mastros, coçoneiras de pinho de riga, escadas etc.".[41] Em novembro de 1904, foi inaugurado um novo circo tauromáquico na rua Visconde de Itaúna,[42] que ficaria conhecido como a praça de touros do Campo de Marte.[43] Na véspera, um jornalista desconfiou de que "aquele gaiolão feito de palitos" pudesse acabar "em desabamento no dia da inauguração". Mas, depois que as touradas começaram, reconheceu que "a bela praça de touros ficou esplêndida".[44]

Praça do Campo de Marte, 1904
*Revista da Semana*, 18 dez. 1904, p.1869

---

41  *O Paiz*, Praça de Touros, p.4, 25 dez. 1903.
42  Rua paralela ao canal do Mangue que desapareceria com a construção da atual avenida Presidente Vargas (Czajkowski, 2000, p.66, 68, 78).
43  *O Rio Nu*, Tauromaquia, p.6, 26 nov. 1904.
44  *Tagarela*, Tagarelando, p.4, 6 out. 1904; *Tagarela*, Trepações, p.5, 1 dez. 1904.

O "vasto redondel" do Campo de Marte, com capacidade para 10 mil espectadores, era maior do que o das Laranjeiras, com 6 mil lugares, enquanto o de S. Cristóvão comportava entre 8 mil e 10 mil.[45] Esses números eram comparáveis aos de espetáculos desportivos como o turfe[46] e muito superiores aos dos teatros, que oscilavam entre quinhentos e 2 mil assentos (Gonzaga, 1996, p.272-5).[47] Nem sempre a ocupação da praça atingia seu limite, mas uma tourada com casa cheia – "enchente à cunha", "enchente real", como se dizia – movimentava a cidade numa tarde de domingo. Bondes extraordinários, com passagens de ida e volta, circulavam para escoar a multidão e, às vezes, não eram suficientes, acarretando a superlotação dos bondes regulares.[48] Um cidadão, exagerando as cifras, reclamava que a Companhia Ferro Carril do Jardim Botânico impingia "de minuto em minuto quarenta bondes para a praça de touros, e um bonde para cada uma das outras linhas".[49] Ao final de uma tourada com enorme "concorrência de espectadores" no redondel das Laranjeiras, a rua podia ficar "por mais de meia hora apinhada de bondes, carros, cavaleiros e milhares de homens, senhoras e crianças que regressavam do esplêndido divertimento".[50]

Toda essa gente se distribuía por diferentes setores do redondel para assistir às touradas. Como no teatro e em outros divertimentos, os assentos estavam ordenados conforme uma hierarquia social, a que correspondia o preço dos ingressos. Os mais caros eram

45  *O Paiz*, A Tourada de Ontem, p.3, 3 ago. 1896; *O Paiz*, Tauromaquia, p.2, 29 nov. 1897. Sobre a capacidade do redondel de S. Cristóvão, ver também Arquivo Geral da Cidade do Rio de Janeiro, Documentação Escrita, Guia de Fundos, Volume III, "Diversões públicas: pedidos de licença 1870-1899", cód. 42.3.19, p.229.

46  Em 1885, o prado do Derby Club tinha capacidade para 8 mil a 10 mil espectadores (Melo, 2001, p.84, 88).

47  O Theatro Municipal seria inaugurado com 1.739 lugares (Lima, 2000, p.224).

48  *Jornal do Brasil*, Tauromachia, p.2, 5 ago. 1901.

49  *Tagarela*, Tagarelando, p.2, 30 ago. 1902.

50  *O Paiz*, A Tourada de Ontem, p.2, 26 set. 1898.

os camarotes, com capacidade para cinco pessoas, que custavam em torno de 25$ (25 mil-réis) nos anos 1890, e 40$ na década seguinte. As cadeiras avulsas, quando oferecidas, acompanhavam o preço dos camarotes. As arquibancadas, as antigas "trincheiras", seguiam a velha divisão entre sol e sombra. O preço do lugar à sombra saltou de 3$ para 5$ na passagem do século, enquanto ao sol subiu de 2$ para 3$ no mesmo período. Lugares numerados nas arquibancadas tinham acréscimo de mil-réis.[51]

Sol e sombra, na praça da rua Visconde de Itaúna, Campo de Marte
*Revista da Semana*, 22 jan. 1905, p.1984

A separação do público entre sol e sombra era emblemática da sociedade de então. As pessoas bronzeadas pelo sol eram percebidas como pertencentes às classes baixas, dos trabalhadores braçais, camponeses ou empregados urbanos que trabalhavam nas ruas sem a proteção do teto dos escritórios. Pessoas de melhor classificação, ou que se desejavam bem classificadas, evitavam a incidência dos raios solares. Naquele tempo, por exemplo, o uso das praias se li-

---

51 *O Paiz*, Grande Praça de Touros, p.6, 19 dez. 1890; *O Paiz*, Praça de Touros, p.10, 15 dez. 1895; *Gazeta de Notícias*, Praça de Touros, p.6, 2 abr. 1899; *O Paiz*, Tauromaquia, p.3, 16 jun. 1901; *Gazeta de Notícias*, Praça de Touros do Campo de Marte, p.8, 13 set. 1906.

mitava ao banho de mar e não se conhecia o banho de sol (Donadio, [s.d.]).[52] Assim, em 1897, quando se promoveu a primeira tourada noturna no Rio de Janeiro em que se empregou a luz elétrica, comentou-se que a partir daquela data "o mundo elegante" já não teria "receio de queimar a cútis" com o sol da praça.[53]

Integrantes da "fina flor da nossa melhor sociedade" também gostavam de touradas.[54] Em 1901, "um simpático banqueiro", ocupando excepcionalmente o camarote presidencial, só não foi confundido com Campos Salles porque não usava cavanhaque.[55] Um alto funcionário do London and River Plate Bank morreu do coração enquanto assistia a uma corrida no Campo de Marte.[56] Um médico ilustre, o conde de Figueiredo de Magalhães, também apreciava o divertimento.[57] Assim, era verossímil a descrição que um cronista fazia de uma parte do público na praça de S. Cristóvão: "A *sombra* encerrava senhoras, crianças e cavalheiros da maior correção", enquanto "os camarotes estavam todos ocupados por famílias distintíssimas".[58] Mas talvez houvesse um pequeno exagero no modo como os jornais insistiam na presença de "uma sociedade muito seleta" a cada tourada, uma vez que, naquele tempo, era incontestável o prestígio das elites,[59] e uma das funções dos jornalistas tauromáquicos era de atrair público para o divertimento em que eram especializados. Falar na "alta sociedade" que frequentava o redondel era uma forma de se valorizar as touradas.

Nem todos os frequentadores da praça de touros, porém, podiam ser enquadrados na categoria de "população elegante". Como

---

52  Ver também Sevcenko (1999, p.559-61).

53  *Cidade do Rio*, Tourada, p.2, 11 dez. 1897.

54  *Gazeta de Notícias*, Tauromaquia, p.2, 24 ago. 1901.

55  *O Paiz*, Sol e Sombra, p.2, 13 ago. 1901.

56  *O Paiz*, Necrologia, p.2, 2 jan. 1905.

57  *O Paiz*, Tauromaquia, p.2, 6 set. 1897.

58  *O Paiz*, A Tourada de Ontem, p.3, 3 ago. 1896.

59  Em contraste com uma tendência antielitista constatável em discursos do final do século XX no Brasil, imperava a valorização das elites enquanto classe exemplar, como descrita em Veblen (1974).

sugeria a repartição das arquibancadas em sol e sombra, iam às touradas "representantes de todas as camadas sociais".[60] Ao redondel, compareciam espectadores vestidos com roupas para bolsos de diferentes tamanhos, "desde a soleníssima cartola reluzente até a blusa de chita dos leiteiros entediados".[61] Parte do público era constituída de gente simples, o chamado "Zé Povinho", que ocupava os lugares ao sol, tinha especial predileção pelas pegas de cara, à unha, e se candidatava ao prêmio do touro dos curiosos.[62] Para se identificar com esse público, um dos assíduos cronistas tauromáquicos da imprensa carioca brincava com seus leitores, dizendo que tinha ido à ultima tourada usando como meio de transporte um carrinho de mão, "que custa pouco".[63]

O Zé Povinho frequentador dos lugares ao sol, entretanto, não se confundia com os pobretões. O preço do ingresso para esse lado das arquibancadas, entre 2 mil-réis e 3 mil-réis, era superior à entrada para um programa de vaudeville no Teatro Nacional, uma companhia italiana no Teatro Apolo, um espetáculo de luta romana no Moulin Rouge e uma conferência literária no Instituto Nacional de Música;[64] custava o dobro do preço de um lugar na galeria para assistir a uma companhia portuguesa no Teatro S. Pedro de Alcântara, para ver a brasileira Cinira Polônio no Teatro Carlos Gomes, para fazer um passeio marítimo pela Guanabara numa barca da Cantareira ou para entrar na Exposição Nacional de 1908;[65] e saía

---

60  *Gazeta de Notícias*, Touros, p.2, 6 ago. 1901.

61  *Gazeta de Notícias*, Touros, p.2, 13 ago. 1901.

62  *O Paiz*, A Tourada, p.2, 2 nov. 1896; *Don Quixote*, Touradas, p.7, 15 abr. 1897.

63  *Revista da Semana*, Tauromaquia, p.3949, 30 set. 1906.

64  "Teatro Nacional", *O Paiz*, p.8, 15 mar. 1896 (entrada, 1$500); "Teatro Apolo", *O Paiz*, p.6, 19 out. 1902 (entradas gerais, 2$000); "Moulin Rouge", *O Paiz*, p.6, 17 out. 1906 (ingresso, 2$000); "Instituto Nacional de Música", *Gazeta de Notícias*, p.6, 15 jun. 1907 (entrada, 2$000).

65  "Teatro S. Pedro de Alcântara", *O Paiz*, p.6, 19 out. 1902 (galerias, 1$500); "Teatro Carlos Gomes", *O Paiz*, p.10, 5 abr. 1908 (galeria, 1$500); "Passeio marítimo", *Gazeta de Notícias*, p.6, 26 dez. 1908 (1$500); "Exposição Nacional", *Gazeta de Notícias*, p.12, 25 jul. 1909 (entrada, 1$000).

bem mais caro do que a entrada do Jardim Zoológico (mil-réis, em 1901) e o bilhete dos cinematógrafos (entre $500 e 1$000).[66]

As touradas no Rio de Janeiro encontravam muitos apreciadores no comércio. Para um observador, destacavam-se numa tarde de casa cheia na praça do Boulevard "as classes comerciais, artísticas e capitalistas".[67] Noutro domingo, "o *sol* estava repleto de gente burguesa, toda vestindo com o apuro reservado às grandes festas".[68] Ora, os postos de trabalho no comércio carioca dessa época, desde o patrão ao mais humilde empregado, passando pelos caixeiros, eram ocupados em sua maioria por portugueses ou descendentes de portugueses. Como se viu, um grande contingente de imigrantes aportava ao país e se fixava na capital brasileira (Lessa, 2002, p.27; Ribeiro, 1990, p.8, 13-4). As corridas de touros à portuguesa – uma tradição mantida por toureiros portugueses – certamente atraíam admiradores entre esse segmento da população. Um cronista observou na entrada do setor à sombra do redondel das Laranjeiras uma concentração de "lisboetas, amadores de touradas, constituindo, como no congresso, uma facção". Tratava-se da "banca da *alfacinha*". Mas era raro que a imprensa diferenciasse nacionalidades entre os frequentadores das touradas.[69] Os grandes jornais que circulavam na cidade, a maioria pertencente a proprietários portugueses, tratavam de modo indiferenciado o público carioca, pelo menos na crônica dos touros.

Qualquer que fosse a classe social, a origem nacional e a ascendência, o público das touradas era predominantemente masculino. Tinha-se a tourada como "o mais viril dos divertimentos".[70] Um cronista estimava que numa determinada corrida, não muito

66  "Jardim Zoológico", *O Paiz*, p.8, 23 jun. 1901; "Grande cinematógrafo", *O Paiz*, p.10, 5 abr. 1908 (1$000, cadeiras de primeira classe; $500, cadeiras de segunda classe); "Pathé cinematógrafo", *O Paiz*, p.10, 5 abr. 1908.

67  *Cidade do Rio*, Praça de Touros, p.2, 11 set. 1897.

68  *O Paiz*, A Tourada de Ontem, p.3, 3 ago. 1896.

69  *Jornal do Brasil*, Tauromachia, p.2, 12 ago. 1901.

70  *Diário do Comércio*, Praça de Touros, p.2, 23 fev. 1891.

cheia, havia uma proporção de uma dama para dez cavalheiros.[71] Ainda que em minoria, "o belo sexo" estava sempre representado na praça. Justamente porque a lide dos touros dava ensejo aos homens para demonstrar sua virilidade, o público feminino devia sentir atração pelas touradas. Arthur Azevedo compreendia a facilidade com que as mulheres se deixavam impressionar pelos toureiros: "Fosse eu moça bonita, e teria lançado o meu leque aos pés de Alfredo Tinoco".[72] Se os homens, em sinal de reconhecimento ao desempenho do artista, lhe atiravam charutos e chapéus, as mulheres jogavam seus leques e abanavam seus lenços.[73]

Possivelmente os jornais, empenhados em aumentarem o público das empresas tauromáquicas que anunciavam em suas páginas, exageravam a enchente feminina, descrevendo camarotes e setores à sombra tomados "por muitas, mas mesmo muitas, senhoritas". O redondel, como ocorria em outros espaços de entretenimento, era um lugar propício para a troca de olhares. Um frequentador assíduo gostava de contemplar "os rostos soberanos do grêmio feminino ali presente". Outro admirador encontrava "palminhos de caras a valerem a demora discreta do se olhar para elas...". Ainda que alguns não partilhassem das intenções sugeridas nesses elogios, todos pareciam concordar que a presença feminina dava um "cunho mais alegre à festa".[74]

Contrariando o sovado discurso segundo o qual o Rio de Janeiro era uma "cidade triste" e "monótona", "sem divertimentos" aos domingos, as touradas constituíam festas essencialmente alegres.[75] Em tardes de praça cheia, à cunha, tudo era "transbordante, ani-

---

71  *O Paiz*, A Tourada de Ontem, p.2, 22 ago. 1898.

72  *O Paiz*, Palestra, p.1, 10 ago. 1896.

73  *Don Quixote*, Teatros, p.7, 8 ago. 1896; *O Paiz*, Touradas, p.2, 1 out. 1894; *O Paiz*, p.3, 3 ago. 1896.

74  *Revista da Semana*, Tauromaquia, p.3949, 30 set. 1906; *Gazeta de Notícias*, Tauromaquia, p.3, 28 jan. 1907; *O Paiz*, Tauromaquia, p.2, 4 out. 1897.

75  *O Paiz*, A Tourada de Ontem, p.2, 10 out. 1898. Ver também Arquivo Geral da Cidade do Rio de Janeiro, Documentação Escrita, Guia de Fundos, Volume III, "Diversões públicas: pedidos de licença 1870-1899", cód. 42.3.19, p.246.

mador, de uma alegria comunicativa".[76] Contribuíam para esse sentimento não só as senhoritas trajando "*toilettes* de cores vivas", mas todo o aspecto do redondel, guarnecido por uma infinidade de bandeiras coloridas.[77]

O comportamento do público ajudava a produzir essa atmosfera de alegria. Os espectadores ficavam "de cavaquearia com os vizinhos" e se divertiam "dando largas ao seu bom humor". Ao sol, "a rapaziada inquieta, numa animação indizível, provocava a hilaridade com os seus ditos tolos ou espirituosos". A corrida de touros era um gênero de espetáculo "alegre, ruidoso, meridional", em que se permitiam "todas as expansões".[78] "A vozeria, as assuadas, os assovios, em uma palavra, o barulho" constituía um "condimento imprescindível numa tourada". Na praça, os cidadãos tinham "carta branca para berrar por todos os pulmões".[79] Contava o poeta Mario Pederneiras que os gritos alegres dos espectadores podiam ser escutados do lado de fora do Campo de Marte.[80]

A própria tourada, com suas "peripécias inúmeras, riscos, burlados, acidentes chistosos", levava o público a rir "a bandeiras despregadas".[81] Um touro bravio bem lidado por um bandarilheiro suscitava emoções diversas: "Às salvas de palmas que coroavam os feitos de destreza e coragem, sucediam-se as gargalhadas pelos desatinos do furioso animal".[82] As pegas à unha, ao colocarem os moços do forcado "aos trambolhões", provocavam risos. A mesma reação produziam os boléus produzidos pelo "touro dos curiosos" aos que tentavam pegá-lo. O tradicional número cômico do programa, apresentado por toureiros-palhaços, tinha efeito semelhante. A trupe de Pai Paulino, com artistas vestidos de mulher, fantasia-

---

76 *Gazeta de Notícias*, Tauromaquia, p.3, 28 jan. 1907.

77 *O Paiz*, Touradas, p.2, 23 mar. 1891; *O Paiz*, Tauromaquia, p.2, 22 nov. 1897.

78 *O Paiz*, Sol e Sombra, p.2, 13 ago. 1901; *O Paiz*, Tauromaquia, p.2, 10 dez. 1897; *Gazeta de Notícias*, Touros, p.2, 13 ago. 1901.

79 *O Paiz*, Palestra, p.1, 14 jun. 1897; *O Paiz*, Humorismos, p.2, 31 dez. 1890.

80 *Revista Kosmos*, Tradições, jan. 1907.

81 *O Paiz*, A Tourada de Ontem, p.2, 10 out. 1898.

82 *O Paiz*, A Tourada de Ontem, p.2, 17 ago. 1896.

dos de preto velho ou montados num burrico, arrancou do público gostosas gargalhadas nas épocas tauromáquicas de 1897-1898.[83] Outra que fez sucesso foi a trupe do Pouca-Roupa, em 1907.[84] O humor físico havia se consolidado como uma das principais emoções das touradas.

Esse ambiente bem-humorado recebia o reforço de bandas de música. No período republicano, sua presença se incrementou. Frequentemente duas bandas se revezavam para animar a festa. Diversas instituições forneciam esses músicos: o XXII Batalhão de Infantaria, a brigada policial, a Infantaria de Marinha e o Corpo de Bombeiros, entre outras.[85] Como rezava a tradição, durante as cortesias do estilo, as bandas executavam o hino nacional e o hino português – para desgosto da corrente de opinião do deputado Leôncio Correia, que fazia campanha contra essa vulgarização do símbolo pátrio.[86] Fora essa solenidade, durante o restante do espetáculo, o repertório era alegre. Às vezes, uma banda tocava "trovas populares portuguesas" que o público acompanhava "marcando o compasso com as bengalas".[87] Eram mais comuns, entretanto, marchas, dobrados e, principalmente, maxixes.[88]

Além da música, toda a alegria festiva das touradas estava condicionada ao aparecimento do sol. A tradição ibérica exigia dias de céu azul, claros, sem nuvens – dias "de sol e touros".[89] Nesse aspecto, as condições climáticas locais favoreciam o Rio de Janeiro. Para Arthur Azevedo, nenhuma praça de touros, "desde a Real de

---

83  *O Paiz*, Tauromaquia, p.2, 5 jul. 1897; *O Paiz*, Tauromaquia, p.2, 6 jun. 1898.

84  *O Rio Nu*, Touradas, p.6, 25 dez. 1907.

85  *O Paiz*, Praça de Touros, p.6, 13 jun. 1896; *O Paiz*, p.8, 9 maio 1897; *O Paiz*, p.6, 22 jan. 1899; *O Paiz*, p.6, 2 abr. 1899; *Jornal do Brasil*, Tauromachia, p.3, 19 ago. 1901.

86  *O Paiz*, Palestra, p.1, 21 jun. 1897; *O Paiz*, p.1, 1 ago. 1899; *O Paiz*, A Semana, p.1, 27 mar. 1904.

87  *O Paiz*, Sol e Sombra, p.2, 13 ago. 1901.

88  *Jornal do Brasil*, Tauromachia, p.2, 5 ago. 1901; *O Paiz*, Tauromachia, p.2, 6 dez. 1897; *O Paiz*, Tauromachia. p.2, 6 jun. 1898; *Revista da Semana*, Tauromachia, p.1966, 15 jan. 1905.

89  *Revista Kosmos*, Tradições, jan. 1907.

Madri até a última aldeia espanhola ou artesiana", tinha "um *pla-fond* mais lindo do que a nossa".[90] Mas também era verdade que na capital brasileira havia tardes de domingo chuvosas. O incremento das touradas nas duas primeiras décadas republicanas evidenciou essa frequência. Na divulgação das corridas, multiplicou-se o uso, que não era novo, da fórmula "se o tempo permitir".[91] E, proporcionalmente ao avanço da oferta da praça de touros, ocorreu um aumento do número de corridas adiadas por causa do mau tempo. Esse mal a tauromaquia partilhava com os outros entretenimentos ao ar livre.

Também não havia boa tourada sem "sol e mosca" – dizia o bordão, em referência ao sangue e às fezes dos animais.[92] A qualidade do gado, de que dependia o êxito do espetáculo, melhorou nas praças cariocas durante o período republicano. Não desapareceram de todo as "borracheiras", aquelas corridas em que os touros ignoravam as provocações dos toureiros, ou porque eram mansos, ou porque eram fujões. Mas foram largamente compensadas por longas temporadas que deixaram o público satisfeito. Isso colaborou para que cessassem, a partir de 1896, as depredações das instalações, mais comuns no período imperial. Em Laranjeiras e no Campo de Marte, as reações negativas dos espectadores se limitavam a vaias e "pateadas", como ocorria nas plateias de teatro.[93]

A melhoria da qualidade das touradas cariocas coincidiu com o início da importação dos animais. Sem desaparecer por completo, o uso de touros nacionais declinou acentuadamente. Na primeira metade dos anos 1890, ainda era maioria o gado trazido das fazendas do barão da Taquara e "das fazendas dos Meninos, nos campos de Guaratiba".[94] Mas já havia então tentativas de introdução de

90  *O Paiz*, Palestra, p.1, 14 jun. 1897.
91  *O Paiz*, Tauromaquia, p.2, 29 mar. 1896; *O Paiz*, Tauromaquia, p.2, 15 set. 1898.
92  *O Paiz*, A Tourada de Ontem, p.2, 31 maio 1897.
93  *O Paiz*, Tauromaquia, p.3, 30 mar. 1896; *Cidade do Rio*, Da Sombra, p.1, 20 dez. 1901.
94  *O Paiz*, Tauromaquia, p.3, 14 maio 1896.

touros adquiridos no Uruguai e na Espanha.[95] A partir de 1896, teve início a prática sistemática de importação de touros de Portugal. A maioria dos espetáculos passou a se realizar com o emprego exclusivo de "bravíssimos touros portugueses".[96] Esse curro provinha da "ganaderia" de diferentes criadores: Paulino da Cunha e Silva, Luiz Patrício, Emilio Infante da Câmara e Estevão de Oliveira; a partir do século XX, dom Caetano de Bragança (Zafões), Marquez de Vagos e criadores da Casa Real de Bragança.[97] Esses touros vindos de Portugal eram geralmente negros, fortes, agressivos, irrequietos, destros, ligeiros, "de muito pé" e "bonita estampa".[98] Tais feras se prestavam "às sortes", perseguindo os cavalos e oferecendo o cachaço às farpas, para o triunfo dos toureiros. Agora, com a notícia da chegada de novos touros, afluíam aos currais da praça "centenas de pessoas para verem dar a liberdade aos bravos *cornúpetos*".[99] Também valia a pena assistir à embolação dos bichos, feita domingo de manhã e franqueada aos espectadores.[100]

A importação dos touros portugueses era sintoma do crescimento do gosto pela tauromaquia no Rio de Janeiro. Já havia escala de mercado que permitia aos empresários investirem no transporte transatlântico do gado com alguma garantia de retorno lucrativo. Essa inflexão, por sua vez, abriu espaço nas praças cariocas para a vinda de quadrilhas de toureiros de renome internacional.

---

95  *Diário do Comércio*, Praça de Touros, p.2, 16 jan. 1891; *O Paiz*, Praça de Touros, p.6, 20 dez. 1890.

96  *Cidade do Rio*, Touradas, p.2, 7 maio 1898; *Correio da Manhã*, Tauromaquia, p.3, 29 jul. 1901; *Gazeta de Notícias*, Praça de Touros, p.4, 15 nov. 1902; *O Rio Nu*, Praça de Touros, p.7, 12 jan. 1907.

97  *O Paiz*, A Tourada de Ontem, p.3, 16 ago. 1896; *O Paiz*, p.2, 17 ago. 1896; *O Paiz*, p.8, 9 maio 1897; *Jornal do Brasil*, Tauromachia, p.2, 3 ago. 1901; *Revista da Semana*, Tauromachia, p.4041, 28 out. 1906; *Gazeta de Notícias*, Praça de Touros, p.2, 30 jul. 1905.

98  *O Paiz*, A Tourada de Ontem, p.2, 17 out. 1898; *Jornal do Brasil*, Tauromachia, p.2, 29 jul. 1901.

99  *Correio da Manhã*, Tauromachia, p.3, 29 jul. 1901.

100  *O Paiz*, Praça de Touros, p.8, 29 mar. 1896.

Ao fundo, o gado da Casa Real de Bragança, 1905
*Revista da Semana*, 13 ago. 1905, p.2579

No começo do período republicano, depois da morte de Francisco Pontes,[101] ainda se apresentaram em S. Cristóvão antigos toureiros, como o bandarilheiro João Vieira e o agora empresário Francisco Herades Navarro, o "Gangrena". Também estiveram nessa praça toureiros brasileiros como o gaúcho João Miller e o paulista Manoel Viades,[102] "El Salerito". Mas novos artistas, todos portugueses, passaram a ocupar a cena principal da tauromaquia carioca. Na temporada de 1890-1891, trabalhou pela primeira vez no Rio o toureiro Fernando de Oliveira, "um dos mais afamados da terra portuguesa". Foi brindado com muitas flores, charutos e taças de champanhe. Em 1902, voltou à cidade, agora como diretor de sua própria *cuadrilla*, para continuar a ser aplaudido por seu desempenho.[103] Desastradamente, morreu em maio de 1904, durante a em-

101  *Revista Illustrada*, Touradas, p.7, jan. 1891.

102  *O Paiz*, Praça de Touros no Rio de Janeiro, p.6, 19 ago. 1893; *O Paiz*, Touradas, p.2, 23 mar. 1891.

103  *Gazeta de Notícias*, Touradas, p.1, 15 dez. 1890; *O Paiz*, Praça de Touros, p.2, 22 dez. 1890; *Diário do Comércio*, Praça de Touros, p.2, 23 fev. 1891; *Gazeta de Notícias*, Tauromaquia, p.1, 3 ago. 1902; *O Paiz*, Tauromaquia, p.2, 22 ago.

bolação de um touro na praça do Campo Pequeno, em Lisboa.[104] O cavaleiro Francisco Simões Serra também se destacou como um dos melhores cavaleiros que tinham aparecido na cidade.[105] Trabalhou nas épocas tauromáquicas de 1895-1896, no circo de S. Cristóvão, e voltou no biênio 1906-1907, já no Campo de Marte.[106]

O cavaleiro Fernando de Oliveira, 1902
*Revista da Semana*, 10 ago. 1902, p.261

A chegada dos cavaleiros portugueses Alfredo Tinoco e José Bento de Araújo,[107] por sua vez, introduziu um novo padrão de touradas no Rio de Janeiro. Certamente a qualidade do gado im-

---

1902. Fernando de Oliveira (1859-1904) foi considerado "o primeiro cavaleiro taurino de seu tempo" (Almeida, 1962, p.435).

104 *Correio da Manhã*, Vida Portuguesa, p.3, 3 jun. 1904.

105 Francisco Simões Serra (1863-1918) foi considerado "um dos melhores cavaleiros de seu tempo" e morreu no Rio de Janeiro (Almeida, 1962, p.605).

106 *Gazeta da Tarde*, Registrozinho, p.2, 9 dez. 1895; "O cavaleiro Serra", *Revista da Semana*, p.2544, 6 ago. 1905.

107 Alfredo Tinoco (1855-1899), segundo Almeida (1962, p.626), desenvolveu "um toureio pleno de saber artístico e serena valentia". José Bento de Araújo (1852-1824) foi "um dos mais populares e apreciados toureiros" de Lisboa (Almeida, 1962, p.32).

portado de Portugal contribuiu muito para esse sucesso. Mas os atributos de perícia, coragem e elegância desses artistas, capazes de aproveitar as sortes com maestria, foram generosamente reconhecidos pelo público. Antes deles, nunca as praças cariocas haviam repercutido tantos aplausos e ovações. Charutos, flores e presentes de valor, como relógios, medalhas e correntes de ouro, choveram na arena enquanto o elenco era "delirantemente aclamado".[108] Tinoco trabalhou nas temporadas de 1896 a 1899, antes de morrer numa excursão ao Pará.[109] José Bento participou dessas touradas com seu parceiro e voltou no triênio 1906-1908.[110] Foi o único cavaleiro a conhecer os três redondéis do Rio de Janeiro republicano. Essa dupla também apresentou ao público carioca o cavaleiro portuense Adelino de Almeida Raposo, que brilhou em diversas temporadas, em 1897-1898, 1901 e 1905.[111] Outros cavaleiros muito aplaudidos no Rio foram Morgado de Covas (1906 a 1908) e Victor Marques (1905 a 1907).[112]

Todos esses toureiros montados a cavalo não faziam sucesso sozinhos. Passaram pelas praças cariocas dezenas de espadas, bandarilheiros e capinhas, em sua maioria portugueses, mas também alguns espanhóis, que eram recrutados pelas mesmas companhias. Entre os moços do forcado, especialistas nas pegas, às vezes apareciam alguns brasileiros. Esses artistas se tornaram bem conhecidos do público,

---

108 *Gazeta de Notícias*, Portugal, p.2, 24 fev. 1895; *Liberdade*, Touradas, p.3, 10 ago. 1896; *A Bruxa*, O Carrilhão da Bruxa, p.3, 21 ago. 1896; *Don Quixote*, Touradas, p.2, 25 ago. 1896; *Cidade do Rio*, Nas Touradas, p.2, 14 nov. 1896; *O Paiz*, Palestra, p.1, 14 jun. 1897; *Jornal do Brasil*, Tauromachia, p.2, 27 jul. 1897; *O Paiz*, Praça de Touros nas Laranjeiras, p.6, 30 mar. 1899.

109 "José Bento de Araújo", *Don Quixote*, p.6, 2 dez. 1899.

110 *Correio da Manhã*, Tauromaquia, p.4, 14 dez. 1905; "A cuadrilla de José Bento", *Revista da Semana*, p.3163, 11 fev. 1906; *O Rio Nu*, Touradas, p.7, 16 nov. 1907.

111 *O Paiz*, Palestra, p.1, 21 jun. 1897; "Adelino Raposo [...]", *Revista da Semana*, p.1987, 22 jan. 1905. Adelino Raposo (1857-1937) "toureou nas mais importantes praças" da Europa (Almeida, 1962, p.524).

112 "A cuadrilla de José Bento", *Revista da Semana*, p.3163, 11 fev. 1906. "Morgado de Covas" era o nome artístico de Francisco Barreira (1873-1920) (Almeida, 1962, p.54).

uma vez que as longas épocas tauromáquicas passaram a dar oportunidade para cada um deles fazer "benefício" em seu nome.[113]

O cavaleiro José Bento de Araújo (sentado, à esquerda) e sua quadrilha, 1906
*Revista da Semana*, 11 fev. 1906, p.3164

Moços do forcado, 1905
*Revista da Semana*, 22 jan. 1905, p.1984

113  *O Tempo*, Touradas, p.2, 20 mar. 1893 (Pollo e Lagartijillo); *O Paiz*, p.3,
29 jun. 1896 (Antello); *O Paiz*, p.7, 16 ago. 1897 (Gordito); *Revista Illustrada*,
p.3, out. 1897 (Pai Paulino); *O Paiz*, p.2, 14 nov. 1898 (Calabaça); *Gazeta
de Notícias*, p.2, 10 jun. 1899 (Paco Busto); *Gazeta de Notícias*, p.2, 25 out.
1901; *O Rio Nu*, p.2, 23 jan. 1907 (Machaquito); *O Rio Nu*, p.3, 5 fev. 1908
(Manduca); *Gazeta de Notícias*, p.7, 19 jul. 1908 (Angel Rodero); *Gazeta de
Notícias*, p.2, 28 dez. 1908 (José Teixeira da Costa).

Bandarilheiros, 1905
*Revista da Semana*, 6 ago. 1905, p.2544

Ao lado desses toureiros, muitas vezes também apareciam toureiras. Como as trupes de toureiros cômicos, elas eram uma atração à
parte. Não tinham o gabarito de seus colegas, mas não se limitavam
a um papel ornamental. Vestidas a caráter, participavam efetivamente das lides, na companhia desses toureiros afamados, chamando a
atenção no contexto de um esporte viril e masculino por excelência. Não foram poucas as toureiras que se apresentaram no Rio de
Janeiro republicano: a "formosa andaluza" Lola Cruz, a cavaleira
Anna Angélica, a francesa Mme. Marcelle de Beaulieu, a "matadora"
Soledad Marina, a trupe das *"niñas toreras"*, a atriz de teatro Isabel
Marques, a bandarilheira Asuncion Gregorio, a espada senhorita
Lola Salinas, "La Reverte" Maria Salomé, a ex-atriz Emilia Marques,
a "diestra" Clotilde Mejstrik e a espanhola Josefa Mola Pepita.[114]

114 *O Paiz*, Touros, p.2, 23 jan. 1893; *O Paiz*, p.2, 27 fev. 1893; *O Tempo*, p.2,
    24 jul. 1893; *O Paiz*, p.2, 1 out. 1894; *Cidade do Rio*, p.2, 15 maio 1898; *Gazeta
    de Notícias*, p.2, 15 nov. 1901; *A Capital*, p.12, 11 jul. 1903; *O Paiz*, p.6, 12
    ago. 1903; *Correio da Manhã*, p.3, 18 jan. 1906; *Gazeta de Notícias*, p.4, 11 out.
    1906; *Revista da Semana*, p.4069, 11 nov. 1906; *O Rio Nu*, p.6, 7 dez. 1907.

Maria Salomé (la Reverte), 1906
*Revista da Semana*, 11 fev. 1906, p.3163

A presença de mulheres toureando nas arenas não era nem uma novidade para o público carioca, nem um genuíno sintoma da expansão da causa feminista. Essas artistas integravam companhias tauromáquicas do mesmo modo que atrizes faziam parte das companhias teatrais que se apresentavam na cidade desde meados do século XIX.[115] Essa afinidade entre redondel e palco se expressava na maneira como parte do público avaliava o desempenho das artis-

---

115 *Diário de Rio de Janeiro*, Grande Praça de Touros, p.4, 9 fev. 1849; *Gazeta de Notícias*, Tourada, p.1, 3 jun. 1878. Ver capítulos 2 e 3.

tas. Segundo um cronista, a esse respeito havia uma diferença entre a reação dos espectadores ao sol e a apreciação dos frequentadores à sombra.[116] Os primeiros, homens rudes, iam à praça animados pelo "desejo de assistir à prova da insuficiência do *sexo fraco*" numa ocupação eminentemente masculina. Diria um deles: "Eh! eh! Uma mulher a tourear. Ora, o demônio! E o marido em casa, a fazer o jantar?...". Estavam dispostos "à gargalhada, à troça e à chinfrineira" quando uma bandarilheira se arriscasse a levar uma boa marrada. Os espectadores à sombra, mais refinados, assistiam à performance das toureiras como se estivessem diante de "um número de opereta". O que importava era o "travesti", a graça da silhueta, se o cetim e o ouro das roupas valorizavam "as formas da *diestra*". Em comparação com a dos espectadores ao sol, a perspectiva daqueles à sombra era menos esportiva do que artística.

Além desses toureiros, o crescimento da tauromaquia no Rio de Janeiro fez surgir, nos bastidores, outros importantes personagens: os jornalistas tauromáquicos. A imprensa tinha um papel fundamental na divulgação das touradas, e muitos órgãos apoiavam o divertimento, na medida em que isso atraía leitores e anunciantes. Chegaram a ser lançadas revistas especializadas, mas que não duraram muito: *A Tourada*, em 1895; *Sol e Sombra*, no ano seguinte; e *O Toureiro*, em 1908.[117] Trabalharam mais tempo pela sua difusão algumas revistas gerais cujos proprietários eram adeptos das corridas: *A Bruxa*, de Julião Machado; a *Revista Illustrada*, de Angelo Agostini; e o *Tagarela*, de Peres Junior (Teles de Meireles) (Lima, 1963, índice onomástico). O semanário *Don Quixote*, de Agostini, fez circular, em 1896, um suplemento especial sobre o tema. Outro divulgador de touradas foi a *Cidade do Rio*, diário de José do Patrocínio. Vários jornais também dedicaram espaço à cobertura

---

116  *O Paiz*, Sol e Sombra, p.3, 22 fev. 1906.

117  *O Paiz*, Tauromaquia, p.3, 8 dez. 1895; *O Paiz*, A Tourada de Ontem, p.3, 16 ago. 1896. O exemplar de *O Toureiro* na coleção de periódicos da Biblioteca Nacional não estava disponível para consulta em 2012.

das temporadas de touros, entre eles *A Capital, A Notícia, Correio da Manhã, Diário do Comércio, Diário de Notícias, Gazeta da Tarde* e *O Tempo*.

Os órgãos de imprensa que mais ajudaram na difusão do gosto pelas touradas no Rio foram três grandes jornais e uma revista. Os especialistas em tauromaquia desses periódicos produziam crônicas semanais das touradas cariocas no século XX: J. Thadeu, na *Gazeta de Notícias*, João Matheus, em *O Paiz*, e Dom Justo Verdades, pseudônimo de Plácido Isasi, no *Jornal do Brasil* e na *Revista da Semana* (Lima, 1963, p.532). Este último escrevia seus textos em espanhol, muitas vezes na forma de poema, com toques de ficção. Foram criações suas o Antoñico e a Trini, personagens que representavam os tipos populares da praça.[118]

Os cronistas tauromáquicos publicavam seus comentários dentro das seções de "Sports", o que confirmava a tendência do entretenimento taurino, não obstante seu parentesco com o teatro e o circo, de ser classificado como uma modalidade pertencente ao campo esportivo, então em franca expansão. Essas crônicas, geralmente veiculadas às segundas-feiras, traziam uma análise pormenorizada da última tourada, comentando as peripécias dos toureiros frente a cada um dos animais corridos, que às vezes chegavam a oito ou nove numa mesma tarde. Também faziam considerações acerca das condições meteorológicas do dia, da qualidade do curro, das vestes dos artistas, da atitude do inteligente, do serviço da polícia e das manifestações do público.

Com a colaboração desses cronistas, a imprensa levava aos leitores uma espécie de pedagogia dos touros. O comentário da corrida ajudava quem havia assistido ao espetáculo a apreciar as diferentes sortes, o modo como o animal era citado, a correção do cavaleiro ao montar, a obediência às regras, em suma, o desempenho de touros e toureiros. Era possível aprender, através da leitura dos jornais, alguns elementos da arte de tourear.

---

118 *Revista da Semana*, 21 jan. 1906 a 13 dez. 1908.

Plácido Isasi, entre Machaquito y Segurita, 1906
*Revista da Semana*, 9 dez. 1906, p.4175

Quanto à educação tauromáquica, aqueles que enchiam a praça podiam ser classificados, segundo as categorias em circulação à época, como "aficionados" ou "anacletos".[119] Os primeiros eram, em princípio, os conhecedores do assunto, espectadores exigentes que sabiam o que esperar dos artistas e dos animais. Mas o termo "aficionado" não tinha exatidão e podia designar, em geral, todos aqueles que frequentavam assiduamente o redondel. Sobre os "anacletos", ao contrário, não restava dúvida. Era a parte do público que

---

119 *O Paiz*, Sol e Sombra, p.2, 8 dez. 1901; *Gazeta de Notícias*, Tauromaquia, p.3, 26 nov. 1906.

não conhecia as regras do jogo e aplaudia, ingênua, qualquer borracheira em que os touros recebessem farpas fora do cachaço ou, pior, quando estavam parados.

A presença de "anacletos" nas praças cariocas tendia a perder importância à medida que as touradas se difundiam na cidade. O incremento da oferta de bons espetáculos, com a importação de touros bravios e a apresentação de toureiros famosos, funcionava nesse sentido. A imprensa colaborava duplamente, divulgando não apenas as temporadas locais, como também os acontecimentos nas praças estrangeiras, através das colunas dos correspondentes, do serviço telegráfico e das notícias das casas reais de Portugal e Espanha. As artes, ainda que em menor grau, também faziam menção à tauromaquia. Na literatura estrangeira traduzida para o português, popularizada nos folhetins, apareciam mais referências às touradas do que na literatura dos mais conhecidos romancistas, contistas, dramaturgos e poetas brasileiros, na qual elas só eram relacionadas ao lado de outros entretenimentos urbanos.[120]

Era nas manifestações artísticas mais populares que as touradas se achavam representadas. Nas operetas e no teatro de revista, volta e meia aparecia um ato ambientado numa praça de touros, como na *Buena-Dicha*, de Bocage, ou num número musical de *Tim-Tim por Tim-Tim*, célebre revista portuguesa.[121] "Uma tourada no Ribatejo" era o título de uma das comédias encenadas pela Grande Companhia de Operetas e Revistas do Teatro da Trindade de Lisboa.[122] Touradas simuladas às vezes animavam a programação carnavalesca do Teatro Recreio Dramático ou uma festa de caridade dos Tenen-

---

120 Por exemplo: José de Alencar, *O gaúcho* e *O sertanejo*; Aluísio Azevedo, *A condessa de Vésper*; Arthur Azevedo, *Fritzmac, O Rio de Janeiro em 1877* e *Os noivos*; Bernardo Guimarães, *O garimpeiro*; Joaquim Manuel de Macedo, *As mulheres de mantilha*; Martins Pena, *Os dois ou o inglês maquinista*. Títulos disponíveis em: www.dominiopublico.gov.br.

121 *Gazeta de Notícias*, Teatro Apolo, p.8, 13 jan. 1891; *Gazeta de Notícias*, Teatro Lucinda, p.8, 18 nov. 1892.

122 *Gazeta de Notícias*, Teatro S. Pedro de Alcântara, p.6, 2 jun. 1895.

tes do Diabo.[123] Foi representada, no Moulin Rouge, uma paródia de tourada em que se usaram cães amestrados.[124] Mais comum, entretanto, era um touro de verdade adentrar os palcos. No Teatro Variedades, o ator cômico Peixoto passou à capa um cornúpeto "no ato das touradas, da peça *Dez dias nos Pirineus*".[125] No Teatro S. Pedro de Alcântara, o clown Paco Busto terminava a pantomima *A Feira de Sevilha* com "uma tourada a valer".[126] No Recreio Dramático e no Teatro Lírico, outras companhias equestres também tourearam alguns garraios em arenas improvisadas dentro dessas casas de espetáculo.[127]

A mais expressiva representação das touradas nas artes, porém, não dependia desses animais vivos. O teatro de marionetes, o "guignol", tinha sempre em seu repertório de comédias uma parte dedicada aos touros. No Teatro Lucinda, apresentaram-se "Os autômatos mexicanos"; no Tivoli, as "Touradas espano-mexicanas"; no Recreio, "uma tourada, tal qual como em Sevilha"; no High-Life Nacional, a Grande Companhia de Fantoches Mexicanos.[128] Os cômicos acidentes do teatrinho familiarizavam as crianças com as touradas, enquanto os adultos se divertiam com a "desopilante jocosidade" dos bonecos de pano.[129] Podiam ser flagrados, durante o espetáculo, aficionados se comportando como se estivessem nas arquibancadas ao sol. Era o caso do jornalista que ficava

vermelho, como um tomate; gesticulava, como um telégrafo de tabuinhas; injetavam-se-lhe os olhos, a boca ficava-lhe franjada

123  *Gazeta de Notícias*, Teatro Recreio Dramático, p.6, 15 fev. 1890; *Gazeta de Notícias*, Tenentes do Diabo, p.6, 5 set. 1896.
124  *Correio da Manhã*, Correio dos Teatros, p.3, 8 nov. 1907.
125  *Gazeta de Notícias*, Touradas, p.2, 4 mar. 1892.
126  *Gazeta de Notícias*, Teatro S. Pedro de Alcântara, p.4, 24 abr. 1899.
127  *Gazeta de Notícias*, Teatro Lírico (ex-D. Pedro II), p.6, 3 maio 1890; *O Paiz*, Teatro Recreio Dramático, p.6, 25 ago. 1901.
128  *Gazeta de Notícias*, Teatro Lucinda, p.6, 26 fev. 1891; *O Paiz*, Teatro Tivoli, p.8, 6 ago. 1894; *Gazeta de Notícias*, Teatros e..., p.2, 21 ago. 1898; *Jornal do Brasil*, Teatro High-Life Nacional, p.4, 25 jul. 1900.
129  *O Paiz*, Teatro Tivoli, p.8, 6 ago. 1894.

de espuma e, quando a pugna tauromáquica chegava ao seu paro-
xismo, nunca se podia conter, que não gritasse, como um pos-
sesso: – À unha!... à unha![130]

As touradas no Rio de Janeiro também foram contemporâneas
das inovações tecnológicas que desencadearam o aparecimento do
cinema. No início dos anos 1890, quando ainda estavam em voga
os grandes panoramas pintados, apareceram na cidade os primeiros
aparelhos de vistas estereoscópicas, que permitiam a ampliação de
fotografias com nitidez. Em 1892, entre duzentas vistas anunciadas, o Musée Parisien, na rua do Lavradio, expôs doze quadros de
corridas de touros.[131] Cinco anos depois, ao inaugurar o seu apare-
lho Lumière, o Teatro Lucinda passava quadros de uma tourada em
Sevilha (Araújo, 1976, p.91). Desde então, não houve ano em que
não se vissem imagens taurinas de Lisboa e Madri nos diferentes
estabelecimentos que se abriam para oferecer o novo divertimento
(Araújo, 1976, p.105, 116, 135, 138, 161, 240). Em 1905, no Cine-
matógrafo-Falante do Teatro Recreio Dramático, exibiam-se vistas
coloridas do famoso toureiro Mazzantini (Araújo, 1976, p.170).
A partir desse ano, com o aperfeiçoamento da técnica e a melhoria da rede elétrica, a novidade se tornou um verdadeiro "delírio",
na expressão de João do Rio, que não tardaria a criar na *Gazeta
de Notícias* uma coluna dominical intitulada "Cinematógrafo".[132]
Com o ingresso mais barato cobrado a quinhentos réis – um sexto
do preço do lugar nas arquibancadas ao sol –, a projeção de fitas
se popularizou. Em 1908, logo começaram a entrar em operação,
no Rio, equipamentos de filmagem importados. Essas iniciativas
pioneiras se dedicavam a registrar cenas do cotidiano e de grandes
acontecimentos na cidade, de modo que as multidões cariocas passaram a se deixar filmar e a assistir à exibição da própria imagem
nos cinemas. Entre as primeiras cenas tomadas no Rio de Janeiro,

---

130  *Gazeta de Notícias*, Crônica Artística, p.1, 14 set. 1891.
131  *Gazeta de Notícias*, Musée Parisien, p.8, 27 jul. 1892.
132  *Gazeta de Notícias*, Cinematógrafo, p.1, 29 set. 1907.

no início desse ano, figuravam a chegada da esquadra norte-americana na baía de Guanabara, a promoção de uma festa campestre no Jardim Botânico, a passagem do corso de carruagens na praia de Botafogo, o desfile de um préstito carnavalesco do clube dos Democráticos e realização de uma tourada no Campo de Marte (Araújo, 1976, p.180).

As corridas de touros já faziam parte do cotidiano carioca nesses primeiros anos republicanos.[133] Mesmo pessoas que não gostavam de touradas, como Machado de Assis, não podiam simplesmente ignorá-las (Assis, 1973, v.III, p.343-92). Uma vez, um crítico de arte se queixou, em sua coluna hebdomadária, de como era comum, ao tomar o bonde num fim de tarde dominical, se ver obrigado a aturar as expansões ruidosas de algum aficionado que voltava da praça das Laranjeiras.[134] O assunto das touradas extravasava o círculo do redondel e ganhava as ruas, na forma de cartazes, fantoches, crônicas de jornal, cenas de teatro, fitas de cinema e, principalmente, hordas de espectadores alegres e barulhentos que percorriam a cidade em domingos de touros.

Entretanto, o desenvolvimento da cultura tauromáquica no Rio de Janeiro esbarrava em limites estruturais impostos pela precariedade do seu próprio campo de produção.[135] O primeiro desses obstáculos consistia na carência de gado. A experiência demonstrava que nem o curro nacional, nem o importado do continente, do Uruguai e da Argentina, conseguiam atingir com regularidade o padrão de bravura dos touros portugueses. As fazendas de Santa Cruz, Taquara e Guaratiba, próximas da capital, supriram as touradas no tempo do Império, quando a demanda carioca era

---

133  Ao contrário do que afirmou, em seu depoimento sobre o Rio de Janeiro do começo do século XX, Luiz Edmundo, para quem "nunca houve, no Brasil, gosto pelas corridas de touros [...]. O povo não quer saber de touradas, de toureiros e de touros" (Edmundo, 1957, p.856).

134  *Cidade do Rio*, Tempo, Aspecto Geral, p.2, 9 dez. 1901.

135  Sobre o conceito de "campo de produção cultural relativamente autônomo", ver Bourdieu (1996a, p.53-73; 1996b, p.63-132). Sobre esse conceito aplicado à tauromaquia, ver Capucha (1988).

relativamente pequena e irregular. No período republicano, esse fornecimento se reduziu acentuadamente a partir da introdução dos touros importados de Portugal, em meados da última década do século XIX. A importação, longe de promover uma competição que estimulasse a criação nacional, acabou por atrofiá-la. As promessas de cruzamento com o gado importado para geração de uma raça de touros de lide em terras brasileiras não foram cumpridas. João Matheus, cronista do jornal *O Paiz*, denunciava o desinteresse das empresas tauromáquicas "de estudar o assunto, de formar um plano de negócio, de estudar as regiões mais apropriadas pelo clima e pelas pastagens para a criação".[136] A alternativa de buscar animais bravios no interior dos Estados, se existia, era desestimulada pela dificuldade de transporte num país carente de estradas. Provavelmente a relação custo-benefício do abastecimento por meio da navegação de cabotagem também era desvantajosa para as empresas que conseguiram tirar proveito das novas condições de conforto e velocidade das viagens transatlânticas (Pires, 2001, p.11-3). Assim, se a importação dos touros portugueses produziu no curto prazo boas touradas e espectadores satisfeitos, o preço desse êxito foi, no longo prazo, o não desenvolvimento da matéria-prima indispensável às touradas. Com isso, o Rio de Janeiro, onde havia o maior público e a maior oferta de longas e boas temporadas no Brasil, não conquistou autonomia na produção dessa modalidade de divertimento.

Processo análogo ocorreu em relação à mão de obra. Em nome da qualidade do espetáculo, sacrificou-se a produção nacional. Como os touros, os toureiros vinham de fora. Com pequenas celebridades, como Tinoco, José Bento, Fernando de Oliveira e Adelino Raposo, os raros amadores brasileiros não podiam competir. Do mesmo modo que não houve interesse na criação de touros de lide, a formação de toureiros nacionais foi negligenciada. João Matheus cobrava das empresas a oferta de garraios para os amadores aprenderem "a portas fechadas" e, para isso, propunha a construção de uma "tou-

---

136  *O Paiz*, Sol e Sombra, p.2, 8 dez. 1901.

rinha" – uma arena adaptada à lide de novilhas, para efeito de exercício.[137] Ora, esse sistema funcionava na Península Ibérica, berço do toureio. No Brasil, havia outras práticas rurais, diferentes da tourada portuguesa, como a vaquejada (Cascudo, [s.d.], p.901-2) e a topada.[138] Mas essas tradições interioranas foram ignoradas pelas companhias portuguesas que promoviam touradas no Rio de Janeiro. E, à medida que essas corridas, reprodução fiel da tradição lusitana, se aproximavam de um padrão de excelência, reforçava-se a tendência de afastamento entre as práticas taurinas brasileiras e o modelo português de toureio. Na época das touradas republicanas, com artistas famosos e touros portugueses, já não havia mais espaço para um cavaleiro como o gaúcho João Miller, que montava sem sela.[139] Como ocorria em outras capitais nacionais visitadas por aqueles toureiros, as touradas promovidas no Rio, ainda que tivessem uma remota origem rural no mundo ibérico, constituíam uma prática essencialmente urbana. Ao mesmo tempo, embora os espetáculos de arte tauromáquica fossem classificados como modalidades esportivas pela imprensa, as companhias que as promoviam reproduziam, na verdade, o modelo de funcionamento das companhias teatrais.

As touradas que conquistaram o público carioca, como vimos nos capítulos 2 e 3, constituíam um gênero de divertimento oferecido por artistas profissionais. Esses toureiros eram remunerados por meio da comercialização de ingressos e tinham direito ao "benefício" – a destinação de parte da bilheteria a integrantes da trupe a cada espetáculo –, como era o procedimento de costume no campo teatral (Vasconcellos, 2009; Teixeira, 2005). Assim, as touradas cariocas, ao mesmo tempo que se mantiveram longe da influência das práticas rurais brasileiras, não acompanharam a tendência observada na gênese dos esportes modernos, baseada na formação de uma considerável população de amadores, organizada em clubes

137  *O Paiz*, Sol e Sombra, p.2, 8 dez. 1901.
138  *A Província*, Recife, Tourada no Sapé, p.1, 1 fev. 1911.
139  *Gazeta de Notícias*, Tourada, p.2, 4 jun. 1883.

e federações. Tal como estava ordenado no Rio de Janeiro, o campo de produção cultural específico da tauromaquia não abria espaço para iniciativas como a fundação de um Club Tauromáquico local. Não foi interesse das companhias portuguesas a reprodução por completo, no Brasil, do sistema de produção do campo tauromáquico sediado na Península Ibérica, baseado na formação própria de toureiros, bem como na criação própria dos animais. Portanto, o gosto pelas touradas na capital brasileira não se desenvolveu a partir da motivação de uma juventude de praticantes amadores, como acontecia com o gosto pelas regatas, em plena ascensão nesses anos republicanos, e aconteceria em breve com o novo gosto pelos *"matches"* de *"foot-ball"* (Melo, 2001; Pereira, 2000). A exigência de uma profissionalização prévia, muito antes do aparecimento dos esportes profissionais, conjugada com a dependência de matéria-prima, funcionou para inibir a formação de toureiros nacionais.

A ausência de uma escola local de artistas tauromáquicos, por fim, teve reflexo sobre a formação do público admirador de touradas no Rio de Janeiro. Certamente, a melhoria do padrão dos espetáculos contribuiu não apenas para o crescimento do número de frequentadores dos redondéis, mas também para a educação desses espectadores na apreciação da arte de tourear, retirando espaço às manifestações ingênuas dos anacletos. Mas a carência de oportunidades de participação para os amadores operava em sentido contrário. Os cariocas podiam até admirar as corridas de touros como espetáculo, na condição de plateia, mas não podiam adotá-las como jogo, na condição de jogadores. Nesse aspecto, impunha-se novamente a questão da matéria-prima, ou do equipamento, que se evidenciava na comparação das touradas com as modalidades esportivas emergentes. Enquanto a tauromaquia dependia do fornecimento continuado e da manutenção de touros não disponíveis no mercado local, o remo exigia equipamentos caros, mas entre os quais não se incluíam animais vivos, e o futebol demandava apetrechos que podiam ser importados sem grandes despesas, fabricados artesanalmente ou mesmo improvisados. Assim, no Brasil, era mais fácil o recrutamento de praticantes para os novos jogos esportivos criados na Inglaterra do que para as tradicionais corridas portuguesas.

As touradas e os esportes diferiam num ponto crucial: a relação social que o público mantinha com esses divertimentos. Enquanto as touradas se cristalizaram exclusivamente como espetáculo, os divertimentos esportivos, antes de se tornarem espetáculos de grande público, se firmaram como jogos competitivos. Exceção à regra, o turfe conseguiu se perenizar como espetáculo esportivo sem o respaldo de um público praticante, porque se sustentava por meio de apostas a dinheiro e, ao contrário do que ocorria com os boliches, os frontões, as rinhas e outros divertimentos baseados em jogos de azar, manteve-se, na condição de apanágio das elites sociais, a salvo das investidas repressoras das autoridades.

Portanto, a tauromaquia, a despeito de todo sucesso, não adquiriu as condições necessárias à reprodução de sua prática na capital brasileira. E, diante dessas fragilidades, da falta de touros bravios, de artistas qualificados e de um público de amadores praticantes, não foi difícil para os seus adversários a aprovação de uma lei que proibiria as corridas de touros no Distrito Federal.

# 5
## A EXTINÇÃO DAS TOURADAS CARIOCAS

*Paulo Donadio*

A extinção das corridas de touros no Distrito Federal se consumou em menos de um ano. O primeiro passo nessa direção foi dado em julho de 1907, quando o chefe de polícia, Alfredo Pinto, elaborou um novo regulamento para o licenciamento de divertimentos públicos. Nas disposições relativas às touradas, ficaram proibidas as pegas – chamadas pegas de cara ou pegas à unha –, que constituíam, no espetáculo tauromáquico, a especialidade dos moços do forcado. Por extensão, também foi proscrito o número do touro dos curiosos, aquele que oferecia um prêmio em dinheiro pendurado no pescoço do bicho.

O propósito do regulamento policial era erradicar das touradas tudo quanto pudesse "tornar o divertimento bárbaro e cruel".[1] Não estava claro, porém, se a iniciativa tinha "por fundamento o amor pelo touro ou a compaixão pelo homem". Provavelmente, a intenção principal era proteger a integridade física de profissionais e amadores que se arriscavam nessas sortes. Como observou o redator da coluna "Casos & Cousas", da *Gazeta de Notícias*, "na-

---

1 *Correio da Manhã*, Casas de Diversões, p.2, 12 jul. 1907. Os periódicos referidos neste capítulo foram publicados na cidade do Rio de Janeiro, salvo indicação de outra cidade.

turalmente disseram ao sr. chefe de polícia que a barbaridade das corridas estava nas *pegas* porque às vezes alguns touros mal educados não só não se deixavam *pegar*, como, por sua vez, ou pegavam os pegadores, ou os atiravam delicadamente pelos ares".[2]

Concordariam com o novo regulamento apenas alguns raros admiradores de touradas, como Arthur Azevedo, para quem não havia "nada mais brutal nem mais estúpido"[3] do que uma pega de cara. A maioria do público dos redondéis apreciava esse número do espetáculo. Como observava um assíduo frequentador das praças cariocas, "tourada sem pega é como um guisado sem o competente molho".[4] Para uma sensível aficionada, as pegas eram mais interessantes do que as farpas, pois não flagelavam o animal. Muitos consideravam uma pega bem-feita como "o principal atrativo destas funções".[5] Por isso se costumava ouvir das arquibancadas, tanto da área ao sol quanto da parte à sombra, o grito do público animado pela demonstração de ferocidade de um touro bravio: "À unha, à unha!".

Os cariocas só se deram conta da proibição das pegas em novembro de 1907, quando começou a segunda temporada do ano. Os empresários, para preencherem a ausência dos rapazes do forcado, resolveram apelar para a introdução de variedades no programa das touradas. Em temporadas anteriores, já se haviam apresentado o Trio Athos, grupo de trapezistas, e Chaby Pinheiro, domador português.[6] Agora, o Campo de Marte se abria para trupes de comediantes, como o Rebola a Bola e "os impagáveis Pouca-roupa, Santareno e Zé Cabeça", que representavam peças, como "Uma conferência sobre a paz" e "A grã-duquesa de Gerolstein", e números de dança, como "Um gracioso Corta Jaca" e "Um gracioso

2  *Gazeta de Notícias*, Decepção, p.1, 18 nov. 1907.
3  *O Paiz*, Palestra, p.1, 21 jun. 1897.
4  *O Século*, Tauromaquia, p.2, 18 nov. 1907.
5  *O Malho*, Usos e costumes – À saída da tourada, p.11, 23 nov. 1907.
6  *Jornal do Brasil*, Tauromachia, p.2, 23 ago. 1901; *O Paiz*, Touradas, p.2, 1 dez. 1905.

Cake Walk".[7] Essas inserções heterodoxas, entretanto, não iludiam o público fiel. Para o Caracol, cronista tauromáquico do *Correio da Manhã*, era melhor que a polícia "proibisse essa pepineira sem arte" e "deixasse executar as *pegas* como antigamente".[8]

Enquanto o público se decepcionava com a exclusão das pegas, o Conselho Municipal, como então se chamava o Legislativo da cidade, preparava o golpe mortal nas touradas. Na sessão de 18 de outubro, o intendente Bethencourt Filho apresentou o Projeto de Lei nº 86, de 1907, que extinguia, sumariamente, a concessão de licenças para corridas de touros no Distrito Federal.[9]

Bethencourt Filho elaborou o projeto em parceria com um de seus adversários políticos, o intendente Pennafort Caldas.[10] Estava claro que situação e oposição uniam esforços para a proibição definitiva das touradas em terras cariocas. Nessas condições, a tramitação da proposta quase não encontrou obstáculos. Ainda em outubro, a Comissão de Justiça deu parecer favorável à adoção do projeto, por não ofender nenhum princípio constitucional.[11] Passado o recesso parlamentar de verão, a apreciação do texto foi célere. Em 22 de abril de 1908, o projeto passou por primeira discussão e foi aprovado por maioria absoluta. Na mesma sessão, seu autor obteve "dispensa de interstício", um dispositivo que punha a matéria automaticamente na ordem do dia seguinte.[12] Assim, na segunda discussão, o projeto avançou e só não foi votado no mesmo mês por

---

7 *O Rio Nu*, Touradas, p.7, 4 dez. 1907; *Gazeta de Notícias*, Praça de Touros, p.2, 21 dez. 1907; *O Rio Nu*, Touradas, p.6, 25 dez. 1907; *Gazeta de Notícias*, Praça de Touros, p.8, 15 nov. 1907; *Gazeta de Notícias*, Praça de Touros, p.12, 24 nov. 1907; *Gazeta de Notícias*, Praça de Touros, p.6, 7 dez. 1907; *Gazeta de Notícias*, Praça de Touros, p.6, 14 dez. 1907.

8 *Correio da Manhã*, De Palanque, p.3, 30 dez. 1907.

9 "Proibição das touradas", *Gazeta de Notícias*, p.2, 19 out. 1907; *Correio da Manhã*, Tópicos e Notícias, p.1, 19 out. 1907.

10 *Jornal do Commercio*, Conselho Municipal, p.5, 19 out. 1907.

11 *Jornal do Commercio*, Conselho Municipal, p.5, 27 out. 1907.

12 "As touradas – Seu extermínio", *O Século*, p.1, 23 abr. 1908; *Jornal do Commercio*, Conselho Municipal, p.3, 23 abr. 1908; *O Paiz*, Conselho Municipal, p.2, 23 abr. 1908.

falta de quórum.[13] Em 2 de maio, após a terceira discussão, o projeto foi finalmente aprovado.[14] No dia 12, o prefeito Souza Aguiar assinou o Decreto nº 1.173 nos seguintes termos:

> Faço saber que o Conselho Municipal decretou e eu sanciono a seguinte resolução:
> Art. 1º – No Distrito Federal não serão concedidas mais licenças para o divertimento denominado – Corridas de touros.
> Art. 2º – Esta proibição só começará a vigorar de 1º de janeiro de 1909 em diante.
> Art. 3º – Revogam-se as disposições em contrário. (Pagani; Velloso; Dias, 1922, v.1, p.191)

Em nenhuma dessas sessões de "discussão" houve debate. A proibição das touradas foi deliberada sem oposição no Conselho Municipal. Um cidadão, Joaquim de Souza Mendes, chegou a apresentar um requerimento protestando contra o projeto, na fase final de tramitação.[15] Mas os termos dessa contestação foram ignorados pelos intendentes.

Houve quem esperasse uma grita por parte dos defensores das touradas. Afinal, a praça do Campo de Marte atraía alguns milhares de frequentadores, e os grandes jornais do Rio de Janeiro abrigavam cronistas especializados em tauromaquia. Se ocorreu reação, porém, ela não repercutiu com força na imprensa. Apenas dois órgãos combateram sistematicamente o projeto de Bethencourt Filho: o diário *O Século*, de Brício Filho, e o bissemanário *O Rio Nu*, de José

---

13 *Jornal do Commercio*, Gazetilha, p.2, 24 abr. 1908; *Jornal do Commercio*, Conselho Municipal, p.3, 24 abr. 1908; *O Paiz*, Conselho Municipal, p.3, 24 abr. 1908.

14 *Jornal do Commercio*, Gazetilha, p.2, 3 maio 1908; "Conselho Municipal – 1ª sessão ordinária – Ata da 14ª sessão em 2 de maio de 1908", *Jornal do Commercio*, p.3, 3 maio 1908.

15 *O Paiz*, Conselho Municipal, p.2, 28 abr. 1908; *Jornal do Commercio*, Conselho Municipal, p.4, 28 abr. 1908; *A Imprensa*, Conselho Municipal, p.3, 8 maio 1908.

Carlos Pereira, publicação não raro acusada de pornografia.[16] João Matheus, do jornal *O Paiz*, ficou inconformado, mas não se manifestou na sua crônica da seção esportiva;[17] os leitores só se inteiraram da sua mágoa através da coluna de um colega de redação. Na *Gazeta de Notícias*, J. Thadeu chegou a se pronunciar sobre a proibição das pegas, mas não voltou à carga contra o projeto do Conselho Municipal.[18] Justo Verdades se calou, tanto no *Jornal do Brasil* quanto na *Revista da Semana*. Caracol, do *Correio da Manhã*, só viria a se manifestar um ano depois, por intermédio de uma carta de leitor.[19] Arthur Azevedo, talvez cansado do excesso de trabalho e das dores do reumatismo, também renunciou à defesa das touradas (Magalhães Júnior, 1966, p.349). José do Patrocínio já não estava entre os vivos... Em contrapartida, a nova lei contou com o apoio decidido de alguns jornalistas de renome: Alcindo Guanabara, em *A Imprensa*, Medeiros e Albuquerque, na *Gazeta de Notícias*, e Olavo Bilac, na sua coluna "Diário do Rio", no *Correio Paulistano*.

Diferentes motivações podiam estar na origem desse relativo silêncio da imprensa que, majoritariamente, sempre havia incentivado as touradas. Uma delas era a própria coesão demonstrada pelo Conselho Municipal. Esbravejar nas páginas dos jornais não reverteria a decisão dos intendentes. E como, além da casa legislativa, o prefeito e o chefe de polícia estavam unidos na mesma causa e procuravam se distinguir da gestão anterior (Pereira Passos), os amantes da tauromaquia podiam alimentar esperanças de que o decreto fosse revogado no quadriênio que começaria em 1910. Mas uma outra questão política, de fundo, indiretamente podia influir nesse acanhado comportamento da imprensa.

As touradas, a despeito de sua relativa aceitação pelo público brasileiro, continuavam identificadas com a pátria lusa. O que

16  "As touradas – Seu extermínio? O projeto Bethencourt", *O Século*, p.2, 25 abr. 1908; *O Rio Nu*, Comentários, p.2, 29 abr. 1908.
17  *O Paiz*, p.2, 25 abr. 1908.
18  *Gazeta de Notícias*, Touros, p.4, 12 nov. 1907.
19  *Correio da Manhã*, Crônica das Touradas, p.4, 31 maio 1909.

assegurava a qualidade do divertimento era o fato de tanto os touros quanto os toureiros serem portugueses. Ora, a esses primeiros anos de República, marcados pelo denso movimento imigratório, correspondeu um período de relativo desprestígio do português na capital brasileira. Certamente, já tinham ficado para trás os piores episódios de antilusitanismo jacobino, vividos durante a presidência de Floriano Peixoto, quando ainda pairava no Brasil o medo de uma restauração monárquica. Mas algum nível de desconfiança permaneceu nesse intervalo de descompasso entre a república sul-americana e a monarquia europeia (Lessa, 2002, p.39, 46, 48-9).

Portugueses eram comumente associados às posições de patrões no comércio e de proprietários de imóveis, acusados de roubar no preço das mercadorias e de explorar os pobres na cobrança de aluguéis. Trabalhadores portugueses, muito em virtude de remeterem parte de seus salários para as respectivas famílias que haviam ficado em Portugal, costumavam ser mais disciplinados do que os trabalhadores brasileiros e, por isso, não raro, eram ofendidos com o epíteto de "burros". Também eram xingados de "galegos" por se submeter a baixos salários, enquanto, na condição de estrangeiros, também estavam ameaçados de expulsão do país, entre outros motivos, por participação em movimentos grevistas (Ribeiro, 1990, p.8, 13, 17, 35, 48, 50). Ao mesmo tempo, Portugal se via mergulhado em uma de suas crises mais profundas. Em economia, o pequeno país, agrário e sem horizonte de industrialização, tolhido pela poderosa Inglaterra em suas pretensões na África, dependia cada vez mais da emigração de seus filhos para a ex-colônia, sem o que não conseguiria equilibrar suas contas (Lessa, 2002, p.45). Em política, o incremento do movimento republicano ameaçava a monarquia. Precisamente em 1º de fevereiro de 1908, o rei Carlos I e o príncipe herdeiro dom Luiz foram assassinados num atentado político (Lobo, 2001, p.18).[20] Era essa a conjuntura que coincidia com a tramitação do projeto de extinção das touradas cariocas. Os grandes jornais em circulação

---

20 "Assassinato de Carlos I e do príncipe D. Luiz Philippe", *Gazeta de Notícias*, 2.ed., p.1, 2 fev. 1908.

no Rio de Janeiro, cujos diretores e proprietários, em sua maioria, eram portugueses, descendentes ou lusófilos, precisavam reagir com cautela ao ataque a uma expressão cultural eminentemente lusitana.[21] Não se podia prever o futuro de Portugal. A ex-metrópole perigava se afastar ainda mais da ex-colônia, num momento em que os imigrantes portugueses precisavam, mais do que nunca, da inserção pacífica entre os brasileiros. Embora a maioria dos imigrantes lusos chegados no período republicano não tivesse se naturalizado, na esperança de retornar à terra natal (Ribeiro, 1990, p.17, 44, 47; Lessa, 2002, p.26), a colônia portuguesa no Rio de Janeiro jamais se segregou em guetos (Lessa, 2002, p.28) nem procurou se distinguir dos cariocas. Numa conjuntura duplamente desfavorável, não era oportuno mudar essa atitude. Uma apologia das touradas podia ser interpretada como uma provocação: a afirmação de Portugal monárquico em contraposição à recém-consolidada república brasileira. Se a pátria antiga ameaçava ruir, não era de bom alvitre pôr em risco a permanência na pátria nova. Os tempos eram de conflitos, greves e revoltas violentas. Ainda estava fresca na memória dos cariocas a rebelião popular desencadeada pela vacina obrigatória da varíola (Carvalho, 1987, p.91-139; Sevcenko, 2010). Em outras circunstâncias, talvez coubesse uma revolta dos aficionados. Mas, na situação histórica em que se achavam, os contemporâneos preferiram sacrificar os touros.

Na ausência de uma campanha apoiada pela imprensa, os empresários procuraram meios alternativos de defesa das touradas. A solução encontrada foi a estratégia do prestígio: associar a tauromaquia a pessoas e organizações benquistas pelo público. Assim, retomou-se com força a prática das dedicatórias. Nos primeiros meses de 1908, a *cuadrilla* de José Bento de Araújo dedicou uma

---

21  Entre portugueses diretores de jornais nesse período, figuravam Henrique Chaves, da *Gazeta de Notícias*, João Lage, de *O Paiz*, e Manuel Jorge de Oliveira Rocha, o Rochinha, de *A Notícia*, além de Julião Machado, da revista *A Bruxa* (Edmundo, 1957, p.917, 933; Sodré, 1999, p.283-4; Lima, 1963, p.962). Sobre a relação de dependência da imprensa para com o comércio, ver Edmundo (1957, p.1025-6).

série de touradas, alternadamente, às três grandes sociedades carnavalescas do Rio de Janeiro: os Tenentes do Diabo, os Democráticos e os Fenianos.[22] Nessas ocasiões, os sócios compareciam à praça munidos dos emblemas do respectivo clube. Dessa forma, os toureiros associavam o espetáculo tauromáquico ao divertimento mais querido dos cariocas.

Como parte da estratégia do prestígio, os toureiros também tentaram o recurso às homenagens pessoais. Em 1906, duas touradas tiveram como atrativo especial a presença do então prefeito Pereira Passos (Capítulo 3). Agora, em janeiro de 1908, o redondel do Campo de Marte foi brindado com a visita do ilustre conselheiro Rui Barbosa.[23] Era uma adesão de peso. A trajetória intelectual do autor das *Cartas de Inglaterra* era bem conhecida dos brasileiros. Um ano atrás, representando o Brasil na segunda Conferência da Paz, realizada na Holanda, o político tinha merecido o epíteto de "Águia de Haia" (Souza, 2007). Portanto, ao aparecer no camarote da praça do Campo de Marte, acompanhado da família, Rui Barbosa "recebeu uma grandiosa ovação e todas as sortes foram gentilmente feitas em homenagem a S. Ex.". Segundo os comentaristas, a corrida foi boa, mas, no final, teve de ser interrompida pelo desabamento de uma tempestade.[24]

Figueiredo Pimentel foi outro nome importante na estratégia de prestigiar as touradas. Esse jornalista tinha criado, em março de 1907, o "Binóculo", uma espécie de coluna social, na *Gazeta de Notícias*. Animado com as reformas urbanas de Pereira Passos, entre as quais as primeiras grandes avenidas cariocas, Figueiredo Pimentel começou a legislar sobre modas, costumes e elegâncias. Escrevia sobre como as pessoas deveriam se vestir, se cumprimentar, se divertir, enfim, se comportar em público, tomando como modelo

---

22  *Gazeta de Notícias*, Praça de Touros, p.6, 18 jan. 1908; *O Rio Nu*, Touradas, p.3, 12 fev. 1908; *Gazeta de Notícias*, Tauromaquia, p.7, 16 fev. 1908.
23  *Gazeta de Notícias*, Touros, p.3, 9 jan. 1908; *Gazeta de Notícias*, Binóculo, p.7, 12 jan. 1908.
24  *A Notícia*, Pequenos Ecos, p.1, 14 jan. 1908.

o exemplo parisiense. Foi ele quem cunhou a expressão "o Rio civiliza-se", em alusão às mudanças de hábitos que a cidade experimentava. Foi também quem inventou o "Corso de Carruagens", o passeio elegante das tardes de quarta-feira na avenida Beira-Mar, em Botafogo.[25] O "Binóculo" então se tornou referência obrigatória para a "alta sociedade" e para todos aqueles que buscavam imitá-la. Assim, a declaração de simpatia do colunista pelas touradas tinha um peso considerável.

Em momento algum o "Binóculo" se referiu ao projeto que tramitava no Conselho Municipal. A tática de abordagem de Figueiredo Pimentel consistia em incluir as touradas entre os programas elegantes da cidade. Ao ser questionado por uma leitora se as senhoras também costumavam ir aos touros, o redator respondeu que sim, pois se tratava de uma "diversão curiosa e interessante", bem ao gosto das "famílias distintas".[26] A partir de janeiro de 1908, o "Binóculo" passou a divulgar as touradas ao lado de outros entretenimentos públicos, como o teatro, o cinematógrafo, as conferências literárias, as regatas e os passeios pela cidade recém-reformada.[27] Ao mesmo tempo, começou a associar as corridas de touros à grande novidade da moda, o Corso da praia de Botafogo, anunciando como atração especial desse elegante passeio a presença de toureiros vestidos a caráter, como o cavaleiro Morgado de Covas, "cavalgando o belo e garboso animal com que costuma fazer as cortesias no redondel do campo de Marte",[28] e a atriz-toureira Emilia Marques, "cavalgando um formoso e árdego ginete".[29]

A estratégia de atração de prestígio, entretanto, não teve nenhum efeito sobre a votação do projeto de Bethencourt Filho. Proibida a concessão de licenças a partir do ano seguinte, a praça do

25  *Gazeta de Notícias*, a partir de 15 mar. 1907.

26  *Gazeta de Notícias*, Binóculo, p.6, 5 jan. 1908.

27  *Gazeta de Notícias*, Binóculo, p.3, 9 jan. 1908; p.2, 11 jan. 1908; p.2, 7 fev. 1908; p.3, 8 fev. 1908; p.3, 12 fev. 1908; p.2, 15 fev. 1908; p.7, 9 jul. 1908.

28  *Gazeta de Notícias*, Binóculo, p.2, 11 dez. 1907.

29  *Gazeta de Notícias*, Binóculo, p.3, 31 mar. 1908.

Campo de Marte ainda foi palco de uma última temporada em dezembro de 1908, que terminou com um espetáculo fraco, em benefício de um toureiro pouco conhecido no Rio, o cavaleiro português José Teixeira da Costa. Era o "Adeus touradas!", na expressão do anunciante.[30]

Esse Adeus, na verdade, era relativo. A vigência da nova lei se circunscrevia ao perímetro do Distrito Federal. Do outro lado da baía de Guanabara, em Niterói, as touradas ainda seriam promovidas por muitos anos. Em 1912, por exemplo, a Sociedade Brasileira Protetora dos Animais reclamava dos cartazes afixados nos logradouros do Rio de Janeiro anunciando corridas de touros na cidade vizinha.[31] Os aficionados cariocas continuavam a ter acesso ao seu divertimento favorito por meio das barcas da Cantareira, em trajeto de trinta minutos.[32] Somente em 1934, uma lei federal poria na ilegalidade, em todo o Brasil, as touradas e outras diversões afins, como as rinhas de galos, que implicavam maus-tratos aos animais.[33]

\*\*\*

A proteção aos animais foi o tema que desencadeou a proibição das touradas cariocas. Na apresentação feita ao plenário do Conselho Municipal, o intendente Bethencourt Filho falou que o objetivo do Projeto 86 era "garantir com leis compatíveis com os sentimentos de humanidade a proteção dos animais".[34] Sua proposta se baseava num requerimento enviado pela recém-fundada Sociedade Brasileira Protetora dos Animais.[35]

---

30  *Gazeta de Notícias*, Praça de Touros, p.10, 27 dez. 1908.
31  "Selvageria em Niterói", *A Notícia*, p.3, 8 fev. 1912.
32  *A Lanterna*, Tauromaquia, p.5, 8 nov. 1916; *Fon-Fon*, Assobios, p.34, 15 nov. 1919.
33  Decreto nº 24.645, de 10 de junho de 1934 (Senado Federal, Subsecretaria de Informações).
34  *Jornal do Commercio*, Conselho Municipal, p.5, 19 out. 1907.
35  *O Rio Nu*, Comentários, p.2, 12 out. 1907.

Por essa época, a preocupação com o sofrimento dos animais não era novidade no Brasil e muito menos no mundo ocidental. Alguns filósofos, religiosos e pessoas educadas, desde a Antiguidade Clássica até o início da Era Moderna, chegaram a manifestar seu desagrado com o modo como os animais eram maltratados, num tempo em que pouca atenção era dada a esse assunto. Porém, em torno do século XVIII, primeiramente na Inglaterra e depois no resto da Europa, a questão animal ganhou importância, por influência tanto de reinterpretações dos textos bíblicos quanto de novas interpretações do mundo natural, baseadas em observações das ciências emergentes. No século XIX, junto com o crescimento urbano e o aburguesamento das sociedades, apareceram as primeiras leis de proteção aos animais e as primeiras associações de donos de bichos de estimação. A caça recreativa, o açulamento de touros, as rinhas de cães e outras práticas de divertimento envolvendo violência contra animais começaram a ser alvo de rejeição entre os europeus (Thomas, 1988, caps.1, 3, 4, 6). No Brasil, essa inflexão de costumes não ocorreu imediatamente, mas no último quartel do século XIX as corridas de touros já eram condenadas por gente influente como o escritor Machado de Assis (1973, v.III, p.343-92) e o próprio imperador dom Pedro II.[36]

Não obstante, entre a maioria dos brasileiros contemporâneos prevalecia o antigo entendimento cristão segundo o qual Deus havia criado a natureza para satisfação dos homens. Nessa visão de mundo antropocêntrica, todas as criaturas eram seres inferiores, desprovidos de alma e, portanto, sem acesso à salvação. Animais domésticos tinham sido criados com o objetivo de fornecer aos seres humanos meios de transporte, força de trabalho, alimentação e matérias-primas. Animais selvagens serviam para exercitar habilidades marciais, como ocorria na caça, e, quando não tinham

---

36  *Gazeta de Notícias*, Conversemos..., p.1, 8 nov. 1877; *Gazeta de Notícias*, Folhetim, p.1, 9 nov. 1877; *Gazeta de Notícias*, Balas de Estalo, p.2, 4 jun. 1883; *O Mequetrefe*, Touradas, p.6, 20 jun. 1884; *Revista Illustrada*, Ecos e Fatos, p.3, 30 jun. 1884; *Gazeta de Notícias*, Crônica da Semana, p.1, 31 out. 1886.

utilidade ou representavam alguma ameaça, podiam ser eliminados sem grandes considerações. Ambos estavam à disposição dos homens, inclusive para lhes servir de divertimento (Thomas, 1988, p.22-8, 31-5, 111-2, 167, 171-6, 182). Assim, as touradas e outras recreações baseadas na utilização de animais constituíam tradições perfeitamente legítimas.

O touro das lides ibéricas tinha um ponto em comum com seus semelhantes na mitologia greco-romana, como o touro em que se disfarçou Júpiter para seduzir Europa e o touro de Creta capturado por Hércules (Almeida, 1951, v.1, p.8). Tanto na tauromaquia quanto nessas narrativas mitológicas, o touro simbolizava a mesma coisa: a potência da natureza (Carr-Gomm, 2004, p.212; Barreto, 1970, p.49-51). Nas palavras de João Matheus, a tourada representava "o eterno combate das forças da natureza com uma energia moral do homem, destinado a subjugar o universo".[37]

Diante da natureza bruta, cabia ao homem a coragem para enfrentá-la. Um dos autores do "Folhetim" da *Gazeta de Notícias*, como bom aficionado, enaltecia "o homem que não treme em frente de um touro, que o espera, que luta com ele, que o vence". A cada sorte, a corrida proporcionava ao toureiro uma oportunidade de desafiar a morte. Com isso, ele adquiria "uma altivez elegante no porte e uma serenidade valente para as ocasiões difíceis da vida".[38] Era função da civilização "desenvolver o homem e o educar para afrontar os perigos mais imediatos".[39] Para Ramalho Ortigão, escritor português assíduo nas páginas dos jornais cariocas, a virtude das touradas estava em transmitir aos toureiros "o grande e nobre hábito de encarar o perigo de perto e frente a frente, bater-lhe as palmas, agarrá-lo de cara e afocinhá-lo no chão".[40]

Na visão de seus defensores, a tourada tinha uma utilidade educativa. Além de salutar ao espírito, tratava-se de "uma diversão útil

---

37 *O Paiz*, A Tourada de Ontem, p.2, 7 ago. 1898.
38 *Gazeta de Notícias*, As Touradas, p.1, 6 mar. 1877.
39 *Gazeta de Notícias*, Depois da Tourada, p.1, 17 mar. 1877.
40 *Gazeta de Notícias*, Cartas Portuguesas, p.1, 28 maio 1888.

ao corpo", uma vez que ajudava o aprimoramento físico do homem através de um "exercício ginástico".[41] Não por acaso, a cobertura da imprensa ao movimento tauromáquico carioca passou a ser feita, a partir dos anos 1880, nas seções de "Sport", ocupando espaço vizinho ao noticiário das corridas de cavalos.

Mas o alcance educativo das touradas não se limitava aos seus praticantes. Os feitos de coragem dos toureiros podiam "influir favoravelmente" sobre o ânimo dos espectadores.[42] O divertimento tauromáquico, na opinião de um aficionado, representava "um poderoso meio de conservar o heroísmo e a virilidade de um povo".[43] Olavo Bilac, antes de passar para o lado dos adversários das touradas, reproduzia essa linha de pensamento. "Vendo a agilidade humana domar a força bruta dos bichos, vendo o animal furioso corcovear e saltar sob o chuveiro das farpas, assistindo àquela luta implacável que empolga a alma do espectador" – escrevia ele –, "o carioca, já consolado com a amargura da sua labuta diária, há de aprender a domar a *vache-enragée* da vida…"[44] A tourada era um espetáculo logicamente defensável, pois tinha o poder de infundir bons sentimentos no povo.

O argumento das virtudes didáticas do toureio fazia sentido num tempo em que, a despeito da separação entre homem e natureza na mentalidade vigente, as sociedades humanas continuavam muito envolvidas com o mundo natural. Na era pré-industrial, grande parte da energia demandada pela sobrevivência humana era obtida através da exploração dos animais. As manifestações da natureza bruta constituíam ameaças relativamente maiores do que aquelas com que precisariam se preocupar as sociedades da segunda Revolução Industrial. Impunha-se a ideia de domínio do homem sobre a natureza. Era uma época de heróis dignos de aplauso por enfrentar os perigos naturais que ameaçavam a civilização.

---

41  *Gazeta de Notícias*, As Touradas, p.1, 6 mar. 1877.
42  *Gazeta de Notícias*, Crônica, p.1, 14 dez. 1879.
43  *Gazeta de Notícias*, Cousas de Espanha, p.1, 21 fev. 1894.
44  *Gazeta de Notícias*, Crônica, p.1, 8 maio 1898.

No Brasil, esse discurso do heroísmo toureiro circulou até a primeira década de República. Muito antes, porém, vozes dissonantes surgiam para contraditar as supostas virtudes das touradas. Pela segunda metade dos anos 1870, no Rio de Janeiro, conviviam posições antagônicas, e dificilmente um carioca à procura de divertimento seria indiferente aos touros. Como notou o "Folhetim" da *Gazeta de Notícias*, não havia "partidos neutros nesta questão".[45] O tema das touradas apaixonava tanto a defesa quanto a acusação.

A favor dos adversários das corridas de touros contava o preconceito que autorizava o uso do termo tourada como sinônimo de bagunça ou confusão generalizada. Como vimos no Capítulo 3, essa metáfora aparecia quase sempre no comentário das notícias sobre política. Na Câmara dos Deputados, o público que fosse acompanhar algum debate às vezes podia se sentir "como se estivesse assistindo a uma tourada" ou saboreando "a patuscada de uma praça de touros".[46] O momento de uma votação podia ser descrito como a hora "de pegar o touro à unha". Depois de uma tumultuada sessão no Congresso, um redator da revista *Don Quixote* observou: "Nunca se viu tantas farpas, tantos bravos e tantos foras!".[47] De um lado, demonstrações de habilidade física, cenas imprevistas e lances emocionantes, como aqueles exibidos pelos toureiros, e, de outro, pateadas, berros, apupos e ditos chistosos, tão próprios dos frequentadores das arquibancadas, não eram bem-vistos fora do redondel, em recintos que exigiam decoro. Assim, pelos atalhos da linguagem, não era difícil que a desconfiança do povo para com a política se estendesse às touradas.

Ao preconceito da tourada como sinônimo de desordem se somava o preconceito que associava o público da praça de touros à falta de educação e de gosto apurado pelas artes. Um crítico do jornal

---

45  *Gazeta de Notícias*, As Touradas, p.1, 6 mar. 1877.
46  *Gazeta de Notícias*, Na Câmara, p.1, 13 nov. 1896; *O Cruzeiro*, O Fonógrafo, p.1, 22 nov. 1890.
47  *Don Quixote*, Corrida de touros na Câmara (Direção Glicério), p.5, 8 ago. 1896.

*Cidade do Rio* desabafava, perguntando aos leitores: "Os senhores já tiveram a pouca sorte de viajar num bonde depois de touradas, regatas, corridas, enfim, uma festa qualquer dessas donde se não pode voltar a pé, com um moço que se julga engraçado?". E reclamava do comportamento do moço, dos seus gritos e piadas, "tudo sem um único lampejo de graça, de espírito".[48] Noutra oportunidade, elogiava as pessoas "de alma pura e estos elevados" que, num domingo, preferiram visitar o salão da Escola de Belas-Artes a ir "às festas de romaria, às touradas, às cousas da burguesia".[49] Do mesmo modo, era lamentável, na opinião do crítico teatral do jornal *Rua do Ouvidor*, que o público deixasse esvaziadas as matinês dos teatros para "ir ali às Laranjeiras assistir a umas *touradas* com touros sem sorte".[50] O que diriam esses críticos ao saber que um autor de teatro como Arthur Azevedo era capaz de trocar um concerto musical por uma corrida no redondel?[51] Defensores da alta cultura não se conformavam com a popularidade das touradas, cujo público procuravam desqualificar. Ao abordar a preferência pelos touros em detrimento do teatro, Machado de Assis recorria à ironia: "Uma sociedade já enfarada de tantas obras de arte, de um teatro superior, quase único", precisava "repousar os olhos num espetáculo higiênico, deleitoso e instrutivo" (Assis, 1973, v.III, p.392).

Aos críticos que comparavam negativamente a tauromaquia ao teatro, João Matheus respondia com um argumento singular. No espetáculo dos touros não havia,

como no teatro e como na própria igreja, ardil ou mistificação alguma destinada a induzir em erro a divindade ou o homem. Nem bastidores nem pano de fundo, nem painéis nem céus de lona, nem armação de pôr e tirar, nem jogos de luz venal e facciosa.[52]

---

48  *Cidade do Rio*, Tempo, Aspecto Geral, p.2, 9 dez. 1901.
49  *Cidade do Rio*, Tempo, Aspecto Geral, p.2, 3 set. 1901.
50  *Rua do Ouvidor*, Ribaltas e Bastidores, p.7, 27 set. 1902.
51  *O Paiz*, Palestra, p.1, 5 jul. 1897.
52  *O Paiz*, A Tourada de Ontem, p.2, 7 nov. 1898.

Enquanto no teatro tudo era ilusão, na praça de touros o que se via não era senão a verdade. Mas, se ajudava a explicar o fascínio pelas touradas, esse argumento não sensibilizava seus inimigos. Pois era justamente a verdade da diversão tauromáquica, com seus acidentes e imprevistos, com seu sangue e força bruta, aquilo que suscitava a sua rejeição.

A tourada era um "bárbaro divertimento", conforme repetiam à exaustão seus opositores.[53] E acrescentavam: imoral, sanguinolento, brutal, estúpido, aviltador, selvagem, primitivo, desumano, cruel.[54] Tal diversidade de adjetivos apenas confirmava o significado que se imprimia ao termo. Uma tourada era "um espetáculo mais próprio de bárbaros do que de um povo civilizado".[55] A tauromaquia agredia a noção de civilização. Já em 1867, dona Maria de Albuquerque, colaboradora do *Jornal das Famílias*, marcava essa distinção entre bárbaros e civilizados. Para ela, "foi sempre um verdadeiro enigma ver uma criatura de alma bem formada concorrer a uma tourada". Do mesmo modo, não podia admitir que "nações que se dizem civilizadas" abrigassem "espetáculos desta qualidade".[56]

Ao apoiar o Projeto 86, Alcindo Guanabara acreditava que o declínio do gosto das touradas entre os cariocas dependeria "da educação, do aperfeiçoamento do espírito, da elevação moral dos homens, o que monta dizer da expressão da civilização".[57] Em 1908, o par formado por barbárie e civilização adquiria, no Brasil, uma

---

53  *Correio do Brazil*, Notícias Diversas, p.2, 25 out. 1872; *Revista Illustrada*, p.3, 16 fev. 1878; *A Estação*, A Cidade e os Teatros, p.157, 31 jul. 1883; *O Mequetrefe*, Touradas, p.6, 20 jun. 1884; *Diario do Brazil*, Teatros, p.3, 15 jul. 1884; *O Mercantil Petropolitano*, Petrópolis, Imprensa, p.2, 16 jul. 1884; *Gazeta da Tarde*, Tauromaquia, p.2, 7 set. 1898; *O Paiz*, Várias Notícias, p.2, 14 fev. 1900; *Correio da Manhã*, Casas de Diversões, p.2, 12 jul. 1907; *Jornal do Commercio*, Conselho Municipal, p.5, 27 out. 1907.

54  *Gazeta de Notícias*, As Touradas, p.1, 6 mar. 1877; *Gazeta de Notícias*, Conversemos…, p.1, 8 nov. 1877; *Diario do Brazil*, Teatros, p.2, 12 jul. 1884; *Gazeta de Notícias*, A Tourada, p.1, 18 abr. 1888; *O Paiz*, A 2ª Tourada, p.2, 10 ago. 1896; "A proibição das touradas", *Fon-Fon*, p.8, 16 maio 1908.

55  *Correio do Brazil*, Notícias Diversas, p.2, 25 out. 1872.

56  "O último dia de um poeta", *Jornal das Famílias*, p.147-9, maio 1867.

57  *A Imprensa*, O Dia, p.2, 26 abr. 1908.

correspondência com a oposição entre passado e presente. Olavo Bilac classificava as touradas entre "essas estúpidas e cruéis manifestações tardias do velho instinto sanguinário do homem besta". O divertimento taurino era "remanescente da barbárie antiga", um esporte vergonhoso que não podia "ser tolerado num século em que a inteligência" estava "cada vez dominando mais a força bruta".[58] Alcindo Guanabara também via a tourada como "uma sobrevivência da barbaria […] de uma época de civilização que já passou".[59] Posta em oposição à ideia de força bruta da natureza pelos partidários das touradas, a noção de civilização, defendida pelos seus adversários, se opunha à ideia de força bruta do homem.

No discurso dos acusadores, a barbaridade das touradas estava primeiramente nos efeitos que o divertimento podia produzir sobre o público espectador. O editor do *Diario do Brazil*, um dos maiores inimigos dos touros no final do Império, descrevia a corrida como um espetáculo estúpido, "pervertedor dos bons sentimentos do público".[60] Onde os aficionados procuravam demonstrações de coragem, seus opositores não encontravam senão indícios de covardia. A tourada era capaz de corromper "os costumes de um povo".[61] Não era atitude civilizada "dar largas aos instintos maus e carniceiros".[62] Um povo de espírito elevado não podia "sentir prazer em ver martirizar inútil e estupidamente um animal qualquer".[63] Devia-se evitar que esse "baixo instinto animal" se desenvolvesse especialmente nas crianças.[64] Por isso os críticos das touradas recomendavam às mães que não levassem seus filhos a esse tipo de espetáculo, cheio de "péssimos exemplos para a infância".[65]

---

58  *Correio Paulistano*, São Paulo, Diário do Rio, p.1, 17 maio 1908.
59  *A Imprensa*, O Dia, p.2, 26 abr. 1908.
60  *Diario do Brazil*, Teatros, p.2, 12 jul. 1884. Sobre a campanha do *Diario do Brazil* contra as touradas, ver também as edições de 13, 15, 18 e 20 de julho de 1884, 3 e 31 de agosto de 1884.
61  *Correio do Brazil*, Notícias Diversas, p.2, 25 out. 1872.
62  *Gazeta de Notícias*, Conversemos…, p.1, 8 nov. 1877.
63  *A Imprensa*, O Dia, p.2, 26 abr. 1908.
64  "Pelas crianças", *Tagarela*, p.2, 15 dez. 1904.
65  "O último dia de um poeta", *Jornal das Famílias*, p.147-9, maio 1867.

Essa preocupação com as emoções dos espectadores, entretanto, raramente se estendia aos toureiros. Certamente havia o reconhecimento de que os homens nas touradas estavam "expostos a todo o momento a perderem a vida".[66] Mas era por livre vontade que o toureiro entrava na arena: "Ninguém o trouxe; ele veio de moto próprio, um pouco por amor à glória, muito por pretensão".[67] Nesse aspecto, mesmo entre os opositores, prevalecia o entendimento dos defensores das touradas portuguesas, segundo os quais o perigo experimentado pelos toureiros era "quando muito igual ao dos jockeys ou antes ao dos acrobatas".[68] Os fatos corroboravam essa impressão. Ainda que eventualmente ocorressem acidentes deixando artistas feridos, nunca se registrou desde o Império nenhum caso fatal nas praças do Rio de Janeiro.

Era com o sofrimento dos quadrúpedes que mais se compadeciam os críticos das touradas: "Pobres animais!".[69] Dona Maria de Albuquerque não se conformava com o mal que se fazia a eles num redondel, "e sobretudo animais tão úteis ao homem como o cavalo e o touro".[70] Machado de Assis confessava seu partido: "Querem saber por que detesto as touradas? Pensam que é por causa do homem? Ixe! É por causa do boi, unicamente do boi" (Assis, 1973, v.III, p.362). A simpatia com os bichos era compartilhada por outros intelectuais, como o crítico teatral da revista *A Estação*, que se enternecia exclusivamente com a "má sorte do touro".[71]

Nesses discursos de denúncia do sofrimento animal, às vezes aparecia, na imprensa carioca, alusão direta a sentimentos de fundo religioso, como a compaixão e a piedade. Era bem conhecida a condenação da Igreja católica às corridas de touros. Já no século XVII, uma bula papal de excomunhão atingia os clérigos que assistissem

---

66  Ibid.
67  *A Estação*, A Cidade e os Teatros, p.157, 31 jul. 1883.
68  *Gazeta de Notícias*, Crônica, p.1, 14 dez. 1879.
69  *Jornal das Senhoras*, Modas, p.298, 18 set. 1853.
70  "O último dia de um poeta", *Jornal das Famílias*, p.147-9, maio 1867.
71  *A Estação*, A Cidade e os Teatros, p.157, 31 jul. 1883.

a touradas (Assis, 1973, v.III, p.392). No final do século XIX, um jornalista carioca comentava uma recente deliberação do papa que proibia os padres de oferecer socorros espirituais a quem fosse ferido nesses divertimentos.[72] Mas também era conhecida a contradição dos ibéricos, muitos cristãos, que, mal terminada a missa, se dirigiam à praça de touros.[73] Para essa ambiguidade dos católicos em relação à tauromaquia talvez contribuísse a prática das touradas beneficentes. Depois de uma bela corrida em que a arrecadação era destinada a uma obra pia, o redator de plantão do "Folhetim" da *Gazeta de Notícias* afirmou, a título de brincadeira, que "as virtudes teologais" passaram a ser quatro: "A fé, a esperança, a caridade e a tourada".[74]

A crítica laica, mais frequente, apelava para as noções de sentimento e de humanidade. Falava-se muito em termos de sentimentos nobres, sentimentos civilizados, sentimentos delicados, sentimentos de bondade e espírito de humanidade ou espírito humanitário.[75] "Sentimentos de humanidade" foi a expressão usada por Bethencourt Filho na apologia de seu projeto.[76] Machado de Assis dizia que sua posição contra as touradas não era tanto uma questão de ideias, mas de sentimentos (Assis, 1973, v.III, p.392). Era menos pelo caminho da razão do que pela via da emoção que se pensava na proteção dos animais. Os advogados da tauromaquia, por sua vez, tentavam desmoralizar esse recurso aos sentimentos humanitários. O redator de "Casos e Cousas" criticava o "sentimentalismo balofo" do chefe de polícia Alfredo Pinto ao proibir as pegas.[77] João Matheus ridicularizava o "sentimentalismo lamecha"

---

72  "O papa [...]", *Gazeta de Notícias*, p.1, 12 mar. 1894.

73  *Gazeta de Notícias*, Tourada Fatal, p.1, 13 maio 1895.

74  *Gazeta de Notícias*, Conversemos..., p.1, 8 nov. 1877.

75  "O último dia de um poeta", *Jornal das Famílias*, p.147-9, maio 1867; *A Estação*, A Cidade e os Teatros, p.157, 31 jul. 1883; "Pelas crianças", *Tagarela*, p.2, 15 dez. 1904; *A Notícia*, Proteção aos Animais, p.1, 17 out. 1907; p.2, 26 abr. 1908.

76  *Jornal do Commercio*, Conselho Municipal, p.5, 19 out. 1907.

77  *Gazeta de Notícias*, Decepção, p.1, 18 nov. 1907.

do autor do Projeto 86.[78] Brício Filho deplorava "esse espírito de humanidade piegas" dos intendentes do Conselho Municipal.[79]

A noção de sentimento, na argumentação laica, nada tinha a ver com a compaixão pelos seres inferiores. O que se reivindicava era um princípio de igualdade. Dona Maria de Albuquerque notava que, enquanto os touros entravam na praça "forçados e enganados", o homem se valia "da reflexão, da sagacidade, dos estratagemas e do raciocínio nele muito mais desenvolvido do que em outro qualquer vivente".[80] Machado de Assis comparava as corridas no prado, onde "o cavalo pleiteia com o cavalo", ao redondel, onde "o boi luta com o homem – a força com a destreza, a inteligência com o instinto" (Assis, 1973, v.III, p.392). Medeiros e Albuquerque, ao apoiar o Projeto 86, denunciava essa desigualdade. "Se os dois – cavaleiro e touro – estivessem sozinhos, frente a frente, podia ser um duelo interessante." Mas, o cavaleiro era "ajudado por uma chusma de capinhas e de bandarilheiros". Tratava-se de "uma luta covarde". O homem se arriscava, mas "muito menos que o touro". E a luta só podia ser "nobre" com "armas iguais".[81] Olavo Bilac radicalizava esse raciocínio:

> [...] eu, se fosse terminantemente obrigado a admitir touradas, mais facilmente admitiria as espanholas do que as portuguesas. Porque estas são mais covardes do que aquelas. O touro embolado pode apenas ser torturado, sem poder torturar. Ao passo que o desembolado às vezes se vinga de quem o tortura, mostrando-lhe se é agradável receber pontaços...[82]

Ora, tal noção de desigualdade só poderia ganhar expressão se estivesse respaldada por algum grau de identificação dos homens

---

78  *O Paiz*, p.2, 25 abr. 1908.
79  "As touradas – Seu extermínio? O projeto Bethencourt", *O Século*, p.2, 25 abr. 1908.
80  "O último dia de um poeta", *Jornal das Famílias*, p.147-9, maio 1867.
81  *Gazeta de Notícias*, Aqui..., p.5, 3 maio 1908.
82  *Correio Paulistano*, São Paulo, Diário do Rio, p.1, 17 maio 1908.

com os animais. Era essa a inflexão de sensibilidade que ocorria na Europa do século XIX e só tardiamente chegaria ao Brasil. Em 1907, porém, esse processo de mudança ganhou impulso na capital do país. No dia 2 de maio, foi fundada a Sociedade Brasileira Protetora dos Animais (Pagani; Velloso; Dias, 1922, v.1, p.81). Dirigida por Carlos Costa e Victor Marks, a entidade logo conquistou prestígio entre homens da imprensa e autoridades.[83] Figueiredo Pimentel, não obstante sua simpatia pelas touradas, passou a divulgar os interesses da sociedade entre as notas do "Binóculo".[84] O prefeito Souza Aguiar, numa de suas mensagens, prometeu incluir a bandeira da proteção dos animais entre as metas da municipalidade.[85] A polícia começava a ser orientada a coibir atos de violência praticados contra animais nas ruas da cidade. O principal alvo eram "condutores de carroças e outros veículos" que maltratavam os bichos "desapiedadamente".[86] Cidadãos passaram a se indignar diante dessas cenas.[87] No mesmo ano, o intendente Bethencourt Filho submeteu à apreciação do Conselho Municipal o Projeto 88, "proibindo o emprego dos instrumentos atualmente em uso para a fustigação dos animais", que passou a tramitar em paralelo ao processo de extinção das touradas.[88] No campo dos entretenimentos, Olavo Bilac e outros intelectuais denunciavam também "as brigas de galos, os combates de cães, o tiro aos pombos e a caça aos passarinhos".[89] Um redator de A Notícia se insurgia contra a "reclusão de pássaros em gaiolinhas de arames dourados com folhinhas de alface e comedou-

---

83 *Gazeta de Notícias*, Binóculo, p.2, 16 mar. 1908; *Jornal do Brasil*, Proteção aos Animais, p.5, 12 abr. 1908; *A Notícia*, Proteção aos Animais, p.2, 26 abr. 1908.

84 *Gazeta de Notícias*, Binóculo, p.2, 19 out. 1907; p.3, 22 ago. 1908; p.5, 20 maio 1909; p.3, 25 jan. 1910.

85 *O Rio Nu*, Comentários, p.2, 11 set. 1907.

86 *Jornal do Brasil*, Proteção aos Animais, p.7, 6 abr. 1908.

87 *Gazeta de Notícias*, Binóculo, p.3, 22 ago. 1908.

88 *Jornal do Commercio*, Conselho Municipal, p.3, 29 abr. 1908; *Jornal do Commercio*, Conselho Municipal, p.2, 2 maio 1908; *O Paiz*, A Exposição, p.2, 27 out. 1908.

89 *Gazeta de Notícias*, Crônica, p.5, 25 ago. 1907.

ros de cristal".[90] Lopes Trovão lamentava que a criançada improvisasse, nas ruas, carrinhos puxados a pequenos animais, que eram espancados e chicoteados.[91]

Ao mesmo tempo que crescia o desconforto diante da violência contra animais domésticos, começaram a aparecer manifestações organizadas em prol dos bichos de estimação, principalmente os cães. No mesmo ano, quando estavam na moda as conferências literárias, o crítico Roberto Gomes realizou um desses encontros no Instituto Nacional de Música tendo como tema "Os Cachorros e o Amor Canino".[92] A *Gazeta de Notícias* então começou a convocar os interessados para a promoção da primeira Exposição Canina do Rio de Janeiro.[93] Logo se fundaram entidades para a defesa dos interesses dos donos de cães, como o Kennel Club e o Dogs Sport Club.[94] A questão dos touros, portanto, estava inserida num amplo movimento que abrangia os animais domésticos e bichos de estimação existentes na cidade.

Durante o século XIX, em resposta às acusações dos humanitários, os tauromáquicos costumavam recorrer ao argumento segundo o qual as touradas portuguesas não eram tão bárbaras quanto as touradas espanholas. A tourada apreciada no Rio de Janeiro não podia "ser comparada aos divertimentos sanguinários da Espanha fanática".[95] Na tourada à portuguesa, não havia "o espetáculo repugnante do sangue derramado e dos animais mortos".[96] Não se poupava apenas a vida dos cornúpetos. Com os chifres embolados, os touros representavam uma ameaça relativamente menor para

---

90  *A Notícia*, Proteção aos Animais, p.1, 17 out. 1907.
91  "O abuso da garotada", *Gazeta de Notícias*, p.4, 29 set. 1907.
92  *Gazeta de Notícias*, Binóculo, p.2, 27 ago. 1907; *O Rio Nu*, Comentários, p.2, 7 set. 1907.
93  *Gazeta de Notícias*, Binóculo, p.2, 29 ago. 1907; p.2, 4 out. 1907; p.2, 8 out. 1907; p.2, 19 out. 1907. Esse evento só se realizaria em 1911: "Exposição canina e Corso de Carruagens", *Gazeta de Notícias*, p.1, 25 set. 1911.
94  *Gazeta de Notícias*, Binóculo, p.2, 19 out. 1907; *Gazeta de Notícias*, Binóculo, p.2, 15 out. 1907. Ver também Godinho (2010, p.35-8).
95  *Gazeta de Notícias*, Conversemos…, p.1, 8 nov. 1877.
96  *Gazeta de Notícias*, Crônica, p.1, 14 dez. 1879.

toureiros e cavalos. Pelas regras da lide, o cavaleiro devia evitar que
o cavalo fosse atingido pela fera. Na Espanha, não havia esse cuidado. O toureiro, com "as pernas encouraçadas até a cintura", deixava
que o touro, desembolado, investisse "sobre a pobre cavalgadu-
ra". Um correspondente da *Gazeta de Notícias* em Madri escreveu
como era comum nas corridas espanholas um cavalo receber uma
chifrada não mortal e ficar com os intestinos pendentes se arrastan-
do pelo chão, "servindo de tropeço às patas do pobre animal, espo-
reado pelo picador para caminhar outra vez para o touro".[97] Ora,
semelhante horror, conforme o cronista tauromáquico do diário
*A Capital*, não estava "na índole da nossa população".[98] Assim, "a
brasileira sensitiva", na expressão de João Matheus, não precisava
"furtar-se, com o leque diante dos olhos, ao espetáculo de sangue,
à cena dolorosa e repulsiva da hecatombe dos cavalos".[99]

A comparação com a modalidade espanhola de tauromaquia
produzia um atenuante favorável à defesa das touradas à portuguesa. Ao mesmo tempo, os aficionados tentavam sensibilizar o público por meio de um outro exercício de relativização. Tratava-se de
comparar o sofrimento dos bichos na areia do redondel com o destino que lhes reservava o matadouro. Como se considerava "menos
cruel uma noite no xadrez do que a pena de morte" – raciocinava
um redator da *Revista Illustrada* –, também era concebível que o
touro preferisse receber "um par de farpas a ser imolado no matadouro".[100] Dizia Ramalho Ortigão que "os protetores dos animais,
hostis às touradas, não atentaram ainda suficientemente na distinção – não de todo metafísica – que determina a diferença que existe
entre um touro e um boi". Para o cronista, os procedimentos de
castração eram "horrorosamente mais desnaturados do que todas as
sortes de garrocha".[101] Outro jornalista, inconformado com a proibição das pegas, recorria à mesma linha de argumentação: "O que

97 *Gazeta de Notícias*, Jornal do Ausente, p.1, 7 maio 1891.
98 *A Capital*, Touradas, p.2, 28 fev. 1893.
99 *O Paiz*, A Tourada de Ontem, p.2, 7 nov. 1898.
100 "Eu tenho um amigo [...]", *Revista Illustrada*, p.3, 16 fev. 1878.
101 *Gazeta de Notícias*, Cartas Portuguesas, p.1, 28 maio 1888.

a polícia tinha a fazer não era evitar que o boi fosse pegado à unha, mas simplesmente que o boi não fosse morto oficialmente para fornecer de bifes e de mocotós outros animais que valem menos do que ele".[102]

A intenção dos tauromáquicos certamente não era tornar a humanidade vegetariana, mas explorar retoricamente a grande contradição de uma sociedade que nutria cada vez mais sentimentos pelo sofrimento dos animais enquanto continuava a se alimentar da sua carne (Thomas, 1988, p.356-8). Tratava-se de "uma humanidade toda fantástica", que não podia "ver morrer um boi ao sol da arena", mas não se sentia constrangida em esganar "galinhas e patos, sem sombra de piedade".[103] Era com essa contradição entre a inclinação para a sensibilidade e a orientação para a utilidade que João Matheus mexia ao incluir vacas e bezerros na discussão sobre o sofrimento dos animais:

> No tempo em que os leiteiros levavam leite a domicílio, dentro do úbere da vaca, quantas vezes eu senti o coração confrangido ao ver os pobres bezerros amarrados por uma corda à cauda da mãe, esfaimados, impossibilitados de mamar a túmida teta materna, com o focinho dentro de um açame de couro, desesperados, vendo a impassibilidade do ilhéu ordenhando a vaca para vender o leite à freguesia...[104]

Entretanto, como o próprio João Matheus permitia deduzir, as práticas de manipulação de animais para fins de alimentação e outros usos industriais estavam, havia algum tempo, afastadas do olhar dos habitantes das grandes cidades. Na época da tramitação do Projeto 86 no Conselho Municipal, a ordenha de vacas já era proibida no perímetro urbano do Rio de Janeiro (Brenna, 1985, p.289). Havia décadas também que o matadouro da cidade fora

---

102 *Gazeta de Notícias*, Decepção, p.1, 18 nov. 1907.
103 *Correio da Manhã*, Crônica das Touradas, p.4, 31 maio 1909.
104 *O Paiz*, p.2, 25 abr. 1908.

transferido da praia de Santa Luzia, no centro, para o Mangue e, depois, para o distante subúrbio de Santa Cruz (Gerson, 1965, p.511; Abreu, 1997, p.41). Uma lenta inflexão de costumes, iniciada no final da Idade Média, tinha mudado o comportamento das sociedades na Europa, incluindo suas principais áreas de influência nas Américas. Os animais destinados à alimentação humana, antigamente trinchados inteiros à vista dos comensais (Elias, 1994, v.1, p.126-9), agora chegavam à mesa previamente cortados em bifes, que em nada lembravam sua forma original e, assim, podiam ser degustados pelas pessoas sem lhes despertar quaisquer sentimentos humanitários pela sua morte. O Brasil republicano, ainda que tardiamente, estava integrado a esse processo.

Era no contexto de um estilo de vida urbano, depurado de vestígios do mundo rural, que os opositores das touradas respondiam à retórica da comparação entre praça de touros e matadouro. Conforme um editor de *A Notícia*, os aficionados confundiam "absurdamente a necessidade do sacrifício de alguns desses animais para a alimentação pública com o egoísmo feroz do flagelamento para divertir".[105] Alcindo Guanabara não admitia o "espetáculo do martírio de um animal, sem que houvesse, para justificá-lo, a necessidade imperiosa de um homem viver".[106] Era evidente para os contemporâneos que a supressão das touradas "não importaria no banimento dos bovinos dos nossos estômagos e das nossas indústrias agrícolas".[107] Por isso, Machado de Assis podia afirmar que preferia "comer o boi a vê-lo na praça" (Assis, 1973, v.III, p.362), e um redator do *Mequetrefe* brincava dizendo que os touros tinham a "plena convicção de que vieram ao mundo para ser comidos e não farpeados".[108]

Na verdade, a linha de argumentação dos defensores das touradas, ao recorrer ao relativismo dos atenuantes, nada mais fazia do que reforçar os sentimentos humanitários diante do sofrimento dos

---

105  *A Notícia*, Proteção aos Animais, p.2, 26 abr. 1908.
106  *A Imprensa*, O Dia, p.2, 26 abr. 1908.
107  *A Notícia*, Proteção aos Animais, p.1, 17 out. 1907.
108  *O Mequetrefe*, Touradas, p.6, 20 jun. 1884.

animais. Defender as touradas portuguesas porque nelas não se matavam os touros, ou as touradas em geral porque nelas os touros não eram transformados em bois, e os bois em bifes, apenas fortalecia a ideia de que era preciso proteger os animais. Em 1908, Figueiredo Pimentel fazia a apologia das touradas nestes termos:

> Quanto ao espetáculo em si, nada tem de desagradável, como se procede no Rio de Janeiro. Admira-se o garbo e a elegância dos cavaleiros, a agilidade e perícia dos toureiros. Nas corridas há sempre muita animação, muita vida, muita alegria. Os animais nada sofrem. Espetam-se-lhes bandarilhas, que são pouco mais ou menos como anzóis direitos, fincados em pedaços de pau enfeitados de papel ou de fitas.[109]

Para se gostar das touradas era requisito indispensável a garantia de que os touros nada sofriam e de que as farpas eram inofensivas como os anzóis. Os próprios amantes da tauromaquia se viam obrigados a argumentar dentro dos limites da concepção segundo a qual o cuidado com os animais era ponto pacífico. Assim, ambos os partidos, aficionados e humanitários, ainda que em posições diametralmente opostas, moviam-se na mesma direção. Uma poderosa inflexão de costumes arrastava as sociedades humanas rumo a uma crescente sensibilidade que tornava repulsivo maltratar animais, principalmente a título de divertimento.

\* \* \*

A mudança de sensibilidade em relação ao sofrimento dos animais, que acontecia em todo o mundo sob influência ocidental, foi determinante para desencadear o processo de extinção das touradas no Brasil, que começou na capital federal e se estenderia para os Estados. Mas essa inflexão de costumes poderia não ter efeito se não estivesse acompanhada de um outro conjunto de grandes mudan-

---

109 *Gazeta de Notícias*, Binóculo, p.6, 5 jan. 1908.

ças ocorrido na trajetória recente da sociedade brasileira. De outro modo, não se compreenderia como Portugal, Espanha, Açores e sul da França, lugares atingidos por essa mesma tendência de incremento das sensibilidades, mantiveram o gosto pela tauromaquia protegido pela lei ou pela legitimidade.

A proibição das diferentes modalidades de corridas de touros, na virada do século XIX para o XX, era debatida em diversos países da América do Sul, da América do Norte e da Europa, inclusive da Península Ibérica.[110] Mas somente no Brasil havia ocorrido recentemente uma mudança fundamental na estrutura da sociedade: a abolição da escravidão. O fim do trabalho escravo teve impacto decisivo, ainda que indireto, sobre as discussões que se travavam no país a respeito de touradas e proteção aos animais.

Enquanto o regime de escravidão permanecia em vigência, dificilmente as iniciativas de proteção aos animais poderiam ser levadas a sério. Em 1884, o cronista tauromáquico da *Gazeta da Tarde* rejeitava a proposta de proibição das touradas cariocas nos seguintes termos: "Compreende-se que elas se proíbam em países onde há proteção para os animais; mas entre nós, onde não há essa proteção, nem para os homens, como sucede com os escravos, seria ridícula tal ostentação hipócrita de humanidade".[111]

Como defender os touros das farpas num país em que as leis permitiam o açoite de seres humanos? Como propor a compaixão pelos animais num país que não se compadecia pelo sofrimento dos escravos? O próprio Machado de Assis, um dos mais sérios opositores das touradas, reconhecia essa contradição e a decorrente limitação de que sofria o discurso da proteção aos animais no Brasil:

---

110  *Revista Illustrada*, Gazetilha, p.6, 28 set. 1880; *Gazeta de Notícias*, Cartas Portuguesas, p.1, 28 maio 1888; *Gazeta de Notícias*, Telegramas – Madri, capa, 28 nov. 1894; *O Paiz*, Na Europa Latina, p.1, 8 set. 1895; *Jornal do Brasil*, Telegramas – Meeting – Barcelona, p.1, 15 jan. 1901; *Correio da Manhã*, Pelo Telégrafo – Bélgica, p.2, 7 fev. 1905; "As autoridades de Nova York […]",*Gazeta da Tarde*, p.2, 16 ago. 1880; *Jornal do Brasil*, Telegramas – Touradas – New York, p.1, 10 ago. 1901.

111  *Gazeta da Tarde*, A Los Toros, p.2, 13 jun. 1884.

Não digo que façamos nesta Corte uma sociedade protetora de animais; seria [...] ridículo. Pobre iniciador! Já estou a ver-lhe a cara larga e amarela, com que havia de ficar, quando visse o efeito da proposta! Pobre iniciador! Interessar-se por um burro! Naturalmente são primos? – Não; é uma maneira de chamar a atenção sobre si. – Há de ver que quer ser vereador da Câmara: está-se fazendo conhecido. – Um charlatão. (Assis, 1973, v.III, p.362)

No entanto, uma vez extinta a escravidão, essa contradição desapareceu. Os brasileiros defensores dos direitos dos animais agora estavam livres do ridículo. Já não havia mais nenhuma objeção racional para que a proteção dos animais ganhasse abrigo na legislação. Invertida a situação, os humanitários partiram para o ataque. No ano da fundação da Sociedade Brasileira Protetora dos Animais, quando a Lei Áurea mal havia atingido a maioridade, Lopes Trovão estendia aos burros de carga a sua condenação ao uso do chicote:

O chicote foi o instrumento de suplício dos milhões de homens de cor a quem devemos as primícias da civilização pelo desbravamento das selvagerias da nossa natureza e, pela nossa carência de cultura moral, é ainda a moeda permitida com que pagam sem piedade ao burro que lhes dá generosamente o pão centenares de indivíduos que vestem a forma humana apenas para desonrar a nossa espécie [...].[112]

Suprimida a garantia legal que o regime escravista fornecia à violência cometida contra seres humanos, desmoronava em seguida a base moral da violência contra os animais. E se agora os maus-tratos já não eram admissíveis quando atingiam animais empregados na produção, como os burros de carga, ainda menos o seriam quando praticados em animais utilizados para fins de diversão, como os touros do redondel.

---

112 "O abuso da garotada", *Gazeta de Notícias*, p.4, 29 set. 1907.

Entre outras consequências, o fim da escravidão pôs o Brasil em posição de igualdade jurídica com as nações livres. O país agora estava apto a imitar os exemplos de civilização chegados da Europa e a competir de igual para igual com seus vizinhos da América do Sul. Isso valia para todos os aspectos da cultura, inclusive divertimentos como as touradas.

Quando apresentou o Projeto 86 no Conselho Municipal, o intendente Bethencourt Filho afirmou que sua iniciativa tratava "de um assunto há muito resolvido pela República Argentina".[113] Não se podia aceitar que o Brasil ficasse em posição inferior àquele país que se tornara o seu principal êmulo em questões de civilização, como a proteção aos animais. Ao extinguir as touradas, o Rio de Janeiro se igualava a Buenos Aires e também a Santiago do Chile, onde o divertimento tinha sido recém-proibido;[114] não se deixava alcançar por Assunção do Paraguai, onde crescia o movimento antitauromáquico;[115] e ultrapassava Montevidéu, onde a lide à espanhola era muito popular e as tentativas de proibição no Parlamento eram sucessivamente derrotadas.[116]

Ao fechar a praça de touros, o Rio de Janeiro se aproximava, sobretudo, de Paris, modelo de civilização reconhecido, admirado e, na medida do possível, copiado em todo o mundo ocidental. Pelas páginas dos jornais cariocas, os leitores acompanhavam o embate de forças contra e a favor das touradas na França. Entre o final do século XIX e o começo do XX, cidades do interior – Nimes, Bayonne, Perpignan, Dax, Bordéus, Roubaix e Nice – insistiam na tauroma-

---

113 *Jornal do Commercio*, Conselho Municipal, p.5, 19 out. 1907. Sobre proibição de touradas na Argentina: *Semana Ilustrada*, Pontos e Vírgulas, p.3.523, 23 maio 1869; *Gazeta da Tarde*, Tauromaquia, p.2, 7 set. 1898; *Correio da Manhã*, No estrangeiro – Argentina – Buenos Aires, p.2, 5 set. 1902.

114 *O Paiz*, Telegramas – Santiago, p.1, 9 jan. 1900; *Gazeta de Notícias*, América do Sul – Chile, p.2, 2 abr. 1900; *O Paiz*, Telegramas – Exterior – Santiago, p.2, 25 mar. 1907.

115 *O Paiz*, Telegramas – Assunção, p.1, 23 mar. 1902.

116 *Diário de Notícias*, Telegramas – Montevidéu, p.1, 2 abr. 1888; *O Tempo*, Telegramas – Montevidéu, p.1, 10 set. 1892; *Jornal do Brasil*, Exterior e Interior – As Touradas – Montevidéu, p.1, 13 jul. 1900.

quia, a despeito das tentativas de proibição feitas pelas autoridades.[117] Paris, entretanto, não seguia essa tradição. Num passado recente, tinha havido algumas touradas à moda espanhola, mas sem continuidade, de forma que não se criara um gosto parisiense pelos touros.[118] Na exposição comemorativa do centenário da Revolução, uma companhia obteve licença para realizar corridas com touros embolados, mas, no ano seguinte, a praça do Bois de Boulogne já se encontrava esvaziada.[119] Conforme explicava o correspondente da *Gazeta de Notícias*, "feitas a sério, as touradas representariam uma aberração do gosto francês"; "como simulacro", isto é, sem a morte do touro, apenas produziam tédio.[120] Na exposição de 1900, as touradas estavam definitivamente banidas da capital francesa.[121] O correspondente de *O Paiz* Xavier de Carvalho escreveu sobre o movimento liderado pelo presidente do conselho de ministros, Waldeck Rousseau, "que se opunha à inauguração oficial de uma praça de touros, numa cidade como Paris e no momento em que a França ia dar ao mundo o exemplo edificante de um jubileu de civilização e de progresso".[122]

Era esse exemplo, fornecido pela França e ratificado pela Argentina, que respaldava os legisladores do Rio de Janeiro. A consolidação da proibição das touradas em Paris representava um argumento poderoso para o discurso humanitário, pois validava a racionalidade da proteção aos animais baseada no conceito de civilização. Mais do que o sentimento pelo destino dos touros, talvez

---

117  *Gazeta de Notícias*, Telegramas – Nimes, p.1, 1 ago. 1895; *Gazeta de Notícias*, Telegramas – Paris, p.1, 2 set. 1895; *Gazeta de Notícias*, Telegramas – Paris, p.1, 14 jul. 1896; *Gazeta de Notícias*, Telegramas – Bordéus, p.1, 20 jul. 1896; *Jornal do Brasil*, Telegramas – Corrida de touros – Roubaix, p.1, 20 ago. 1901.
118  *Revista Illustrada*, Pequeno Correio, p.7, 24 maio 1884.
119  *Diário de Notícias*, A Sociedade Protetora dos Animais, p.3, 11 jun. 1889; *Diário do Commercio*, Touros em Paris, p.3, 18 dez. 1889.
120  *Gazeta de Notícias*, De Paris, p.1, 16 jun. 1890.
121  *Jornal do Brasil*, Serviço da Agência Havas – Corridas de touros – Paris, p.2, 17 fev. 1900; "As corridas de touros nos arrabaldes de Paris", *O Paiz*, p.2, 15 jul. 1900.
122  *O Paiz*, Carta Parisiense, p.2, 14 fev. 1900.

pesasse o desejo dos cariocas de viver numa cidade civilizada, livre das barbaridades do passado que envergonhavam o homem moderno. Abolida a escravidão, entretanto, esse sonho de civilização havia se transformado numa possibilidade real. Logo que foi restabelecido o equilíbrio do país, nos planos político e econômico, com o controle do governo pelas oligarquias e a restauração da capacidade de financiamento (Souza, 1977, p.182-5; Lessa, [s.d.], p.111; Mendonça, 1990; Fausto, 2006, p.37-41, 382-4), passou a ser um objetivo factível a implementação de um projeto de reformas na capital federal. Sob a liderança do Estado, médicos, juristas, engenheiros, técnicos e cientistas se engajaram nesse esforço civilizador.

Em 1907, quando começou a tramitar no Conselho Municipal o projeto de extinção das touradas, as doenças epidêmicas que havia pouco grassavam no Rio de Janeiro e o rebaixavam diante do mundo civilizado agora estavam relativamente controladas. As ameaças da peste bubônica, combatida pelo serviço de desinfecção, da varíola, atacada por meio da vacina obrigatória, e da febre amarela, enfrentada através da guerra aos mosquitos, já não assustavam tanto os cariocas nem os visitantes estrangeiros, que podiam atestar a melhoria das condições de salubridade na capital brasileira.[123]

No mesmo ano, o programa de saneamento da cidade já se encontrava amparado por uma série de leis decretadas ou postas em execução pela gestão anterior. O prefeito Pereira Passos havia proibido no perímetro urbano do Distrito Federal o plantio de hortas, a construção de estábulos e cocheiras, a criação de porcos, a circulação de vacas para comércio de leite e a venda de miúdos em tabuleiros descobertos. Também havia banido a prática da caça e promovido a apanha de cães vadios nas vias públicas (Brenna, 1985, p.289; Benchimol, 1985, p.601-7; Pagani; Velloso; Dias, 1922, v.1, p.188 [caça], 792-3 [hortas]; v.2, p.140-1 [estábulos e cocheiras]).

---

123 "As moléstias do Rio", *Gazeta de Notícias*, p.1, 12 jan. 1906; "Peste", *Gazeta de Notícias*, p.5, 13 jan. 1907; *Gazeta de Notícias*, p.1, 17 mar. 1908; *Gazeta de Notícias*, Termas e Praias, p.3, 17 maio 1908.

Em pouco tempo, o Rio de Janeiro tinha eliminado esses vestígios de passado colonial.

A paisagem urbana acabava de passar por uma revolução. A reforma comandada por Pereira Passos tinha expulsado do centro da cidade cortiços e moradias pobres. Agora, amplas avenidas assistiam ao surgimento de modernas edificações e davam lugar aos passeios das famílias elegantes (Benchimol, 1990, p.226-31; Abreu, 1997, p.59-66). Novos divertimentos ao ar livre, como as batalhas de flores e o corso de carruagens, introduziam hábitos cosmopolitas entre os cariocas.[124] A cidade se sentia mais parecida com Paris, e o mote lançado pelo "Binóculo" repercutia nas conversas, nos cafés e confeitarias: "O Rio civiliza-se".[125]

A Exposição Nacional comemorativa do centenário de abertura dos portos, em 1908, coroava esse processo de transformação. Era a grande oportunidade de apresentar os progressos da nação não apenas aos estrangeiros, como também aos brasileiros vindos dos estados. Paralelamente à programação oficial, uma grande variedade de divertimentos animou o público, entre agosto e novembro. Diariamente tocavam bandas de música, espocavam fogos de artifício e se acendia a iluminação elétrica que, à noite, dava ao lugar um "aspecto único de deslumbramento e de encanto".[126] Um teatro, um cinematógrafo, um rinque de patinação e um bar para o "five-ó-clock tea" disputavam a preferência dos visitantes.[127] Entre as crianças fez sucesso uma "estrada de ferro liliputiana".[128] Os adultos se distribuíam em concertos sinfônicos, conferências literárias, exposições de belas-artes, bailes, batalhas de flores, batalhas de confete

---

124 *Gazeta de Notícias*, A Cidade, p.2, 9 jul. 1903; *Gazeta de Notícias*, Batalha de Flores, p.2, 10 jul. 1903; *Gazeta de Notícias*, Binóculo, p.2, 13 jul. 1907; *Gazeta de Notícias*, Binóculo, p.2, 18 jul. 1907.
125 *Gazeta de Notícias*, Binóculo, p.2, 13 set. 1907; p.4, 4 fev. 1908; p.3, 27 out. 1910.
126 *Gazeta de Notícias*, A Exposição, p.1, 20 ago. 1908.
127 *Gazeta de Notícias*, A Exposição, p.2, 15 ago. 1908; p.2, 21 ago. 1908; p.2, 8 out. 1908.
128 *Gazeta de Notícias*, A Exposição, p.2, 5 out. 1908.

e outras festas.[129] O corso de carruagens semanal foi transferido da praia de Botafogo para o recinto da Exposição, na praia Vermelha.[130] A programação esportiva contou com regatas, corridas de bicicleta e um concurso hípico.[131] Os divertimentos de que mais gostavam os cariocas estavam representados na Exposição Nacional. Exceção eram as touradas, cuja proibição já estava sancionada pelo prefeito e entraria em vigência a partir de janeiro do ano seguinte. Essa ausência contrastava com a presença dos diretores da Sociedade Brasileira Protetora dos Animais, recebidos oficialmente durante o evento pelo presidente da República, Afonso Pena.[132]

A comemoração do centenário de 1908 punha em pauta a questão da identidade nacional, e a aproximação dessa data pode ter catalisado a extinção das touradas no Distrito Federal. Na celebração de um evento histórico ligado ao nascimento da nação brasileira, não cabia a defesa de um costume distintivo da identidade lusitana, que remetia à memória da antiga metrópole. A jovem república dava as costas ao passado colonial, que a tauromaquia podia evocar, e perseguia o exemplo de outras nações europeias, criadoras das noções vigentes de civilização e progresso. A preferência por esportes e entretenimentos modernos praticados na Inglaterra e na França correspondia a essa orientação.

A partir de 1909, restava aos aficionados atravessarem a baía de Guanabara para assistir às touradas. Mas os frequentadores do Campo de Marte tinham opções de divertimento em que podiam procurar emoções fortes. Nos últimos anos, o campeonato internacional de luta romana atraía muita gente ao parque Fluminense.[133]

---

129 *Gazeta de Notícias*, A Exposição, p.1, 25 ago. 1908; p.2, 1 out. 1908; p.3, 16 set. 1908; p.2, 9 set. 1908; p.3, 5 set. 1908; *Gazeta de Notícias*, Binóculo, p.3, 7 set. 1908.

130 *Gazeta de Notícias*, Binóculo, p.3, 17 ago. 1908; *Gazeta de Notícias*, A Exposição, p.1, 18 ago. 1908.

131 *Gazeta de Notícias*, A Regata da Exposição, p.3, 26 set. 1908; *Gazeta de Notícias*, p.3, 14 set. 1908.

132 *O Paiz*, A Exposição, p.3, 27 ago. 1908.

133 *Gazeta de Notícias*, Parque Fluminense, p.4, 6 nov. 1903; "Polytheama (Parque Fluminense) – 3º Campeonato Internacional de Luta Romana", *Gazeta de Notícias*, p.6, 26 ago. 1905.

Também entravam em voga outras modalidades de luta, como o boxe e o jiu-jitsu. Eram esportes em que os adversários se enfrentavam em pé de igualdade, portanto, "muito mais justificáveis do que a covardia das touradas".[134] O público permanecia seduzido pelos espetáculos violentos,[135] mas nesses casos a violência era mais controlada e regulamentada.

Uma outra modalidade de confronto, ainda menos violenta, também começava a chamar a atenção dos cariocas no final dessa década. Como notou João do Rio, "a mocidade, que só falava em pelota, a mocidade dos patins e do ciclismo nos velódromos, a mocidade admirável dos clubes de regatas" agora passava a falar "dos *matches* de *foot-ball*, de *goals*, de *shoots*, numa algaravia técnica, de que resultam palavras inteiramente novas no nosso vocabulário".[136] Os frequentadores de touradas, que acordavam desejando um domingo de sol para aplaudir, vaiar, gritar a plenos pulmões e fazer graça nas arquibancadas da praça de touros em breve acordariam desejando o mesmo domingo ensolarado, para aplaudir, vaiar, gritar e fazer graça nas arquibancadas... dos estádios de futebol.

Junto com o "foot-ball", também chegava ao Rio de Janeiro uma nova modalidade de divertimento, caracterizada por algum grau de violência e de risco de morte para seus praticantes: o automobilismo. Produto das inovações tecnológicas da mecânica, da eletricidade e do motor a combustão, o automóvel, nessa primeira década do século XX, começava a penetrar na vida da cidade. Passeava-se de automóvel nas estradas recém-abertas na Tijuca, pegava-se um automóvel para ir a um piquenique no Leme, alugava-se um automóvel para fazer o corso na praia de Botafogo. Ia-se a todo lugar, ao teatro, à missa, às próprias touradas de automóvel.[137]

---

134 *Gazeta de Notícias*, Aqui..., p.5, 3 maio 1908.

135 "Os sports da morte", *Gazeta de Notícias*, p.2, 9 jun. 1906.

136 *Gazeta de Notícias*, Os Sports – O Foot-ball, p.1, 26 jun. 1905.

137 "Pic-nic no Humaitá", *Gazeta de Notícias*, p.2, 10 nov. 1901; *Gazeta de Notícias*, Crônica, p.5, 26 ago. 1905; "Prefeitura do Distrito Federal – Edital – Sobre automóveis", *Gazeta de Notícias*, p.3, 9 dez. 1905; "Sensações de automóveis", p.4, *Gazeta de Notícias*, 8 abr. 1906; *Gazeta de Notícias*,

Tempos depois, a novidade se transformaria em meio de transporte, com todas as suas vantagens, a velocidade, a autonomia, a privacidade, e todas as suas desvantagens, os acidentes, as capotagens, os atropelamentos. Em 1912, um cronista do jornal *O Copacabana* fazia uma analogia entre as corridas de touros, com seus cavaleiros, bandarilheiros e capinhas, e o uso do novo brinquedo, que começava a se generalizar:[138] "Proíbem-se as touradas; temos, porém, uma tourada mais original em que os capeados são as criancinhas inocentes e os capeadores, os automóveis cheios de gente alegre".

---

Automobilismo, p.7, 15 abr. 1906; *Gazeta de Notícias*, Automobilismo, p.3, 17 abr. 1906; "Atropelado por um automóvel", *Gazeta de Notícias*, p.3, 26 maio 1906; *Gazeta de Notícias*, Automóvel Club do Brasil, p.3, 9 mar. 1907; *Gazeta de Notícias*, Perfis Automobilísticos, p.4, 27 jul. 1907; "Delicioso passeio", *Fon-Fon*, p.27, 21 mar. 1908.

138  *O Copacabana*, Crônica Marítima, p.2, 21 jul. 1912.

# 6
# O INESPERADO RETORNO: AS GRANDES TOURADAS DO CENTENÁRIO (1922)

*Victor Andrade de Melo*

## Introdução

O ano de 1922 foi determinante para se pensar o Brasil. No ano em que foi realizada a Semana de Arte Moderna, fundou-se o Partido Comunista; emergiram os primeiros movimentos do Tenentismo; a eleição presidencial foi marcada por conflitos; o governo federal, cobrado intensamente pela imprensa, promoveu, com atrasos e alguns atropelos, uma série de iniciativas para celebrar o Centenário da Independência do país.

A efeméride se constituiu em importante ocasião para lideranças intelectuais e políticas nacionais se envolverem em debates sobre os projetos de país, uma atitude frente ao futuro que necessariamente apontava uma releitura do passado:

> Articulando presente/passado/futuro, arrasando antigas tradições e construindo outras novas, mobilizando diferentes vertentes do movimento intelectual na construção de modelos que finalmente garantissem a criação de uma nação "brasileira e moderna", pensamos que o Centenário da Independência não se reduziu à comemoração de uma data memorável. (Motta, 1992, p.5)

Ainda que os posicionamentos tenham sido muitos e mesmo divergentes, Motta lembra que havia uma motivação em comum:

> Ser moderna, eis a aspiração que animava a sociedade brasileira às vésperas do Centenário da Independência, momento ímpar não só para a realização de um efetivo balanço das "reais" condições do país, como para a elaboração de projetos que apontassem soluções para a questão nacional. Longe de representar um projeto único e homogêneo, tal aspiração envolveu diferentes concepções de modernidade; longe de se limitar ao âmbito das ideias, buscou se firmar no campo das realizações "concretas". (1992, p.40)

Entre as atividades organizadas para comemorar o Centenário se destacaram a "Exposição Internacional" e os "Jogos Olympicos do Rio de Janeiro". Tendo em vista esses dois eventos, muitas obras foram realizadas na capital federal. Sob a liderança do prefeito Carlos Sampaio, o Rio de Janeiro passou por um amplo processo de reformas urbanas cujo intuito era instituir uma aparência moderna, civilizada, cosmopolita.

Desde o século XIX, a organização de exposições universais estava claramente vinculada a estratégias de exaltação da ideia de nação e de exibição de vinculação ao ideário moderno (Pesavento, 1997). Da mesma forma, desde aquela centúria, pelo conjunto de símbolos que o cercava, o esporte já era considerado como um dos indicadores de adesão a projetos de modernidade (Melo, 2010a).

Efetivamente, as competições esportivas ocuparam um lugar de destaque entre as celebrações de 1922, sendo fartamente divulgadas pela imprensa e mobilizadas em discursos que exaltavam uma nação que deveria assumir em definitivo uma identidade que apontasse para o que havia de mais "civilizado".[1] Devemos lembrar, inclusive, que o esporte foi um dos 25 setores representativos das principais atividades do país estabelecidos para a seção nacional da Exposição.

---

1  Para mais informações, ver o estudo de Santos, Drumond e Melo (2011).

A importância da prática era de tal ordem que o sempre crítico Lima Barreto, ao sugerir, de forma irônica, a criação de novos ministérios, não hesitou em propor:

> Outro ministério que devia ser criado era o de *Football* e outros esportes. Agora com a Exposição nós estamos vendo como ele se faz necessário. A comemoração do Centenário, bem dizer tem sido totalmente esportiva; mas há, nos torneios e partidas, não sei que difusão de esforços, impropriedades que estão a exigir um aparelho centralizador que tudo consiga.[2]

Para o literato, esse excesso de esportes era um indicador das fragilidades dos festejos do Centenário:

> O que, à primeira vista, fere o observador desinteressado neste mês e tanto de Exposição Internacional é que esta se vai tornando discursiva, esportiva e congressional.
> Não há dia [...] em que não haja uma partida deste ou daquele jogo [...].
> [...] não deixo de confessar que a disputa entre os jogadores de *football* uruguaios e a Conferência Nacional Esportiva provocou-me um certo susto.[3]
> [...]
> Ora, disse eu cá comigo, quem sabe se dessa questão dos *players* uruguaios não é possível gerar-se uma conflagração sul-americana? Entram paraguaios, uruguaios, brasileiros e...[4]

---

2 *Careta*, p.11, 14 out. 1922.

3 Lima Barreto se refere aos conflitos ocorridos entre a seleção brasileira e a uruguaia nos Jogos Sul-Americanos de Futebol, que levaram o Uruguai a abandonar a competição, o que chegou mesmo a causar certa apreensão de ordem diplomática. Para mais informações, ver o estudo de Santos, Drumond e Melo (2011).

4 *Careta*, p.11, 11 nov. 1922.

A despeito das ressalvas de Lima Barreto,[5] o fato é que as competições esportivas foram um sucesso de público, notadamente os jogos de futebol. Enquanto isso, o mesmo não foi observado no setor nacional da Exposição:

> A questão da frequência de visitantes aos pavilhões transformou-se assim numa espécie de verdadeira prova dos nove do sucesso da Exposição. Por um lado, a admissão do baixo nível de frequentadores levava à busca de explicação para tal fato. Afinal, de quem seria a "culpa": do calor excessivo? dos transportes caros? da propaganda insuficiente? Ou, pior que tudo, seria falta de patriotismo dos brasileiros, que prefeririam o pavilhão japonês ou o parque de diversões ao "majestoso Palácio dos Estados, expressão da nossa nacionalidade"? (Motta, 1992, p.72)

Outra atividade mobilizou bom público nos festejos do Centenário, uma prática que já não gozava de tanta reputação como o fora no século XIX, quando chegou, em algumas situações, a compartilhar com o esporte o mesmo espaço simbólico: as touradas, prática que, como vimos, desde 1908 estava proibida na cidade.

As "grandes touradas do Centenário" fizeram parte oficial dos festejos de 1922. Foi responsável pela promoção do evento a A. J. Gonçalves & Comp, uma empresa portuguesa. Pelo contrato assinado com a comissão organizadora das comemorações, a firma se responsabilizaria por construir uma arena na qual poderia oferecer vários divertimentos, principalmente as corridas de touros.

Não foi um evento que passou despercebido. Sobre ele foram até mesmo produzidos dois filmes documentais, ambos com o mesmo nome: *As grandes touradas do Centenário*, sendo um de 1922, com trinta minutos de duração, e outro de 1923,[6] com 45 minutos de duração.

---

5   Na verdade, Lima Barreto sempre teve muitas restrições ao futebol. Para mais informações, ver Augusto (2006) e Rosso (2010).

6   A cinemateca estima que essa película também tenha sido produzida em 1922.

As duas películas estão entre as muitas lançadas por ocasião e como desdobramento dos festejos do Centenário.[7] De acordo com os dados disponíveis na Cinemateca Brasileira, ambas foram produzidas no Rio de Janeiro: a de 1922 pela Guanabara Filmes[8] e a de 1923 pela Botelho Filmes.[9] Tratava-se de importantes produtoras: se não chegavam ao volume de lançamentos de companhias como a D.F.B. e a Empresa Serrador, produziram mais do que a maioria das companhias cinematográficas do momento.[10]

Os filmes foram lançados em 6 de dezembro de 1922 (poucos dias após a realização das primeiras touradas) e 6 de abril de 1923, ambos no Cine República, de São Paulo. Segundo Bernardet (1979), trata-se da sala que mais exibiu fitas brasileiras entre os anos de 1900 e 1935.

Localizada na praça da República, local tradicional de entretenimento da capital paulista, a sala era frequentada pela alta sociedade. Tratava-se do maior, mais luxuoso e melhor cinema da cidade à época: "Marcou a revitalização no setor exibidor, nada devendo aos melhores do mundo, contando com salão de dança e orquestra a caráter na sala de espera" (Simis, 2008, p.77).

Os filmes, portanto, se coadunavam com os intuitos de divulgação dos festejos do Centenário e foram exibidos em uma prestigiosa sala. Isso pode ser considerado um indício do destaque que tiveram as touradas no âmbito das comemorações de 1922? Em um momento em que se pretendia celebrar a vinculação definitiva do Brasil a um projeto de modernidade, como explicar a organização de corridas de touros, uma prática que tanto remetia a um passado rural e

---

7   Para mais informações, ver Morettin (2010).

8   Segundo o levantamento de Bernardet (1979), essa empresa lançou onze filmes entre 1918 e 1925, além de uma edição do *Guanabara Film Jornal*.

9   Segundo Bernardet (1979), essa empresa lançou 33 filmes entre 1919 e 1930.

10  A empresa do Cinema Avenida também tentou filmar as corridas, postando a câmera no terraço da Casa de Saúde do Dr. Pedro Ernesto, que se localizava na avenida Henrique Valadares, nas redondezas da arena. O material foi apreendido pela polícia, motivada por denúncia, já que a exclusividade das filmagens supostamente pertencia à Brazilian Film (*O Paiz*, 8 dez. 1922).

colonial? Anacronia ou expressão de uma forma específica de lidar com o ideário moderno? Expressão das tensões ao redor das propostas para o futuro?

**Grande Colyseu do Centenario**

(ANNEXO A' EXPOSIÇÃO DO CENTENARIO) — CONCESSIONARIOS: A. J. GONÇALVES & C.

**EXPLANADA DO MORRO DO SENADO**

**Grandiosas T O U R A D A S á antiga portugueza**

**INAUGURAÇÃO -- DOMINGO, 3 DE DEZEMBRO -- INAUGURAÇÃO**

O notabilissimo cavalleiro JOSÉ' CASIMIRO e os melhores artistas portuguezes

**6 — BRAVISSIMOS TOUROS DE EMILIO INFANTE — 6**

**Nota importante** — As corridas á antiga portugueza, nada têm de semelhante com as corridas á hespanhola. Nestas, o cavallo é quasi sempre morto na arena pelo touro, e o touro morto pelo "espada". Nas corridas á portugueza, o cavallo não corre o menor risco, pois que os touros são embolados e farpeados com farpas especiaes e que em logar de servirem de castigo para o animal, tem por unico fim mostrar a elegancia da sorte de bandarilhas. As farpas, pouco maiores são como anzóes. As touradas á antiga portugueza são a reviviscencia dos antigos torneios de fidalgos e serão apresentadas no Rio de Janeiro com um explendor magnifico e nunca egualado.

Anúncio do Grande Colyseu do Centenário
*Hoje*, 2 dez. 1922, p.14

Como se desenvolveram as atividades tauromáquicas? Quem teria sido o público? Como se deu esse inesperado retorno das touradas? Terá sido tão inesperado mesmo? Como sobre elas se posicionaram os jornais e revistas, que se constituíram como fóruns públicos por excelência por ocasião da celebração do Centenário da Independência? Como lembra Motta:

A produção intelectual do período não foi estritamente acadêmica. Podemos falar, antes, numa elite letrada comprometida com o esforço de conscientizar o país de seus "reais" problemas e orientá-lo na busca das soluções. O veículo usado para o encaminhamento dessas propostas tampouco se limitou aos livros; a imprensa foi a via privilegiada de comunicação com o público leitor. Através de editoriais, ensaios e crônicas, em jornais e revistas, puderam esses intelectuais exercer a missão a que se julgavam predestinados: salvar o país. (1992, p.8)

Nossa expectativa é que uma discussão sobre a realização dessas touradas nos ajude a lançar um olhar sobre os projetos de modernidade em conflito na ocasião. A ideia é discutir essas corridas de touros na interface com uma questão que emergiu por ocasião das comemorações de 1922: as relações com Portugal, o outrora colonizador.

## As grandes touradas do Centenário

A abertura das grandes touradas do Centenário se deu no dia 3 de dezembro de 1922, recebendo ampla cobertura da imprensa. Mesmo o *Jornal do Brasil*, que era mais crítico ao evento, não deixou de registrar: "Às 16h30 inaugura-se hoje, com uma tourada *à antiga portuguesa*,[11] o Coliseu do Centenário, sem dúvida um dos mais importantes anexos da Exposição do Centenário".[12]

Os periódicos mais favoráveis não pouparam elogios. A *Gazeta de Notícias* ressaltou os esforços da empresa promotora para a inauguração da "magnífica casa de diversões onde tão belos espetáculos deverão ser proporcionados ao público".[13] *O Imparcial* exaltou:

Às duas horas da tarde serão abertos ao público os portões do Grande Coliseu do Centenário, começando às quatro e meia a primeira e grandiosa tourada *à antiga portuguesa*, com a qual será inaugurado mais esse anexo da Exposição, dando os concessionários toda a espécie de diversões consentidas no contrato assinado com a referida Comissão de Festejos do Centenário. Pela magnífica função desta tarde, fácil será avaliar o que serão futuramente as demais, pois não só touradas ali serão realizadas.[14]

---

11 São de minha responsabilidade todos os grifos. Procurei destacar a ideia de que se tratava de uma atividade à moda portuguesa. Adiante procederei a uma discussão sobre tal ênfase.

12 *Jornal do Brasil*, p.7, 3 dez. 1922.

13 *Gazeta de Notícias*, p.5, 3 dez. 1922.

14 *O Imparcial*, p.6, 3 dez. 1922.

A arena foi instalada na esplanada resultante do arrasamento do morro do Senado, realizado por ocasião das reformas urbanas entabuladas na gestão Pereira Passos. Pela descrição das fontes, é possível sugerir que tenha sido construída onde hoje se localiza a praça da Cruz Vermelha.

Se essa região é uma expressão da modernidade perspectivada nos anos iniciais do século XX, por ocasião dos festejos de 1922 já não se tratava de uma área tão nobre. Nessa ocasião, as principais intervenções urbanas foram promovidas em uma nova zona arrasada do morro do Castelo, onde foi construído o parque principal da Exposição Internacional, e no decorrer da avenida Beira-Mar, em direção à zona sul.[15]

Arena das grandes touradas do Centenário
*Fon-Fon*, 9 dez. 1922, p.67

---

15 Para mais informações, ver Melo e Carneiro (2023).

É possível entender tal opção se tivermos em conta as tensões que cercaram a reorganização do espaço urbano por ocasião das comemorações do Centenário. Mais do que preocupações relacionadas à higiene e ao sanitarismo, para um setor da sociedade seria necessário eliminar as reminiscências do passado colonial, que teria como grande expressão o morro do Castelo, que ainda por cima, pela proximidade, "maculava" importantes símbolos de modernidade: as avenidas Central e Beira-Mar.[16]

Não sabemos se os promotores reivindicaram a construção da arena no parque da Exposição, mas não deixa de ser interessante constatar o afastamento das touradas do centro dos acontecimentos das comemorações. Isso se explicaria pelo fato de que o investimento na retirada do morro do Castelo se deu no sentido de substituí-lo por construções que expressassem um novo grau civilizacional, algo com o qual as touradas não condiziriam? Ou se trataria somente de questões operacionais, a falta de espaço no local onde se situavam, por exemplo, o Pavilhão de Festas e um moderno parque de diversões?

Lembremos que os intuitos das reformas eram calcados nas ideias de "vitória da cultura sobre a natureza e na invenção de novas tradições" (Motta, 1992, p.59). Nada mais oposto, a princípio, à realização de touradas. Seja como for, deve-se destacar que o estilo arquitetônico do redondel seguiu o modelo majoritário de outras instalações do parque de exposição: o neocolonial. Segundo o *Correio Sportivo*, tratava-se da "maior praça de touros que já se construiu no Brasil, e de maiores dimensões que muitas existentes em terras onde o espetáculo da destreza do homem perante a bravura arrogante da fera constitui preocupação de vulto e requer capitais de monta".[17]

A firma responsável prometeu a realização de um grande evento. Os touros foram importados. A maioria era de propriedade de dois dos mais importantes criadores portugueses de animais para

16 Pelos jornais, foi grande o debate sobre o arrasamento do morro do Castelo, por alguns considerado um crime à memória da cidade. Para mais informações, ver Motta (1992).

17 *Correio Sportivo*, p.6, 1 dez. 1922.

as corridas: Emílio Infante da Câmara, "um dos mais acreditados ganadeiros",[18] e José Pereira Palha Blanco, "cujo nome e fama são bem conhecidos e respeitados pelo critério com que cuida de sua ganaderia e pela bravura das rezes que apresenta".[19] Também foram utilizados animais dos irmãos Fonseca, ex-bandarilheiros que se dedicavam "à criação de rezes bravas [...], as mais belas estampas e as que melhores condições oferecem para a lide",[20] e da empresa de João Coimbra, "reputada como uma das mais acreditadas em Portugal".[21]

Isso não necessariamente garantiu o sucesso de todas as corridas. O *Jornal do Brasil*, por exemplo, observou por diversas vezes as dificuldades que alguns toureiros encontraram para fazer os animais participarem mais ativamente, a fim de garantir um bom espetáculo. O jornalista que assina como N.A., responsável por cobrir largamente o evento, ao descrever a má qualidade de alguns touros, recriou um suposto diálogo ouvido nas arquibancadas:

Dado o tradicional toque de clarim, abre-se a porta do touril e sai o primeiro bicho muito nosso conhecido.

–É vaca! Grita um espectador da contra-barreira.

– Não é vaca! Respondem vozes indignadas de outros pontos da praça.

Realmente não era vaca. O espectador indignado não tinha razão.

José Casimiro avança para o bicho, entra à meia volta, torna ao ponto de partida, sai de novo em direção à fera. Tudo inútil. O bruto não se move. Tenta, num trabalho magistral e esfalfante, arrancar o boi que estava como petrificado. Tudo em vão. Uns passos tímidos e hesitantes. O público começa a dar mostras de impaciência e o artista, desolado, abandona a arena.[22]

---

18  *O Paiz*, p.7, 1 dez. 1922.
19  *O Imparcial*, p.7, 9 dez. 1922.
20  *Jornal do Brasil*, p.13, 17 dez. 1922.
21  *Gazeta de Notícias*, p.4, 21 dez. 1922.
22  *Jornal do Brasil*, p.10, 19 dez. 1922.

As corridas foram dirigidas por Rafael Peixinho, personagem insigne das touradas portuguesas. Os cavaleiros, bandarilheiros, novilheiros e forcados eram portugueses e espanhóis que já possuíam larga experiência. Deve-se destacar os nomes de Adelino Raposo, Raul Cadete, Angelillo, Serranito e José Casimiro, o mais notável e reconhecido. Para o *Correio Sportivo*, a empresa promotora "soube conseguir os artistas de maior fama, para a realização do espetáculo que hoje se realiza com o fim de satisfazer os mais exigentes e ainda aqueles bons aficionados que recordam sempre os tempos áureos do toureio *à antiga portuguesa*".[23]

Mais do que touradas, o Coliseu ofereceu também outras atividades, entre as quais exibições cinematográficas, pelo que foi enfaticamente saudado pela *Gazeta de Notícias*. Segundo o periódico, faltava mesmo na cidade

um recinto arejado, cômodo, vasto e onde pudessem ser passados no "écran" os melhores filmes, sem que o público fosse sacrificado no preço das localidades. E só o Coliseu do Centenário, edificado na Esplanada do Senado – sem dúvida, o local mais ventilado e acessível – poderia reunir todas essas condições.[24]

De acordo com o jornal, os promotores "não descuidaram da excelência dos programas", adquirindo "por compra e por aluguel, os melhores filmes estrangeiros", como também "encarregaram a afamada fábrica nacional 'Botelho-Film', de cinematografar todas as corridas". Assim, logo na primeira sessão, realizada em 20 de dezembro de 1922, foi exibido *As grandes touradas do Centenário*, o curta a que já nos referimos.[25]

Com o intuito de atrair público para as touradas, "o grandioso espetáculo que se tornou a moda no Rio de Janeiro" – nos termos do cronista da *Gazeta* –, os promotores resolveram oferecer bilhetes

---

23 *Correio Sportivo*, p.3, 3 dez. 1922.

24 *Gazeta de Notícias*, p.5, 20 dez. 1922.

25 Na matéria da *Gazeta de Notícias*, nada é dito sobre a Guanabara Filmes, a produtora informada pela Cinemateca Brasileira.

a preços "reduzidos, dada a vasta lotação do Coliseu": quinhentos réis, a metade do que custava a entrada normal dos cinemas e o ingresso para a exposição do Centenário (1$000), seis vezes menos do que o ticket mais barato dos jogos de futebol do Campeonato Sul--Americano (3$000).[26]

Segundo a descrição da película *As grandes touradas do Centenário* (1922), citando as primeiras corridas: "Trinta mil pessoas assistem à interessante revivescência das *touradas portuguesas*". Já a revista *Para Todos* informou que 20 mil pessoas estiveram presentes naquele que teria sido o "grande acontecimento do domingo": "A inauguração do Grande Coliseu do Centenário, com a *primeira tourada genuinamente portuguesa*, que se realizou nesta capital".[27] *O Imparcial* foi mais parcimonioso: "Não há exagero em se dizer que lá estiveram cerca de 5 mil pessoas".[28] *O Jornal* foi mais genérico:

> Nas grandes proporções da sua capacidade, o Coliseu evocava ao espírito essas páginas que nos falam dos grandes circos romanos. Maior fora ele e mais gente teria abrigado, tal a procura de ingressos. Houve certa confusão no encontro de lugares. A polícia, numerosa, concorreu para aumentá-la... Às 16 horas, já não havia lugar vazio.[29]

*O Jornal do Brasil* também registrou o enorme afluxo de público: "Às dezesseis horas já não havia dentro do vasto redondel um único lugar vazio... O aspecto do amplo circo era deveras imponente. Quinze mil pessoas se agitavam, impacientes e ansiosas pelo sinal do cornetim".[30] Mais ainda, identificou que lotavam as arenas pessoas dos mais diferentes estratos sociais, inclusive nos camarotes e na tribuna de honra, nomes importantes da sociedade carioca, tais como Ferreira Ramos, Carlos Sampaio, Sampaio Correa e Fidelino Leitão. Este último, segundo o periódico:

---

26 Para mais informações, ver Santos, Drumond e Melo (2011).
27 *Para Todos*, p.8, 9 dez. 1923.
28 *O Imparcial*, p.5, 5 dez. 1922.
29 *O Jornal*, p.9, 5 dez. 1922.
30 *Jornal do Brasil*, p.9, 5 dez. 1922.

Não podia acreditar que gente de bom gosto deixasse as delicio-
sas "chaises-longues" do Jockey Club para se ir sujeitar ao suplício
atual de ficar duas horas em pé, expostos a atrevidos encontrões de
gente sem educação e arriscar a ver o ofuscante brilho do imenso
terno de linho, maculado pelas insolentes botinas do espectador
plebeu.

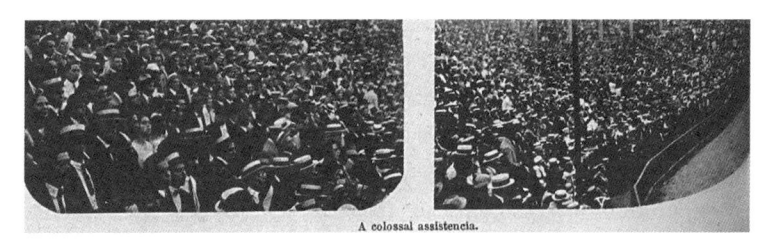

A colossal assistencia.

Público da sessão inaugural
*Para Todos*, 9 set. 1922, p.22

Para o jornalista, era possível ver "aqui, ali, além e por toda a
parte, austeros financistas, graves comerciantes e políticos joviais.
Do outro lado, o dos pobres, muita alegria, a alegria dos que não vão
à praça de touros senão para ver o espetáculo e esquecer por algumas horas as duras contingências da vida". Alguns relatos sugerem
ter sido de contentamento a postura do público nas arquibancadas:
"Os aplausos estrugiram desde a entrada dos cavaleiros na arena, até
à última pega do sexto touro, que terminou com uma estrepitosa salva
de palmas para todos os que intervieram na brilhante tourada".[31]

Para o *Jornal do Brasil*, todavia, a empresa promotora não se preparou para receber adequadamente tamanho número de interessados. As bilheterias foram abertas tardiamente ("depois das quinze
horas e meia quando a empresa havia anunciado que às duas horas
já os possuidores de bilhetes podiam ir ocupar os seus lugares")[32] e
não houve controle adequado dentro do recinto.

---

31  *Fon Fon*, p.5, 9 dez. 1922.
32  *Jornal do Brasil*, p.9, 5 dez. 1922.

Muita gente houve que não pôde nem sequer aproximar-se das escadas internas, porque duas passagens estavam obstruídas por dezenas e dezenas de pessoas, muitas das quais, como tivemos ocasião de observar, foram ocupar bons lugares nos setores de sombra que tinham sido comprados por outras. Quer dizer que essas pessoas gozaram o espetáculo sem dispêndio de um vintém. E os donos das localidades tiveram que se resignar ao doce sacrifício de rasgar os seus bilhetes e voltar para casa, para evitar aborrecimentos maiores.

A *Gazeta de Notícias* também observou que a "multidão nervosa e turbulenta [...] praticou várias coisas censuráveis. Era impertinente e agressiva". Todavia, o jornal defendeu os promotores, considerando que era "natural e perdoável certa desorganização", pois houvera pouco tempo para a preparação do espetáculo.[33]

Para o periodista do *Jornal do Brasil*, o problema era ainda maior – a incompatibilidade entre o que fora anunciado e o efetivamente oferecido:

nem foi "rigorosamente" à *antiga portuguesa* nem mesmo "simplesmente" à *portuguesa*. Não foi uma coisa nem outra. Foi uma fantasia ou, quando muito, uma caricatura de corrida à *antiga portuguesa* porque, além da deficiência de figurantes, não obstante os pomposos anúncios dos jornais havia a dolorosa pobreza dos vestuários [...]. Mas tudo estaria muito bem se não fizessem acreditar que iríamos presenciar pela primeira vez no Brasil, uma corrida de touros rigorosamente à *antiga portuguesa*. Tivessem sido os anúncios mais modestos e já não haveria razão para estranhezas.

De todo modo, independentemente da imprecisão numérica e dos problemas observados, parece claro que o público compareceu em peso, tendo, inclusive, faltado bilhetes para muitos interessados. Mesmo o mais crítico *Jornal do Brasil* não deixou de registrar o sucesso da atividade: "Em resumo: Cavaleiro ótimo; bandarilheiros

---

33  *Gazeta de Notícias*, p.3, 5 dez. 1922.

razoáveis; 'espadas' bons; forcados bons, mas pouco leais; touros sofríveis; tarde esplêndida e assistência colossal".[34] As fotos publicadas nas revistas da época confirmam o que os jornais inferiram.

Não surpreende, assim, o entusiasmo dos periódicos ao comentar a primeira corrida. Vejamos a descrição de Carlos Morgado, de *O Jornal*:

> Realizou-se a primeira corrida de touros. O Coliseu do Centenário foi inaugurado por uma tarde cheia de luz e transbordante de vida. O domingo apresentou-se, realmente, magnífico, pleno de sol – um domingo de movimento febril no alegre burburinhar de gente que se quer divertir... Nuvens suspeitas empanaram as primeiras horas da tarde, o brilho dessa luz mirífica, mas a viração levou-as para bem longe, deixando sobre o grande circo da esplanada do antigo morro do Senado a beleza translúcida de um céu muito azul.[35]

A *Fon-Fon* também demonstrou euforia:

> Domingo passado, o Rio tinha um aspecto festivo. Era evidente que algum acontecimento extraordinário emprestava aquela expressão risonha ao povo que demandava o Grande Coliseu na esplanada do morro do Senado, onde tinha lugar a primeira corrida de touros que entre nós se realizou, com todo o seu caráter à *antiga portuguesa*. O que foi esse grandioso espetáculo, já descreveram todos os jornais, que detalharam as emoções da brilhante corrida, que foi verdadeiramente um espetáculo inédito para o carioca, habituado só a corridas e *football*. O atrativo foi, não só o espetáculo, mas a audácia e coragem dos cavaleiros e toureiros.[36]

O sucesso da primeira sessão criou grande expectativa para as corridas programadas para 10 de dezembro. Para o cronista do

---

34 *Jornal do Brasil*, p.9, 5 dez. 1922.
35 *O Jornal*, p.9, 5 dez. 1922.
36 *Fon-Fon*, p.5, 9 dez. 1922.

*Correio Sportivo*: "Tão monumental como a anterior, deve ser a enchente de amanhã no Grande Coliseu do Centenário, onde se realiza a segunda e imponente tourada à *antiga portuguesa*".[37] *O Imparcial* apontava previsão semelhante:

> A enchente deve ser tão colossal como no domingo passado, tendo a empresa tomado todas as providências para que não haja qualquer atropelo. As portas do Coliseu serão abertas às 2 horas em ponto e para facilitar a venda os bilhetes poderão ser adquiridos também nas bilheterias do Coliseu desde hoje. As encomendas só serão respeitadas até 3 horas da tarde de hoje.[38]

No dia das corridas, uma vez mais observou o mesmo jornal:

> Ontem à noite, quase não havia bilhetes para a grandiosa tourada à *antiga portuguesa* que hoje se realiza no Grande Coliseu do Centenário. Essa procura de localidades muito superior à da anterior tourada, em que os bilhetes andaram por empenho, dá a medida do entusiasmo do público pelo espetáculo e do sucesso alcançado no primeiro espetáculo que pode dizer-se foi colossal.[39]

O *Jornal do Brasil*, mantendo sua postura de certo distanciamento, ainda que apresentasse uma expectativa positiva, não deixou de entabular ponderações: "Este espetáculo será apresentado com o maior brilhantismo e remediadas as pequenas faltas da corrida de domingo passado, e que, por falta de tempo não puderam ser prevenidas".[40]

Dois dias após a segunda sessão de corridas, esse periódico de novo chamou a atenção para o formato das touradas, questionando aquilo que parecia ser um caráter central da realização:

---

37 *Correio Sportivo*, p.5, 9 dez. 1922.
38 *O Imparcial*, p.7, 9 dez. 1922.
39 *O Imparcial*, p.6, 10 dez. 1922.
40 *Jornal do Brasil*, p.12, 8 dez. 1922.

Francamente, não compreendemos, e como nós muita gente, a teimosia da Empresa do Grande Coliseu em querer usar corridas à *"antiga portuguesa"*, quando sabe perfeitamente, como já uma vez acentuamos, que não dispõe de elementos indispensáveis a tal gênero de espetáculos. E a corrida de domingo passado foi ainda mais ridícula, mais caricata, do que a primeira. A indumentária, já posta de parte pelos mesmos carnavalescos, era tudo o que de mais impróprio pode haver para uma tourada à *antiga portuguesa*. E como isto, tudo não passou de farrapos e andrajos. Cavaleiros, cavalos e mulas. Trapalhada, balbúrdia e confusão.

A Empresa deve convencer-se de que o público vai à praça para ver touros e toureiros e não para se aborrecer com cortesias complicadas e extravagantes. Se o intuito dos dirigentes do Coliseu é suprir com cerimônias maçantes a deficiência de meios de atração, nada consegue.[41]

Nem todos os jornais estavam de acordo com essa avaliação. A *Gazeta de Notícias*, por exemplo, seguindo a sua linha mais favorável às touradas, avaliou que "Sob o ponto de vista de estética e de fausto, inegavelmente, foram as cortesias iniciais, o que mais deliciou a assistência".[42] Para o periódico, ao contrário do que sugeria o *Jornal do Brasil*, "tudo deslumbrou de riqueza, de estilo, de graça, reproduzindo fielmente o que se passava então em épocas remotas".

O *Jornal do Brasil*, mais ainda, registrou na terceira sessão a redução progressiva do público presente no Coliseu, de acordo com sua interpretação um indicador de que as deficiências não estavam a ser sanadas a contento:

Quatro horas da tarde. Os diversos setores do redondel do morro do Senado, "a maior praça de touros do mundo", quase va-

---

41 *Jornal do Brasil*, p.13, 12 dez. 1922.
42 *Gazeta de Notícias*, p.3, 5 dez. 1922.

zios. No sol, um ou outro aficionado impenitente aguenta, resignado e suarento, os raios causticantes do Astro Rei. Na sombra, algumas centenas de fanáticos esperançosos olham, desolados, aquele imenso deserto. Silêncio sepulcral, raras vezes interrompido pelos gemidos reinantes das *feras* que pressentem, próxima e inevitável, a hora do sacrifício. Em volta da trincheira, fugidas como duendes, passam figuras esquisitas de estardalhaçantes vestuários. Olham de soslaio e somem-se.

Quatro e meia. Camarotes ocupados e sombra povoada. Sol lamentavelmente abandonado. Ao todo seis mil espectadores.[43]

Para esse periódico, a segunda sessão de corridas já fora desanimadora: "Há pouco a dizer bem. Esteve muito abaixo de medíocre, tanto pela qualidade do gado como pelo trabalho dos toureiros". É verdade que o cronista reconheceu as qualidades de José Casimiro, conforme vinha fazendo em outras ocasiões. Todavia, teceu ressalvas a sua atuação:

> Se o sr. José Casimiro não nos levasse a mal, pedir-lhe-íamos que para a outra vez não se excedesse tanto nos lances teatrais. O público sabe perfeitamente que S. S. é um excelente artista e que, por isso mesmo, não tem necessidade de recorrer a processos que não lhe ficam bem. Ali o toureado devia ser o touro, exclusivamente o touro. O sr. José Casimiro compreende-nos?

José Casimiro é uma das lendas das touradas portuguesas. Membro de uma tradicional família do ramo tauromáquico,[44] era reconhecido tanto por sua habilidade quanto por ser polêmico, inclusive por explicitamente se assumir monarquista, mesmo quan-

---

43 *Jornal do Brasil*, p.10, 19 dez. 1922.
44 Era filho de um toureiro (Manuel Casimiro) e pai de dois outros (José Casimiro Júnior e Manuel Casimiro), bem como da atriz, compositora e intérprete de fados Mirita Casimiro.

do a coroa passou a ser mais comumente contestada.[45] Dono de um estilo espetacular, em algumas ocasiões chegou a ser proibido de tourear por seus modos pouco convencionais. Segundo o olhar de Almeida:

> embora distanciando-se um tanto dos moldes clássicos do toureio a cavalo, alcançou extraordinária fama, marcando uma época de brilhantismo e entusiasmo, assente na comunicativa alegria e juventude que haviam de caracterizá-lo até aos derradeiros dias da sua carreira, como se sobre si não passassem os anos. (1951, p.76)

José Casimiro e Adelino Raposo nas touradas do Rio de Janeiro
*Jornal de Theatro e Sport*, 9 dez. 1922, p.11

---

45 Casimiro chegou a ser preso por ocasião da proclamação da república portuguesa, em 1910.

Por ocasião das corridas do Centenário, Casimiro já era um toureiro consagrado e veterano. Mesmo que fosse um personagem controvertido, por muitos era considerado uma glória de Portugal, um exemplo do "valor da raça portuguesa". Sua presença é simbólica de alguns dos sentidos e significados que cercaram as touradas do Centenário.

No Brasil, foi efusivamente exaltado. *O Imparcial* o chamou de "o mais arrojado dos cavaleiros portugueses".[46] O *Correio Sportivo* o consagrou como "o mais elegante e mais valente dos toureiros a cavalo que Portugal possui".[47] Para a *Gazeta de Notícias*, "justificou a fama esplêndida que vinha precedido; conquistou incondicionalmente a simpatia do público. [...] É um 'gentleman', ademais".[48] Para a *Fon Fon*: "Casimiro, o valente garboso cavaleiro português, filho de um dos mais célebres homens que têm pisado as arenas de Portugal e Espanha, deu-nos uma amostra brilhante do que é a difícil arte de montar e tourear a cavalo".[49]

O cronista de *Fon-Fon*, nessa ocasião, saudou os organizadores do evento e desejou: "Oxalá que os esforços dos srs. A. J. Gonçalves, que lutaram contra tudo e contra todos para nos proporcionarem tão brilhantes espetáculos, sejam compensados em seus sacrifícios".[50] Que dificuldades seriam essas que os promotores encontraram? Que críticas teriam cercado as corridas de touros naquele instante?

O enfoque crítico perceptível na cobertura do *Jornal do Brasil* já fora anunciado na matéria em que se comentou a realização das primeiras corridas, na qual se informou que o periódico "sempre se manifestou contrário ao ressurgimento entre nós desse gênero de diversões, por julgá-lo incompatível com a índole e os costumes do povo brasileiro". Não deixando de citar os problemas que pre-

---

46  *O Imparcial*, p.6, 3 dez. 1922.
47  *Correio Sportivo*, p.3, 3 dez. 1922.
48  *Gazeta de Notícias*, p.3, 5 dez. 1922.
49  *Fon Fon*, p.5, 9 dez. 1922.
50  Ibid.

cederam a realização do evento, esclareceu o cronista: "Deixando aqui consignados bem claramente os nossos propósitos, passamos a fazer uma análise tanto quanto possível completa, mas absolutamente imparcial do espetáculo de domingo".[51]

A posição desse periódico é uma expressão das ambiguidades e tensões comuns no momento, grande parte delas expressas pela imprensa. A princípio, poder-se-ia esperar que o *Jornal do Brasil* fosse mais favorável à realização das touradas, por sua relação com o grupo que Motta (1992) chama de "tradicionalistas": os que rejeitavam os exageros da ideia de progresso urbano e industrial, defendendo antigas tradições. Em geral, estes estavam envolvidos com a defesa da manutenção do morro do Castelo.

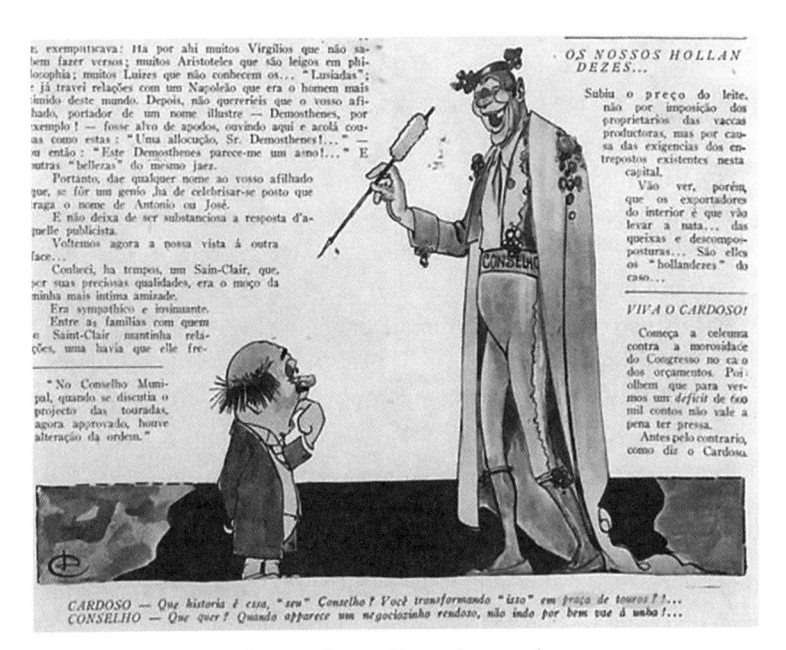

Charge crítica à realização das touradas
*O Malho*, 18 nov. 1922, p.37

51 *Jornal do Brasil*, p.9, 5 dez. 1922.

De outro lado, pode-se entender as críticas do periódico às corridas de touros por dois motivos: sua posição de defesa da natureza e o próprio embate estabelecido com Carlos Sampaio, o prefeito que defendia a extirpação daquela "mancha colonial" (o morro do Castelo), mas apoiara a realização dos eventos tauromáquicos. Já sua postura de declarada "imparcialidade" tem a ver com o perfil moderado que o *Jornal do Brasil* adotou a partir do final da década de 1910, sob a direção do Conde Pereira Carneiro.

A postura da *Gazeta de Notícias* é mais facilmente compreensível. O jornal vinha dedicando grande espaço para temas e notícias que interessavam à colônia portuguesa, em muitos momentos defendendo os interesses desses leitores. As touradas eram, assim, uma atividade que vinha ao encontro de sua linha de atuação.

Uma das polêmicas que cercaram a realização das corridas foi de caráter jurídico. *O Imparcial* publicou uma longa matéria sobre o tema: "O antigo Conselho e o famoso sr. Carlos Sampaio permitiram o que a lei federal proíbe".[52] A Sociedade Protetora dos Animais, considerando a legislação em vigor, tentou na justiça embargar a realização das touradas. A associação, fundada no Brasil em 1895, considerava a atividade inaceitável, já que, desde 1908, estaria proibida no Distrito Federal, pelo Decreto nº 1.173, que coibia os maus-tratos com os animais, sancionado pelo prefeito Francisco M. de Souza Aguiar.

Outras iniciativas legais com o mesmo intuito existiram, mas a que definitivamente se consolidou, estando até hoje em vigor, foi a Lei "Juarez Távora", assim conhecida por ter sido consagrada por Getúlio Vargas por sugestão de seu ministro da Agricultura: o Decreto nº 24.645, de 10 de julho de 1934, que "estabelece medidas de proteção aos animais". O parágrafo XXIX do artigo 3º determina o que deve ser considerado maus-tratos, proibindo "realizar ou promover lutas entre animais da mesma espécie ou de espécie diferente, touradas e simulacros de touradas, ainda mesmo em lugar privado".

---

52 *O Imparcial*, p.6, 3 dez. 1922.

TOURADAS NAS FESTAS DO CENTENÁRIO

Tem sido muito commentada a mensagem que o prefeito municipal mandou ao Conselho, pedindo a revogação da postura que prohibe as touradas no Districto Federal.

JECA — Touradas?... Ora bolas! Isso não tem nada de novo! Farto de touradas ando eu, em cem annos de vida política independente!...

Charge sobre polêmica legal ao redor das touradas
*O Malho*, 3 dez. 1921, p.30

Na época das touradas do Centenário, portanto, a questão ainda era polêmica, sem contar as possíveis pressões políticas relacionadas à situação dos festejos. Dessa forma, não surpreende que o juiz federal da 2ª Vara tenha assim se posicionado: "Sou incompetente, pois a espécie não se enquadra em nenhum dos casos referidos pela Constituição e pelas leis à apreciação e julgamento dos juízes federais".[53]

Para o *Jornal do Brasil* a "munificência irrefletida dos nossos edis achou por bem revogar uma disposição que ao tempo em que foi tomada mereceu os mais calorosos aplausos de toda a população carioca".[54] Assim sendo, resignou-se, mas prometeu continuar em-

---

53 *Correio Sportivo*, p.3, 5 dez. 1922.
54 *Jornal do Brasil*, p.9, 5 dez. 1922.

penhado na "causa": "Nada mais temos a fazer do que aceitar o fato consumado e trabalhar, o que faremos de alma e coração, para que tais espetáculos desapareçam, e de uma vez por todas, depois das festas do Centenário".

A título de permitir que a Sociedade Protetora verificasse que as corridas não traziam danos aos animais, a empresa promotora ofereceu um camarote para que seus dirigentes assistissem ao evento, atitude que deixou indignados os defensores dos animais:

> A Sociedade Brasileira Protetora dos Animais, informada de que lhe haviam destinado um camarote no Coliseu de Diversões, onde se pretende realizar as touradas que a lei federal proíbe, como já ficou demonstrado, vem protestar energicamente contra tal resolução, no caso de ser verdadeira, pois considera-a como uma afronta aos seus brios e aos seus princípios fundamentais. Confiando, ainda, no critério das nossas autoridades policiais, que naturalmente não se curvarão ao poderio de tal gente, espera que essas touradas jamais se realizem.[55]

Nesse mesmo jornal, Rodrigo de Andrade[56] expressou bem a posição não só da Sociedade Protetora, como também de um setor da intelectualidade nacional. De início, atacou a crueldade com os animais:

> não se pode admitir em nenhuma hipótese, é que os ditos sofrimentos sejam ainda aumentados, arrastando os infelizes aos circos, obrigando-os a penosíssimas palhaçadas para as quais não se lhes nota a mínima propensão! Com que interesse se martirizam leões, tigres, cachorros e outros animais? Que vantagem haverá nas ignóbeis touradas? Por que esses doentes não buscam outro gênero

---

55 *O Jornal*, p.6, 1 dez. 1922.
56 É possível que se trate de Rodrigo Melo Franco de Andrade, que foi jornalista e diretor do periódico.

de emoções? Por que os "cavadores" não adotam outro sistema menos macabro em seus processos "caça-níqueis"? (Andrade, 1922, p.6)

O autor considera que tais atividades eram uma expressão de incivilidade que não combinaria com uma festa que deveria demonstrar o progresso moral da sociedade brasileira:

> Todo o ganancioso é invejoso, assim, mormente os da quadrilha tauromáquica visam pelo menos duas coisas que lhes fazem lamber os beiços: abiscoitar o cobre aos seus confrades e ao mesmo tempo anular o encanto das festas que estamos realizando, atirando-lhes com um dos mais execrados divertimentos, reprovado hoje em quase todo o mundo civilizado – a tourada!

Ao fim, Andrade conclama o povo a rechaçar as touradas: "A comemoração do nosso centenário simboliza o momento mais sublime de um povo que muito à Pátria quer. Enfileiremo-nos, pois, para defendê-la contra os malvados idiotas que a pretendem macular".

Se *O Jornal* publicara essa crítica contundente, no número seguinte veicula um transcrito do *Rio-Imparcial*, supostamente "a pedidos" (sem informar quem pedira), cujo título já dá o tom da argumentação: "As touradas e os sentimentais sestros da raça de sonhadores e poetas".[57] A contestação aos que se posicionaram contrários ao evento aparece já nas primeiras linhas:

> Um contrato firmado regularmente entre a Prefeitura e uma empresa de touradas tem servido para divagações de vários dos representantes da nossa raça de poetas e sonhadores. Trata-se de um ato público e administrativo, de um ato do poder municipal, com força de lei contra o qual o protesto tem de ser assim mesmo lírico e sentimental, sem maior alcance prático.

---

57  *O Jornal*, p.6, 2 dez. 1922.

A defesa da realização das corridas de touros foi de dupla natureza. De um lado, tentou-se argumentar que os animais não seriam efetivamente sacrificados:

> Afinal, as tais touradas "desumanas" e "cruéis" são touradas apenas porque serão lidados alguns touros. Mas, esses bichos estarão embolados, as farpas não poderão penetrar o couro capilar dos animais, porque não terão aguilhão, mas apenas umas tenazes inofensivas, que servem somente para deixar pendurados, como adorno, as bandarilhas! Além disso, trata-se de animais de alto custo que a empresa não iria sacrificar para perder dinheiro.

Por outro lado, o argumento foi de natureza econômica e empresarial:

> A verdade é esta. A empresa fez contrato com a Municipalidade, fez despesas de vulto com o transporte dos touros e da quadrilha, com a instalação do Coliseu, e não pode, nem seria decente para o nosso bom nome administrativo, que fosse impedida no seu direito de funcionar.

J. Thadeu, em *O Paiz*, ao relembrar as corridas de touros realizadas no Rio de Janeiro do final do século XIX, saiu também em defesa da prática, tentando ser didático ao explicar a diferença entre as modalidades:

> Agora, que no dia 3, domingo próximo, vamos ter a primeira tourada, convém dizer que muita gente anda, ignorantemente ou maldosamente, confundindo as touradas à espanhola ou à francesa – realizadas estas com touros de morte como em Espanha – com as corridas à portuguesa e *à antiga portuguesa*.[58]

O jornalista afirma que as touradas *à portuguesa* são fundamentalmente um jogo de habilidades, em especial aquelas promovidas

---

58  *O Paiz*, p.7, 2 dez. 1922.

por ocasião dos festejos do Centenário, realizadas à moda antiga, isto é, "as cortesias são feitas por grande número de cavaleiros, vestidos ou à Luiz XV ou em traje simples". Dessa forma, conclui: "Como se vê, nada de mortes, nada de sangue. É um torneio, não é uma barbaridade. Esta é que é a verdade e de que os senhores da S. P. dos Animais vão, pelos seus próprios olhos, se certificar".

Visão das touradas
*Fon-Fon*, 9 dez. 1922, p.67

Na tentativa de impedir a realização das corridas, chegou-se a denunciar a segurança do redondel, que supostamente não suportaria o público. O Ministério da Justiça determinou que uma comissão de engenheiros averiguasse as condições da estrutura. A princípio algumas mudanças foram solicitadas, e ao fim a instalação foi liberada. O *Jornal do Brasil* ironizou a decisão, sugerindo que a discussão entre os favoráveis e os contrários às touradas "foi iniciada e encerrada com chope".[59]

De toda forma, os boatos correram pela cidade. O *Correio Sportivo* saiu em defesa dos promotores e, a fim de combater os "mal intencionados, invejosos", informou que "a vistoria [...] extremamente minuciosa, a que a Prefeitura e a polícia mandaram proceder, opinou porque poderia assistir ali a um espetáculo todo o Rio de

---

59 *Jornal do Brasil*, p.7, 3 dez. 1922.

Janeiro com a máxima segurança!".[60] A comissão do Ministério da Justiça realizou ainda mais uma averiguação após as primeiras corridas, não encontrando nada de errado.

Em meio a tantas críticas, não surpreende que, em 5 de maio de 1922, a empresa promotora tenha publicado em *O Imparcial* uma carta com o intuito de:

> agradecer à sociedade carioca e ao público em geral a honra que lhes deram, acolhendo tão generosamente, como acolheram, o fruto do seu esforço e dos seus sacrifícios para dar ao Rio, neste ano em que se comemora o Centenário da Independência do Brasil, um amplo coliseu, a reprodução de festas antigas e modernas, romanas e portuguesas, e outros espetáculos estrangeiros e nacionais ao ar livre, como as VAQUEJADAS do norte do Brasil e as GAÚCHADAS.[61]

Os promotores pedem desculpas pelas falhas, consequência do enorme público que lotou o espaço e surpreendeu as expectativas. Entre os muitos problemas, o *Jornal do Brasil* apontou um que causou grandes transtornos:

> Parece que o técnico, ou coisa que o valha, que dirigiu os trabalhos de demarcação dos setores de sombra, se esqueceu de que o espectador que paga, e por bom preço, aliás, um lugar à sombra, é porque quer gozar à sua vontade as duas horas de espetáculo. Mas, tal não acontece, principalmente nos setores 1, 2, 3 e 4 que, até ao fim da corrida, são batidos em cheio pelo sol. As pessoas que ocupam estas divisões da praça pagam os seus lugares como se fossem à sombra, mas enganam-se ou... são enganados.[62]

Ao informar que para resolver o problema inverteria a numeração dos setores, a empresa promotora deu uma curiosa explicação:

60  *Correio Sportivo*, p.6, 1 dez. 1922.
61  *O Imparcial*, p.5, 5 dez. 1922.
62  *Jornal do Brasil*, p.9, 5 dez. 1922.

Segundo declaração da empresa concessionária do Coliseu, a propósito da reclamação de alguns frequentadores sobre o fato de em algumas localidades de sombra dar sol, ao princípio do espetáculo, os concessionários argumentam que o Coliseu foi começado a construir em junho e que a divisão do sol e da sombra foi cautelosamente estudada e a planta aprovada. Acontece, porém, que a terra tem um movimento giratório e, portanto, nem todos os meses o sol dá no mesmo ponto. Não é culpa dos concessionários que tal fato se produza e lastimam que ele se dê, mas não o podem remediar. Em junho, porém, quando o Coliseu começou a ser construído, o sol dava exatamente às 4 horas e meia da tarde nas localidades que são vendidas como sol.[63]

A A. J. Gonçalves & Comp. agradeceu também às "autoridades policiais, civis e militares, bem como à Comissão Executiva da Exposição, que tudo lhe facilitaram e que foi, sem dúvida, a melhor garantia do completo êxito de ontem".[64] Por fim, não perdeu a oportunidade de citar os seus detratores:

E o agradecimento da Empresa é tanto mais sincero e profundo, quando a obra do despeito e da calúnia não lhe poupou o trabalho, o esforço, nem o sacrifício material despendidos, levando longe a campanha de difamação, que lhe moveu, mas de cuja sem razão o único juiz capaz é o público, que encheu literalmente o Coliseu e que pode, "de visu" aquilatar da sinceridade dos caluniadores que, sem querer, se tornaram os melhores propagandistas do espetáculo.

Enfim, como vimos, de qualquer forma, ainda que sofrendo pressões e críticas de diferentes ordens, a atividade logrou algum sucesso, notadamente a primeira sessão de corridas. O Paiz bem expressou o olhar dos que se colocavam a favor da iniciativa:

Transpondo custosas dificuldades, amaciando teimosias caturras, vencendo atritos de toda a espécie, a empresa A. J. Gonçalves

---

63 *Correio Sportivo*, p.5, 9 dez. 1922.
64 *O Imparcial*, p.5, 5 dez. 1922.

& C. conseguiu inaugurar a sua praça de touros, que denominou Grande Coliseu do Centenário. E abriu a série de corridas, sob o ponto de vista financeiro, com chave de ouro. Esgotou tudo que havia para vender, e não sabemos, mesmo, se o que não havia, pois já a praça estava cheia, e ainda em todas as escadas que dão acesso às bancadas se comprimia gente, em conquista do seu lugar, que alguns não chegaram a alcançar, porque desistiram na luta.[65]

## As touradas como expressão de reconciliação

Como entender a realização das touradas como uma atividade oficialmente reconhecida pela comissão organizadora no âmbito dos festejos do Centenário? Seria mesmo algo absolutamente contrário às representações de modernidade que se pretendia construir com as celebrações?

A princípio devemos lembrar que, embora o ideal moderno fosse comum a todos os grupos envolvidos com as reflexões sobre o Brasil no âmbito das comemorações de 1922, eram distintos os projetos e perspectivas. A intelectualidade transitava entre as ideias de tradição e vanguarda na eleição dos parâmetros simbólicos que deveriam marcar o forjar da identidade nacional: "Amantes do campo ou da cidade, advogam o monopólio do entendimento do país; industrialistas ou ruralistas, acreditam encarnar o espírito do século XX" (Motta, 1992, p.6).

Se as touradas poderiam parecer anacrônicas para os mais próximos da ideia de vanguarda, talvez não o fossem tanto para os defensores da tradição, para os que enxergavam o campo como um espaço que forja a temperança e o caráter. A proibição e a perseguição das corridas de touros poderiam ser até mesmo entendidas como adesão equivocada a parâmetros estrangeiros que já não serviam mais para pensar o Brasil.

O toureiro, assim, seria uma expressão do homem rude que dramatiza, com respeito e vigor, o embate entre o ambiente natural

---

65  *O Paiz*, p.7, 5 dez. 1922.

e o ser humano, uma visão romântica que se articulava com a ideia de que o homem urbano perdera a capacidade de conduzir a nação a trilhar seus próprios caminhos. O toureiro poderia ser encarado como um símbolo do retorno às origens e de exaltação daquilo que melhor caracteriza o Brasil: a pujança de sua natureza.

Equipe tauromáquica das touradas de 1922
*Jornal de Theatro e Sport*, 9 dez. 1922, p.11

Nessa mesma medida, entende-se a oposição de alguns às touradas. Lembremos que, em contraponto ao grupo dos ruralistas (entre os quais podemos citar como insignes Jackson Figueiredo, Cassiano Ricardo, Oliveira Viana, Plínio Salgado e Monteiro Lobato) se encontravam as propostas dos que elegeram a cidade como espaço de gestão de um novo projeto para o país, lócus da modernização necessária, ainda que não mais sob os mesmos parâmetros da transição do século XIX para o XX (entre os quais, na ocasião, destacamos os modernistas de São Paulo, especialmente Oswald de Andrade, Mário de Andrade, Menotti Del Picchia). A corrida de touros seria, nesse olhar, um símbolo de um país que deveria ser abandonado, para que se forjassem definitivamente as condições para a emergência do novo.

De outro lado, devemos lembrar que, entre os debates desencadeados pelas celebrações de 1922, também foi comum a crítica à adoção linear de modelos estrangeiros, inclusive pelo fim do fascínio generalizado pelas dimensões simbólicas que marcaram a Belle Époque. A busca por consolidar instituições tipicamente nacionais, ainda que sem deixar de considerar certas ideias europeias, pode ter aberto espaço para a releitura de certas práticas. Lembremos que já estavam em curso a "reabilitação" de manifestações outrora consideradas símbolos de atraso, como o samba e a capoeira.[66]

No âmbito dos debates de projetos para o país, havia um tema que explicitamente se manifestou no caso das touradas: sua promoção no âmbito dos festejos do Centenário teve forte relação com o espaço que Portugal ocupou nas cerimônias de comemoração. Não surpreende, como ressaltamos em vários momentos no decorrer do capítulo, que as referências tenham sido explícitas.

Desde o fim da monarquia brasileira, andavam estremecidas as relações com o antigo colonizador. Esse quadro começou a mudar paulatinamente, a princípio de forma tímida, com a proclamação da república portuguesa (1910). Até a ocasião das comemorações de 1922, basicamente, o relacionamento se estabeleceu por meio de encontros ocasionais. Embora de pouco efeito prático imediato, o que se seguiu lançou as bases da gestação de uma ideia de *luso-brasileirismo* (Santos; Amorim, 2010) que se exponenciaria na década de 1950 (Gonçalves, 2018). Para Marie-Jo Ferreira:

> Minimizando ao máximo todos os conflitos atuais ou passados entre os dois países, os governos português e brasileiro, por ocasião do centenário da independência, reinterpretaram a história da separação política de 1822 e afirmaram a modernidade das relações luso-brasileiras, baseadas no conceito de fraternidade. (2008, p.119)

Curiosamente, encontramos uma referência ao filme *As grandes touradas do Centenário* (1922) no livro de José de Matos Cruz (1989), *Prontuário do cinema português: 1896-1989*. Por que uma fita brasileira estaria citada numa obra dedicada ao levantamento da produção cinematográfica daquele país? A explicação está na

---

66 Para mais informações, ver Pereira (2023).

introdução da obra, quando o autor cita os critérios de catalogação: "Filmes portugueses; filmes em coprodução; filmes estrangeiros rodados em Portugal; filmes realizados por portugueses no estrangeiro; filmes da temática portuguesa" (Cruz, 1989, p.6). Mais adiante, é informado que não foram elencados aqueles lançamentos realizados em outros países nos quais os portugueses trabalharam apenas na produção (como Luiz de Barros e Carmen Santos).

Com tudo isso, podemos inferir que a citação ao filme se dá por ser considerado como de "temática portuguesa". Mais ainda, sabemos que em 1923 também foram exibidas em Portugal outras produções de companhias brasileiras que tratavam de algo relacionado ao país, pelos menos três delas, todas da Botelho Filmes, ligadas aos festejos do Centenário: *As grandes homenagens ao presidente de Portugal, Gago Coutinho e Sacadura Cabral* e *A imponente Revista Naval de 7 de Setembro*.

Efetivamente, sabemos que houve uma grande presença portuguesa nas comemorações do Centenário, algo que foi bastante divulgado e celebrado pela imprensa brasileira. Por exemplo, Gago Coutinho e Sacadura Cabral atravessaram o oceano Atlântico de avião e, trazendo uma edição de 1670 de *Os lusíadas* para o Real Gabinete Português de Literatura, chegaram ao Rio de Janeiro às vésperas da inauguração dos festejos.[67]

Outro exemplo. No final de agosto, mesmo com um ambiente social e político tenso em Portugal, o presidente António José de Almeida embarcou para tomar parte nos festejos brasileiros. Sobre a presença do dirigente português no país, sugere Sant'Ana:

> nada se compara ao sucesso da visita do presidente de Portugal, Antônio José de Almeida, à exposição. Este foi certamente um dos dias mais movimentados da grande feira. O povo aglomerou-se no recinto para ouvir e aclamar, com alegria e admiração, o presidente português. Além da excelente acolhida popular, Antônio José de Almeida recebeu homenagens de ministros, deputados brasileiros

---

67  Para mais informações, ver Miranda (2009).

e também de organizações portuguesas estabelecidas no Brasil. (2008, p.94)

Portugal, aliás, diferentemente dos outros países, possuía um pavilhão no setor internacional da Exposição ("Grandes Indústrias de Portugal") e outro no setor nacional ("Pavilhão de Honra"),[68] "ambos idealizados por arquitetos portugueses ao estilo D. João V – evidenciando elementos tradicionais da arquitetura portuguesa que tinham correspondentes na arquitetura colonial brasileira" (Sant'Ana, 2008, p.89).[69]

À esquerda, o pavilhão de honra de Portugal na área nacional da Exposição
À direita, o pavilhão do país na área internacional[70]

A construção desses pavilhões teve grande repercussão em Lisboa. O *Diário de Notícias* celebrou: "A colônia portuguesa, sempre tão pronta a sacrificar-se pelo bom nome da nossa terra, não se sentirá humilhada ao passar junto dos pavilhões de outros países, já abertos aos visitantes".[71]

Na verdade, muitas foram as polêmicas. Às vésperas da inauguração do pavilhão, chegou a haver uma intervenção do Ministério do

---

68 Para mais informações sobre a disposição das áreas de Exposição, ver Motta (1992).
69 Os já prestigiados Ricardo Severo, Assunção dos Santos, Rebello de Andrade e Costa Mota foram os responsáveis pelos projetos e decoração dos pavilhões.
70 *Livro de Ouro da Exposição de 1922.*
71 *Diário de Notícias*, p.1, 3 dez. 1922.

Comércio, determinando que a Embaixada de Portugal no Brasil assumisse os preparativos finais, no sentido de garantir a boa execução dos trabalhos. Mais ainda, informou o *Diário de Notícias* de Lisboa que o governo português solicitou ao Parlamento autorização para um crédito destinado "não só para liquidar as dívidas contraídas pelo comissariado, nos serviços a seu cargo, mas também para levar por diante a nossa representação na Exposição Internacional".[72]

No país ibérico, houve farto debate sobre os gastos necessários ao que se desejava ser uma boa representação nos festejos do Centenário de 1922. Alguns deputados os consideravam excessivos; o governo, por sua vez, defendia a importância da iniciativa. Ao fim, foram aprovados os recursos necessários para que as dívidas fossem saldadas, e os pavilhões, concluídos.

Ainda que os senadores não referendassem imediatamente a decisão dos deputados, mais um problema a atrasar os intuitos governamentais, em 23 de dezembro de 1922, meses depois da abertura oficial dos festejos, foram finalmente inaugurados, com grande comemoração, os pavilhões portugueses:

> Estiveram presentes os ministros da Justiça, Guerra e Relações Exteriores, altos funcionários brasileiros, o embaixador de Portugal, sr. dr. Duarte Leite, o cônsul geral, sr. dr. Sampaio Garrido, as personalidades mais em evidencia na colônia portuguesa, muitas senhoras etc.
>
> Em frente da reprodução das Tabuas de Nuno Gonçalves, o sr. Lisboa de Lima fez um discurso, pronunciando palavras repassadas de carinho e agradecimento ao fazer a entrega do quadro às autoridades brasileiras.[73]

Enfim, sobre o envolvimento dos portugueses nas comemorações de 1922, infere Lessa: "Pelo simbólico, é um restabelecimento, paritário e sem ressentimentos, entre as duas repúblicas, pelo pai do

---

72 *Diário de Notícias*, p.2, 22 dez. 1922.
73 *Diário de Notícias*, p.2, 24 dez. 1922.

idioma pátrio" (2002, p.50). De fato, o governo de Portugal se preparou para tomar parte ativa no evento. Como sugere Evangelista:

> A princípio os portugueses seriam os que menos teriam para comemorar. Mas foi isto que verificamos, a comemoração ocorreu intensamente; eles viram a independência não como separação e desapreço do lar paterno, mas sinal de maioridade que antes desperta orgulho do que ressentimentos. (2008, p.102)

## À guisa de conclusão

No Brasil, foi grande o debate sobre a presença e a participação de Portugal nas celebrações de 1922. Devemos considerar que, desde o final do século XIX, havia um esforço do regime republicano em inventar novas tradições para o país, inclusive com o intuito de deixar para trás, definitivamente, o período colonial e encerrar os laços com o colonizador.

De um lado, nas discussões desencadeadas pelo evento de 1922, recrudesceu o discurso antilusitano: "Dentro de uma perspectiva bem característica do início da década de 1920, e que se manifestou com força nas celebrações do Centenário, a origem de nossos problemas estaria nas raízes culturais, ou seja, no elemento português, retrógrado e atrasado" (Motta, 1992, p.19). Mais ainda, alguns compreendiam que "só a eliminação dessa tutela permitiria a afirmação da nacionalidade brasileira" (Ferreira, 2008, p.124).

De outro, fortaleceram-se posições que apontavam uma reconciliação a partir de uma certa releitura e recuperação do período colonial, uma integração da herança portuguesa na forma de conceber a construção da identidade nacional (Ferreira, 2008). A arquitetura dos pavilhões é um indicador desse debate:

> O ecletismo europeu continua presente, mas dividirá espaço com as manifestações da busca das raízes nacionais, através do movimento neocolonial. Num momento em que a inadequação da

arquitetura eclética europeia em relação ao nosso clima e às nossas tradições já está no centro do debate entre pensadores e profissionais de arquitetura, alguns dos pavilhões da Exposição vão ter como exigência de edital serem projetados obedecendo "as linhas gerais da arquitetura da época colonial". (Levy, 2009)

Argumentamos que as ambiguidades que cercaram a realização das touradas são similares às que cercaram a adoção e a defesa da arquitetural neocolonial: expressão de um passado a ser abandonado ou releitura crítica do passado no sentido de contrapor a adoção de padrões estrangeiros?[74] Na mesma medida em que o neocolonial era um colonial modernizado, as touradas foram atualizadas por uma lógica empresarial. Além disso, os promotores, pelo menos nos discursos, tentavam incorporar certas demandas da modernidade, como uma suposta preocupação com os animais.

Em Portugal, mesmo que, desde o século XVIII, as touradas já sofressem críticas, elas seguiam sendo por muitos consideradas como expressão do valor dos portugueses. Tal entendimento, como demonstra Melo (2010b; 2011), pode ser mesmo percebido entre literatos, como Eça de Queirós, e artistas plásticos, como Amadeo de Souza Cardoso, ambos, de diferentes formas e pontos de vista, as encarando como uma marca da cultura nacional e como símbolo de resistência à adoção linear de parâmetros exógenos.

Essa é, enfim, mais uma informação que reforça a ideia de que as corridas de touros promovidas no âmbito das celebrações do Centenário da Independência são uma expressão do conjunto de tensões que marcou o momento, entre as quais as relacionadas a uma possível reconciliação com o antigo colonizador, afinal, foram "touradas portuguesas, com certeza".

O público que lotou as sessões pouca atenção dava aos debates que cercavam o evento. Queria mesmo é se divertir com uma novidade, já que a cidade não abrigava corridas havia quase quinze anos.

---

74 Para mais informações sobre os debates ao redor da arquitetura neocolonial, ver Tenório (1994), Mello (2006), Kessel (2008) e Atique (2010).

Quem esteve presente no evento, a propósito, assistiu ao canto do cisne da tauromaquia em terras cariocas. A prática não foi mais promovida, pelo menos não de forma divulgada e legal. Permaneceram só na memória, mesmo assim, como vimos na introdução, esvaindo-se no decorrer do tempo.

Charge sobre a proibição das touradas
*Fon-Fon*, p.8, 16 maio 1908, p.8

O interessante é perceber que as touradas acabaram da mesma forma que tiveram início no século XVII: uma prática profundamente articulada com os temas candentes de cada tempo, cercada de intencionalidades políticas, mas fundamentalmente encaradas como uma diversão pelo público que se interessava pela mitológica dramatização dos enfrentamentos de seres humanos e a natureza.

# REFERÊNCIAS BIBLIOGRÁFICAS

ABREU, Eduardo Augusto Pereira de. *Estudos hygienicos sobre a educação physica, intellectual e moral do soldado*: escolha do pessoal para a boa organização do nosso Exército. Rio de Janeiro: [s.e.], 1867.

ABREU, Mauricio de. *A evolução urbana do Rio de Janeiro*. Rio de Janeiro: IPLANRIO, 1997.

ALMEIDA, Jayme Duarte de. *História da tauromaquia*: técnica e evolução artística do toureio. Lisboa: Artis, 1951.

_____. *Enciclopédia tauromáquica ilustrada*. Lisboa: Editorial Estampa, 1962.

ALMEIDA, Miguel Vale de. Marialvismo: fado, touros e saudade como discursos da masculinidade, da hierarquia social e da identidade nacional. *Trabalhos de Antropologia e Etnologia*, v.37, n.1-2, p.41-66, 1997.

ANDERSON, Benedict. *Comunidades imaginadas*: reflexões sobre a origem e a difusão do nacionalismo. Trad. Denise Bottmann. São Paulo: Companhia das Letras, 1998.

ANDRADE, Ayres. *Francisco Manuel da Silva e seu tempo*. Rio de Janeiro: Tempo Brasileiro, 1967.

ANDRADE, Rodrigo de. Abaixo as touradas e os toureiros. *O Jornal*, Rio de Janeiro, n.1191, p.6-7, 1 dez. 1922.

ANÔNIMO. Relação dos obsequiosos festejos, que se fizeram na Cidade de Sebastião do Rio de Janeiro, pela plausível notícia do Nascimento do Sereníssimo Senhor Príncipe da Beira, o Senhor D. José. No ano de 1762, oferecida ao nobilíssimo Senado da mesma Cidade, que tão generosamente concorreu para estes grandes festejos, em que se empenhou a sua fidelidade, e desempenhou seu afeto. Por um seu Cidadão e Anônimo. Lisboa: Oficina Patriarcal de Francisco Luiz Ameno, MDCCLXIII, 1763.

ARAÚJO, Vicente de Paula. *A bela época do cinema brasileiro.* São Paulo: Perspectiva, 1976.

ARQUIVO NACIONAL. *Fundo Marquês do Lavradio:* inventário. Rio de Janeiro: Arquivo Nacional, 1999.

ASSIS, Machado de. *Obra completa.* Rio de Janeiro: Aguilar, 1973.

ATIQUE, Fernando. A presença americana na Exposição Internacional do Centenário da Independência do Brasil: antecedentes e repercussões. *Anais do Tenth International Congress of the Brazilian Studies Association*, 2010.

AULETE, Caldas. *Dicionário contemporâneo da língua portuguesa.* 2.ed. Rio de Janeiro: Delta, 1970.

AUGUSTO, Emília Carolina Bispo dos Santos. Olho no lance: futebol e modernidade na crônica de Lima Barreto. In: ANPUH, 2006, Rio de Janeiro. *Anais do XII Encontro Regional de História.* Niterói: Anpuh, 2006. Disponível em: <http://www.snh2011.anpuh.org/resources/rj/Anais/2006/conferencias/Emilia%20Carolina%20Bispo%20dos%20Santos%20Augusto.pdf>. Acesso em: 21 ago. 2011.

BARRACLOUGH, Geoffrey. *Introdução à história contemporânea.* 5.ed. Rio de Janeiro: Zahar, 1983.

BARRETO, Mascarenhas. *Corrida:* Breve história da tauromaquia em Portugal. Lisboa: [s.e.], 1970.

BARROS, Wagner Santos de. Troca simbólica e dominação: Padre Thomas e a formação da Aldeia da Pedra. In: ANPUH, 1998, Rio de Janeiro. *Anais do VIII Simpósio Regional de História.* Rio de Janeiro: Anpuh, 1998. Disponível em: <http://www.rj.anpuh.org/conteudo/view?ID_CONTEUDO=307>. Acesso em: 5 nov. 2012.

BATALHA, Claudio. Sociedades de trabalhadores no Rio de Janeiro do século XIX: algumas reflexões em torno da formação da classe operária. *Arquivos do AEL*, Campinas, v.6, n.10-11, p.41-67, 1999.

BENCHIMOL, Jaime Larry. A modernização do Rio de Janeiro". In: BRENNA, Giovanna Rosso del (Org.). *O Rio de Janeiro de Pereira Passos:* Uma cidade em questão II. Rio de Janeiro: Index, 1985.

BENCHIMOL, Jaime Larry. *Pereira Passos*: um Hausmann tropical. A renovação urbana da cidade do Rio de Janeiro no início do século XX. Rio de Janeiro: Prefeitura da Cidade do Rio de Janeiro, 1990.

BERNARDET, Jean-Claude. *Filmografia do cinema brasileiro, 1900-1935.* São Paulo: Secretaria da Cultura, Comissão Estadual de Cinema, 1979.

BETHELL, Leslie. O Brasil no mundo. In: CARVALHO, José Murilo de (Coord.). *História do Brasil nação (1808-2010)*, v.2: A construção nacional (1830-1889). Rio de Janeiro: Objetiva, 2012. p.131-78.

BICALHO, Maria Fernanda. O Rio de Janeiro no século XVIII: a transferência da capital e a construção do território centro-sul da América portuguesa. *Urbana*, Campinas, n.1, set./dez. 2006.

BORGES Valdeci Rezende. Em busca do mundo exterior: sociabilidade no Rio de Machado de Assis. *Estudos Históricos*, Rio de Janeiro, n.28, p.49-69, 2001.

BORREGO, Maria Aparecida de Menezes. *A teia mercantil*: negócios e poderes em São Paulo colonial (1711-1765). São Paulo, 2006. Tese (Doutorado em História) – Faculdade de Filosofia, Letras e Ciências Humanas, USP.

BOSI, Alfredo. Cultura. In: CARVALHO, José Murilo de (Coord.). *História do Brasil nação (1808-2010)*, v.2: A construção nacional (1830-1889). Rio de Janeiro: Objetiva, 2012. p.225-80.

BOURDIEU, Pierre. *Razões práticas*: sobre a teoria da ação. Campinas: Papirus, 1996a.

_____. *As regras da arte*: gênese e estrutura do campo literário. Trad. Maria Lucia Machado. São Paulo: Companhia das Letras, 1996b.

BRENNA, Giovanna Rosso del (Org.). *O Rio de Janeiro de Pereira Passos*: uma cidade em questão II. Rio de Janeiro: Index, 1985.

CALDEIRA, Jorge. O processo econômico. In: SILVA, Alberto da Costa (Coord.). *História do Brasil nação (1808-2010)*, v.1: Crise colonial e independência (1808-1830). Rio de Janeiro: Objetiva, 2011. p.161-204.

CAMPOS, Eudes. Ecos paulistanos da vinda da Família Real para o Brasil. *Informativo do Arquivo Histórico Municipal*, n.17, mar./abr. 2008. Disponível em:<http://www.arquiamigos.org.br/info/info17/i-estudos.htm>. Acesso em: 10 nov. 2012.

CAPUCHA, Luís. O campo da tauromaquia. *Sociologia, Problemas e Práticas*, Lisboa, n.5, p.147-65, 1988.

CARDIM, Fernão. *Tratado da terra e gente do Brasil*. São Paulo: Companhia Editora Nacional, 1939. Coleção Brasiliana [Brasiliana Eletrônica].

CARR-GOMM, Sarah. *Dicionário de símbolos na Arte*. Bauru: Edusc, 2004.

CARVALHO, José Murilo de. *Os bestializados*: o Rio de Janeiro e a República que não foi. São Paulo: Companhia das Letras, 1987.

_____. A vida política. In: *História do Brasil nação (1808-2010)*, v.2: A construção nacional (1830-1889). Rio de Janeiro: Objetiva, 2012. p.83-130.

CASCUDO, Luís da Câmara. *Dicionário do folclore brasileiro.* 10.ed. Rio de Janeiro: Ediouro, [s.d.].

CASTRO, Alice Viveiros de. *O elogio da bobagem.* Rio de Janeiro: Família Bastos Editora, 2005.

CAVALCANTI, Nireu. *O Rio de Janeiro setecentista.* Rio de Janeiro: Jorge Zahar, 2004.

CENTRO DA MEMÓRIA DA ELETRICIDADE. *A vida cotidiana no Brasil moderno: A energia elétrica e a sociedade brasileira (1880-1930).* Rio de Janeiro: Memória da Eletricidade, 2001.

CHALHOUB, Sidney. População e sociedade. In: CARVALHO, José Murilo de (Coord.). *História do Brasil nação (1808-2010)*, v.2: A construção nacional (1830-1889). Rio de Janeiro: Objetiva, 2012. p.37-82.

CHAMON, Carla Simone. O cenário da festa: festa cívica em Minas Gerais no século XIX. *Varia Historia*, Belo Horizonte, n.19, p.183-204, nov. 1998.

CONDE, Renata de Lima; MASSIMI, Marina. Corpo, sentidos e coreografias: narrativas de uma festividade na Bahia do século XVIII. *Psicologia em Revista*, Belo Horizonte, v.14, n.1, p.215-34, jun. 2008.

COSTA E SILVA, Alberto da. As marcas do período. In: *História do Brasil nação (1808-2010)*, v.1: Crise colonial e independência (1808-1830). Rio de Janeiro: Objetiva, 2011a. p.23-35.

_____. Alberto da. População e sociedade. In: *História do Brasil nação (1808-2010)*, v.1: Crise colonial e independência (1808-1830). Rio de Janeiro: Objetiva, 2011b. p.35-74.

CRESPO, Jorge. *A história do corpo.* Lisboa: Difel, 1990.

CRULS, Gastão. Rio de começo do século. In: BANDEIRA, Manuel; ANDRADE, Carlos Drummond de. *Rio de Janeiro em prosa & verso.* Rio de Janeiro: José Olympio, 1965.

CRUZ, José de Matos. *Prontuário do cinema português*: 1896-1989. Lisboa: Cinemateca Portuguesa, 1989.

CZAJKOWSKI, Jorge (Org.). *Do Cosmógrafo ao Satélite*: mapas da cidade do Rio de Janeiro. Rio de Janeiro: Centro de Arquitetura e Urbanismo do Rio de Janeiro, 2000.

DONADIO, Paulo. Théo-Filho, o intelectual da praia: história balneária de Copacabana, 1925-1940. [s.d.] Disponível em: <http://theo-filho--paulo-donadio.blogspot.com>. Acesso em: 9 abr. 2024.

EDMUNDO, Luiz. *O Rio de Janeiro do meu tempo.* Rio de Janeiro: Conquista, 1957.

_____. *O Rio de Janeiro no tempo dos vice-reis.* Belo Horizonte: Itatiaia, 2000.

ELIAS, Norbert. *O processo civilizador.* Rio de Janeiro: Jorge Zahar, 1994. 2v.

ERMAKOFF, George. *Paisagem do Rio de Janeiro*: aquarelas, desenhos e gravuras dos artistas viajantes, 1790-1890. Rio de Janeiro: Casa Editorial George Ermakoff, 2011.

EVANGELISTA, Helio de Araujo. *Rio de Janeiro, uma cidade portuguesa com certeza.* Rio de Janeiro: E-papers, 2008.

FAUSTO, Boris (Dir.). *História geral da civilização brasileira,* v.8: Estrutura de poder e economia. Rio de Janeiro: Bertrand Brasil, 2006.

FERREIRA, Marie-Jo. As comemorações do primeiro Centenário da Independência brasileira ou a exaltação de uma modernidade luso-brasileira. In: REIS, Daniel Aarão; ROLLAND, Denis (Orgs.). *Modernidades alternativas.* Rio de Janeiro: Editora FGV, 2008. p.119-40.

FONSECA, Vitor Manoel Marques da. *No gozo dos direitos civis*: associativismo no Rio de Janeiro, 1903-1916. Rio de Janeiro/Niterói: Arquivo Nacional/Muiraquitã, 2008.

FRAGOSO, João. A nobreza vive em bandos: a economia política das melhores famílias da terra do Rio de Janeiro, século XVII. Algumas notas de pesquisa. *Tempo: Revista do Departamento de História da UFF,* Niterói, v.8, n.15, p.11-35, 2003.

GARRIDO, Felipe de Moura. Produção, comércio e tensões nas vilas do norte da capitania de São Paulo (1788-1808). Franca, 2012. Dissertação (Mestrado em História) – Faculdade de Ciências Humanas e Sociais, Unesp.

GERSON, Brasil. *Histórias das ruas do Rio.* Rio de Janeiro: Livraria Brasiliana Editora, 1965.

GODINHO, Paulo Roberto. No rastro dos abandonados. *Revista de História da Biblioteca Nacional,* n.60, set. 2010.

GONÇALVES, Williams. As relações luso-brasileiras nos anos 1950. *Tensões Mundiais,* v.5, n.8, p.265-90, 2018.

GONZAGA, Alice. *Palácios e poeiras*: 100 anos de cinemas no Rio de Janeiro. Rio de Janeiro: Record/Funarte, 1996.

GONZAGA, Tomás Antônio. *Cartas chilenas*. Rio de Janeiro: Laemmert, 1863.

GOUVÊA, Maria de Fátima Silva. Poder, autoridade e Senado da Câmara do Rio de Janeiro, ca. 1780-1820. *Tempo*, Niterói, v. 7, n. 13, p.111-55, 2002.

GRAHAM, Maria. *Diário de uma viagem ao Brasil e de uma estada nesse país durante parte dos anos de 1821, 1822 e 1823*. São Paulo: Companhia Editora Nacional, 1956.

GRAHAM, Sandra Lauderdale. O Motim do Vintém e a cultura política no Rio de Janeiro, 1880. *Revista Brasileira de História*, São Paulo, v.10, n.20, p.211-32, mar./ago. 1991.

HANSEN, J. A. A categoria "representação" nas festas coloniais dos séculos XVII e XVIII. In: JANCSÓN, István; KANTOR, Iris (Orgs.). *Festa*: cultura e sociabilidade na América portuguesa. São Paulo: Hucitec, 2001. p.735-58.

HENDERSON, James. *A History of Brazil*. Londres: Longman, Hurst, Rees, Orme and Brown, 1821.

HONORATO, Cláudio de Paula. O mercado de escravos do Rio de Janeiro, 1758 a 1831. Rio de Janeiro, 2008. Dissertação (Mestrado em História) – Instituto de Ciências Humanas e Filosofia, Departamento de História, Universidade Federal Fluminense.

KANTOR, Iris. Festas públicas e processo colonizador: as festas de comemoração da conquista do Tibagi na segunda metade do século XVIII. *Politeia: História e Sociedade*, Vitória da Conquista, v.8, n.1, p.165-77, 2008.

KESSEL, Carlos. *Arquitetura neocolonial no Brasil*: entre o pastiche e a modernidade. Rio de Janeiro: Jauá, 2008.

KLEIN, Herbert S. A integração social e econômica dos imigrantes portugueses no Brasil nos finais do século XIX e no século XX. *Análise Social*, v.XXVIII, n.121, 1993.

KORACAKIS, Teodoro. Machado de Assis, colaborador da Semana Ilustrada (1860-1875). Filologia.org.br, [s.d.]. Disponível em: <http://www.filologia.org.br/machado_de_assis/Machado%20de%20Assis,%20colaborador%20da%20Semana%20Ilustrada%20(1860%20%E2%80%93%201875).pdf>. Acesso em: 6 dez. 2012.

LARA, Silvia Hunold. *Fragmentos setecentistas*: escravidão, cultura e poder na América portuguesa. São Paulo: Companhia das Letras, 2007.

LEITHOLD, Theodor Von; RANGO, Ludwig Von. *O Rio de Janeiro visto por dois prussianos em 1819*. São Paulo: Companhia Editora Nacional, 1966.

LEMA, Luiz Gonzaga da Silva. *Genealogia paulista*. São Paulo: Duprat & Comp., 1905.

LESSA, Carlos. Rio, uma cidade portuguesa? In: *Os Lusíadas na aventura do Rio moderno*. Rio de Janeiro: Record, 2002.

LESSA, Renato. *A invenção republicana*. Rio de Janeiro: Vértice/IUPERJ, [s.d.].

LEVY, Ruth Nina Vieira Ferreira. A arquitetura de exposições como repertório de formas e tipologias. *19&20*, Rio de Janeiro, v.IV, n.3, jul. 2009. Disponível em: <http://www.dezenovevinte.net/arte%20 decorativa/ad_ruth2.htm>. Acesso em: 21 ago. 2011.

LIMA, Evelyn Furquim Werneck. *Arquitetura do espetáculo*: Teatros e cinemas na formação da praça Tiradentes e da Cinelândia. Rio de Janeiro: Editora UFRJ, 2000.

LIMA, Herman. *História da caricatura no Brasil*. Rio de Janeiro: José Olympio, 1963.

LIMA, M. de Oliveira. *D. João VI no Brasil*. Rio de Janeiro: Topbooks, 1996 (1908).

LOBO, Maria Eulália Lahmeyer. *Imigração portuguesa no Brasil*. São Paulo: Hucitec, 2001.

LUCCOCK, John. *Notas sobre o Rio de Janeiro e partes meridionais do Brasil*. Belo Horizonte: Itatiaia, 1987 (1820).

MAGALHÃES JÚNIOR, R. *Arthur Azevedo e sua época*. Rio de Janeiro: Civilização Brasileira, 1966.

MARROCOS, Luís Joaquim dos Santos. *Cartas do Rio de Janeiro, 1811-1821*. Lisboa: Biblioteca Nacional de Portugal, 2008.

MARTINS, Mônica de Souza Nunes. *Entre a cruz e o capital*: as corporações de ofícios após a chegada da família real (1808-1824). Rio de Janeiro: Garamond, 2008.

MARZANO, Andrea; MELO, Victor Andrade de. *Vida divertida*: histórias de lazer no Rio de Janeiro (1830-1930). Rio de Janeiro: Apicuri, 2010.

MATHISON, Gilbert Farquhar. *Narrative of a Visit to Brazil, Chile, Peru, and the Sandwich Islands, During the Years 1821 and 1822*. Londres: Charles Knight, 1825.

MAURÍCIO, Augusto. *Algo do meu velho Rio*. Rio de Janeiro: Brasiliana, 1966.

MELLO, Christiane Figueiredo Pagano de. *Forças militares no Brasil colonial*. Rio de Janeiro: E-papers, 2009.

MELLO, Joana. Da arqueologia portuguesa à arquitetura brasileira. *Revista do Instituto de Estudos Brasileiros*, São Paulo, n.43, set. 2006. Disponível em: <https://www.revistas.usp.br/rieb/article/view/34544>. Acesso em: 21 ago. 2011.

MELO, Victor Andrade de. *Cidade Sportiva*: primórdios do esporte no Rio de Janeiro. Rio de Janeiro: Relume Dumará/Faperj, 2001.

_____. Das touradas às corridas de cavalo e regatas: primeiros momentos da configuração do campo esportivo no Brasil. In: PRIORE, Mary del; MELO, Victor Andrade de (Orgs.). *História do esporte no Brasil*: do Império aos dias atuais. São Paulo: Editora Unesp, 2009. p.35-70.

_____. *Esporte e lazer*: conceitos. Uma introdução histórica. Rio de Janeiro: Apicuri/Faperj, 2010a.

_____. Esporte e artes plásticas em Portugal: Amadeo de Souza-Cardoso. *Revista Portuguesa de Ciências do Desporto*, Porto, v.10, n.1, p.191-9, 2010b.

_____. *Que modernidade?* A educação do corpo e o esporte em Os Maias (Eça de Queirós, 1888). Rio de Janeiro, 2011. mimeo.

_____. Modernos? As grandes touradas do Centenário (1922) e a reconciliação com Portugal. In: SANTOS, João M. Casquinha Malaia; MELO Victor Andrade de (Orgs.). *1922*: comemorações esportivas do Centenário. Rio de Janeiro: 7Letras, 2012. p.81-117.

_____. Mudanças nos padrões de sociabilidade e diversão: o jogo da bola no Rio de Janeiro (séculos XVIII e XIX). *História*, São Paulo, v.35, n.e105, p.1-23, 2016a.

_____. A dança nas escolas do Rio de Janeiro do século XIX (décadas de 1820-1860). *Revista Brasileira de História da Educação*, Maringá, v.16, n.3, p.303-32, 2016b.

_____. Experiências de ensino da dança em cenários não escolares no Rio de Janeiro do século XIX (décadas de 1820-1850). *Movimento*, Porto Alegre, v.22, n.2, p.497-508, 2016c.

_____. *"Pois temos touros"*: touradas no Brasil do século XIX. Rio de Janeiro: 7Letras, 2017.

_____. *Cidade divertida*: entretenimentos no Rio de Janeiro do século XIX. Rio de Janeiro: 7Letras, 2022a.

_____. *Cidade sportiva 2*. Rio de Janeiro: 7Letras, 2022b. 3v.

_____; PERES, Fabio de Faria. *A gymnastica no tempo do Império*. Rio de Janeiro: 7Letras, 2014.

MELO, Victor Andrade de; CARNEIRO, Juliana. *O Centenário 100 anos depois:* persistências e mudanças na cena urbana carioca. Rio de Janeiro: Numa, 2023.

MENDONÇA, Sonia Regina de. A consolidação da república oligárquica. In: LINHARES (Org.). *História geral do Brasil.* Rio de Janeiro: Campus, 1990. p.253-4.

MIRANDA, Luciana Lilian de. Um "vôo" entre Portugal e Brasil: leituras das relações luso-brasileiras na revista Seara Nova no início dos anos de 1920. *História,* Franca, v.28, n.1, 2009. Disponível em: <http://www.scielo.br/pdf/his/v28n1/17.pdf>. Acesso em: 21 ago. 2011.

MORAES FILHO, Mello. *Os ciganos no Brasil e cancioneiro dos ciganos.* Belo Horizonte/São Paulo: Itatiaia/USP, 1981.

MORETTIN, Eduardo. As relações entre cinema e Estado no Brasil: as comemorações do Centenário da Independência em 1922 e 1923. In: XIX ENCONTRO DA COMPÓS, jun. 2010, Rio de Janeiro. Rio de Janeiro: PUC-RJ, 2010. Disponível em: <http://compos.com.puc-rio.br/media/gt10_eduardo_morettin.pdf>. Acesso em: 20 ago. 2011.

MORSE, Richard. As cidades "periféricas" como arenas culturais: Rússia, Áustria, América Latina. *Estudos Históricos,* Rio de Janeiro, n.16, p.205-25, 1995.

MOTTA, Marly Silva da. *A nação faz cem anos*: a questão nacional no Centenário da Independência. Rio de Janeiro: Editora FGV, 1992.

MOURA FILHA, Maria Berthilde. Festas e celebrações no Brasil colonial: representações de poder e elos de ligação com a cultura portuguesa do século XVIII. In: ANPUH. *Anais do XXIV Simpósio Nacional de História.* São Leopoldo: Anpuh, 2007. Disponível em: <https://anpuh.org.br/index.php/documentos/anais/category-items/1-anais-simposios-anpuh/29-snh24?start=1020>. Acesso em: 5 nov. 2012.

NEVES, Lúcia Maria Bastos P. Luzes nas bibliotecas de Francisco Agostinho Gomes e Daniel Pedro Muller: dois intelectuais luso-brasileiros. In: CONGRESSO INTERNACIONAL ESPAÇO ATLÂNTICO DE ANTIGO REGIME: PODERES E SOCIEDADES. 2005, Lisboa. *Anais...* Lisboa: Centro de História de Além-Mar, 2005. Disponível em: <http://cvc.instituto-camoes.pt/eaar/coloquio/comunicacoes/lucia_maria_bastos_neves.pdf>. Acesso em: 20 maio 2010.

_____. A vida política. In: SILVA, Alberto da Costa (Coord.). *História do Brasil Nação (1808-2010)*, v.1: Crise colonial e independência (1808-1830). Rio de Janeiro: Objetiva, 2011. p.75-114.

NORTON, Luís. *A corte de Portugal no Brasil*. São Paulo: Companhia Editora Nacional, 2008.

PAES, Maria Paula Dias Couto. O teatro do controle: o domínio social e político na América Portuguesa da primeira metade do século XVIII. *Nuevo Mundo, Mundos Nuevos*, Colloques, 2008. Disponível em: <http://nuevomundo.revues.org/21862>. Acesso em: 5 nov. 2012.

PAGANI, Ivo; VELLOSO, Guilherme Paranhos; DIAS, Alexandre. *Coleção de Leis Municipais Vigentes (1893-1921)*. Rio de Janeiro: Henrique Velho & C., 1922.

PAULA, João Antônio de. O processo econômico. In: CARVALHO, José Murilo de (Coord.). *História do Brasil nação (1808-2010)*, v.2: A construção nacional (1830-1889). Rio de Janeiro: Objetiva, 2012. p.179-224.

PEREIRA, Leonardo Affonso de Miranda. *Footballmania*: uma história social do futebol no Rio de Janeiro, 1902-1932. Rio de Janeiro: Nova Fronteira, 2000.

PEREIRA, Roberto. *Rodas negras*: capoeira, samba, teatro e identidade nacional (1930-1960). São Paulo: Perspectiva, 2023.

PEREIRA, Sonia Gomes. A representação do poder real e as festas públicas no Rio de Janeiro colonial. In: UNIVERSIDADE DO PORTO. *Barroco*: Actas do II Congresso Internacional. Porto: UP, 2004. p.663-78. Disponível em: <http://ler.letras.up.pt/uploads/ficheiros/7520.pdf>. Acesso em: 5 nov. 2012.

PESAVENTO, Sandra Jatahy. *Exposições universais*: espetáculos da modernidade do século XIX. São Paulo: Hucitec, 1997.

PIRES, Mário Jorge. *Raízes do turismo no Brasil*. Barueri: Manole, 2001.

PORTO, Maria Beatriz Gomes Bellens. *Nobres poderes*: a atuação do Senado da Câmara fluminense na economia e os privilégios e deveres dos homens bons (1790-1807). Rio de Janeiro, 2011. Dissertação (Mestrado em História) – Instituto de Ciências Humanas e Filosofia, Universidade Federal Fluminense.

POSSAMAI, Paulo César. Festas para a glória da Coroa: as festas oficiais na Colônia do Sacramento. In: ANPUH. *Anais do XXIV Simpósio Nacional de História*. São Leopoldo: Anpuh, 2007. Disponível em: <http://anpuh.org/anais/wp-content/uploads/mp/pdf/ANPUH.S24.0276.pdf>. Acesso em: 5 nov. 2012.

RELAÇÃO da acclamação que se fez na Capitania do Rio de Janeiro, do Estado do Brasil, e nas mais do Sul, ao Senhor Rei D. João IV, por verdadeiro Rei e Senhor do seu Reino de Portugal, com a felicíssima restituição que d'elle se fez a Sua Majestade, que Deus Guarde, etc. *Revista Trimestral de História e Geografia* (ou *Jornal do Instituto Histórico Geographico Brazileiro*), Rio de Janeiro, t.5, p.343-52, 1885 (1843).

RENAULT, Delso. *O Rio antigo nos anúncios de jornais 1808-1850*. Rio de Janeiro: José Olympio, 1969.

_____. *Rio de Janeiro*: a vida da cidade refletida nos jornais 1850-1870. Rio de Janeiro: Civilização Brasileira, 1978.

_____. *O dia a dia no Rio de Janeiro segundo os jornais, 1870-1889*. Rio de Janeiro: Civilização Brasileira/INL-MEC, 1982.

REZENDE, Renato. *Memórias e curiosidades do bairro de Laranjeiras*. Rio de Janeiro: João Fortes Engenharia, 1999.

RIBEIRO, Gladys Sabina. *Mata Galegos*: os portugueses e os conflitos de trabalho na República Velha. São Paulo: Brasiliense, 1990.

_____. *A liberdade em construção*: identidade nacional e conflitos antilusitanos no Primeiro Reinado. Rio de Janeiro: Faperj/Relume Dumará, 2002.

RIBEIRO, José Alcides. *Correio Mercantil*: gêneros jornalísticos, literários e muito mais... *Revista USP*, São Paulo, n.65, p.131-47, maio 2005.

RICCIARDI, Rubens Russomano. *Manuel Dias de Oliveira*: um compositor brasileiro dos tempos coloniais – partituras e documentos. São Paulo, 2000. Tese (Doutorado em Artes) – Escola de Comunicação e Artes, USP.

RICUPERO, Rubens. O Brasil no mundo. In: SILVA, Alberto da Costa (Coord.). *História do* Brasil *Nação (1808-2010)*, v.1: Crise colonial e independência (1808-1830). Rio de Janeiro: Objetiva, 2011. p.115-60.

RIOS FILHO, Adolfo Morales de los. *O Rio de Janeiro Imperial*. 2.ed. Rio de Janeiro: Topbooks, 2000..

ROSSO, Mauro. *Lima Barreto versus Coelho Neto*: um Fla-Flu literário. Rio de Janeiro: Difel, 2010.

SALGADO, Ivone. Profissionais das obras públicas na província de São Paulo na primeira metade do século XIX: atuação no campo da engenharia civil. *Histórica: Revista Eletrônica do Arquivo Público do Estado de São Paulo*, n.41, abr. 2010. Disponível em: <http://www.historica. arquivoestado.sp.gov.br/materias/anteriores/edicao41/materia03/ texto03.pdf>. Acesso em: 10 nov. 2012.

SANT'ANA, Thaís Rezende da Silva de. *A Exposição Internacional do Centenário da Independência*: modernidade e política no Rio de Janeiro do início dos anos 1920. Campinas, 2008. Dissertação (Mestrado) – Instituto de Filosofia e Ciências Humanas, Unicamp.

SANTOS, João Manuel Casquinha Malaia dos; DRUMOND, Mauricio; MELO, Victor Andrade de. *Celebrando a nação nos gramados*: o Campeonato Sul-Americano de Futebol de 1922. Rio de Janeiro, 2011. mimeo.

SANTOS, Luiz Gonçalves dos (Padre Perereca). *Memórias para servir à História do Reino do Brasil*. Belo Horizonte/São Paulo: Itatiaia/ Edusp, 1981 (1825).

SANTOS, Paula; AMORIM, Paulo. As relações Portugal-Brasil na primeira metade do século XX (1910-1945). In: SOUSA, Fernando de; SANTOS, Paula; AMORIM, Paulo (Coords.). *As relações Portugal--Brasil no século XX*. Porto: Cepese, 2010. p.121-40.

SCHULTZ, Kirsten. Perfeita civilização: a transferência da corte, a escravidão e o desejo de metropolizar uma capital colonial. Rio de Janeiro, 1808-1821. *Tempo*, Niterói, v.12, n.24, p.5-27, 2008.

SCHWARCZ, Lilia Moritz. *As barbas do imperador*. São Paulo: Companhia das Letras, 1998.

_____. *O império em procissão*. Rio de Janeiro: Zahar, 2000.

_____. Cultura. In: SILVA, Alberto da Costa (Coord.). *História do Brasil nação (1808-2010)*, v.1: Crise colonial e independência (1808-1830). Rio de Janeiro: Objetiva, 2011. p.205-48.

_____. COSTA, Angela Marques da; AZEVEDO, Paulo Cesar de. *A longa viagem da biblioteca dos reis*: do terremoto de Lisboa à independência do Brasil. São Paulo: Companhia das Letras, 2002.

SEGAWA, Hugo. *Ao amor do público*: jardins no Brasil. São Paulo: Studio Nobel/Fapesp, 1996.

SEVCENKO, Nicolau. A capital irradiante: técnica, ritmos e ritos do Rio In: NOVAIS, Fernando A. (Org.). *História da vida privada no Brasil*, v.3: República: da Belle Époque à era do rádio. São Paulo: Companhia das Letras, 1999.

_____. *A Revolta da Vacina*. São Paulo: Cosac Naify, 2010.

SILVA, Carlos Leonardo Bahiense da; MELO, Victor Andrade de. Fabricando o soldado, forjando o cidadão: o doutor Eduardo Augusto Pereira de Abreu, a Guerra do Paraguai e a educação física no Brasil. *História, Ciência, Saúde*, Rio de Janeiro, v.18, n.2, p.337-54, jun. 2011.

SILVA, Erminia. *Circo-teatro*: Benjamin de Oliveira e a teatralidade circense no Brasil. São Paulo: Altana, 2007.

SILVA, Maria Beatriz Nizza da. *Ser nobre na colônia*. São Paulo: Editora Unesp, 2005.

SILVA, Maria Beatriz Nizza da. *Cultura e sociedade no Rio de Janeiro* (1808-1821). São Paulo: Companhia Editora Nacional, 1978.

SIMIS, Anita. *Estado e cinema no Brasil.* São Paulo: Annablume, 2008.

SOARES, Luiz Carlos. *A Albion revisitada.* Rio de Janeiro: 7Letras/ Faperj, 2007.

SODRÉ, Nelson Werneck. *História da imprensa no Brasil.* Rio de Janeiro: Mauad, 1999.

SOUZA, Christiane Laidler de. Nossa águia em Haia. *Revista de História da Biblioteca Nacional*, n.24, set. 2007.

SOUZA, Gabriel Soares de. *Tratado descritivo do Brasil em 1587.* São Paulo: Companhia Editora Nacional, 1938. Coleção Brasiliana [Brasiliana Eletrônica].

SOUZA, Maria do Carmo Campello de. O processo político partidário na Primeira República. In: MOTA, Carlos Guilherme (Org.). *Brasil em perspectiva.* Rio de Janeiro/São Paulo: Difel, 1977. p.170-86.

TEIXEIRA, Ubiratan. Benefício. In: *Dicionário de teatro.* São Luís: Editora do Instituto Geia, 2005.

TENORIO, Maurício. Um Cuautémoc carioca: comemorando o Centenário da Independência do Brasil e a raça cósmica. *Estudos Históricos*, Rio de Janeiro, v.7, n.4, p.123-48, 1994.

THOMAS, Keith. *O homem e o mundo natural*: mudanças de atitude em relação às plantas e aos animais (1500-1800). Trad. João Roberto Martins Filho. São Paulo: Companhia das Letras, 1988.

VASCONCELLOS, Luiz Paulo. Benefício. In: *Dicionário de teatro.* Porto Alegre: L&PM, 2009.

VEBLEN, Thorstein. *Teoria de la classe ociosa.* Cidade do México: Fondo de Cultura Económica, 1974 (1899).

VIEIRA FAZENDA, José. *Antiqualhas e memórias do Rio de Janeiro.* Rio de Janeiro: Imprensa Nacional, 1921.

WEBER, Eugen. *França fin-de-siècle.* Trad. Rosaura Eichenberg. São Paulo: Companhia das Letras, 1988.

WEID, Elisabeth von der. O bonde como elemento de expansão urbana no Rio de Janeiro. *Siglo XIX*, Cidade do México, n.16, p.78-103, 1994. Disponível em: <http://www.casaruibarbosa.gov.br/dados/ DOC/artigos/o-z/FCRB_ElisabethvonderWeid_Bonde_elemento_ expansao_RiodeJaneiro.pdf>. Acesso em: 6 dez. 2012.

ZAMITH, Rosa Maria. *A dança da quadrilha.* Rio de Janeiro: E-papers, 2011.

SOBRE O LIVRO

*Formato*: 14 x 21 cm
*Mancha*: 23,7 x 42,5 paicas
*Tipologia*: Horley Old Style 10,5/14
*Papel*: Off-set 75 g/m² (miolo)
Cartão Triplex 250 g/m² (capa)
*1ª edição Editora Unesp*: 2024

EQUIPE DE REALIZAÇÃO
*Edição de texto*
Fábio Fujita (Preparação de original)
Jennifer Rangel de França (Revisão)
*Capa*
Negrito Editorial
*Editoração eletrônica*
Eduardo Seiji Seki
*Assistente de produção*
Erick Abreu
*Assistência editorial*
Alberto Bononi
Gabriel Joppert

**Camacorp Visão Gráfica Ltda**

Rua Amorim, 122 - Vila Santa Catarina
CEP:04382-190 - São Paulo - SP
www.visaografica.com.br